BASIC 2weeks
문법&작문

이렇게 쉽고 맛있는 영어는 없었다!

BASIC 2weeks
문법&작문

머리말

왕초보 학습자분들을 위해
가장 맛있고 간편한 영어 요리를 준비했어요!

"어디서부터 시작할까?"

아직도 기억합니다. 영어를 처음 접했던 유치원 시절, 화장실 가고 싶다는 말을 못 해 끙끙대며 한참을 참았던 제 모습을. 그때의 따뜻했던 기억은 19년이 지난 지금도 잊혀지지가 않습니다. 그때 적어도 하고 싶은 말은 할 줄 알아야 된다는 깨달음 때문에 영어를 잘해야겠다고 결심하게 되었던 것 같습니다.

이 책은 그런 막막함에서 시작된 여정을 담았습니다. 영어는 처음엔 두려움이었고, 피하고 싶은 대상이었습니다. 하지만 하나씩 배우고 익히다 보니, 영어는 단순한 언어를 넘어 새로운 문화를 만나고 다른 세상과 이어지는 열쇠가 되었습니다. 그 열쇠가 여러분의 손에 쥐어지기를 바라는 마음으로 책을 썼습니다.

이 책은 총 4개 파트로 구성되어 있습니다.

- **문법 & 작문** : 고르고 고른 키포인트 문법으로 작문이 술술 나온다!
- **패턴 & 말하기** : 입이 뻥 뚫리는 마법 패턴으로 영어 스피킹이 즐겁다!
- **SNS 일상어휘** : SNS 속 다양한 이미지로 배우는 찐 네이티브들의 일상 어휘!
- **여행 영어** : 여행이 쉬워지는 미라클 표현으로 현지 회화 시뮬레이션!

PREFACE STRUCTURES CONTENTS

이 책은 단순한 영어 교재가 아닙니다. 처음 시작하는 분들에게는 영어와 친해질 수 있게 재미를, 이미 시작한 분들에게는 영어를 잘 활용할 수 있는 실용적인 가이드입니다.

"Dream big, start small, but most of all, start."
꿈은 크게, 시작은 작게, 하지만 무엇보다도 시작하세요.

요리는 작은 재료로 시작해 한 접시의 멋진 요리가 완성되는 과정입니다. 단어라는 재료, 문법이라는 양념에 패턴이라는 조리법이 더해져 비로소 완성된 문장이 탄생합니다. 처음엔 서툴고 복잡하게 느껴질 수 있지만, 파인 다이닝 셰프처럼 작고 단순한 것에서 특별함을 창조할 수 있는 여정이 바로 여기에서 시작됩니다.

이 책은 여러분의 첫 요리책입니다. 레시피를 따라 차례차례 만들어가다 보면 어느새 영어라는 요리가 자연스럽게 손에 익을 겁니다. 후루룩 한 그릇의 성취감을 맛 볼 그날까지, 제가 여러분의 메인 셰프가 되어 함께 하겠습니다.

'후루룩 영어 왕초보' 메인 셰프
Eddie Lee

◀ 에디쌤의 유튜브 채널
'에디 리 영어'에 놀러 오세요!

책의 구성&활용법 문법&작문

'후루룩 영어 왕초보'는 메인 셰프 에디가 영어 학습으로 어려움을 겪는 왕초보 학습자 여러분들을 위해 다양한 학습 노하우를 맛있고 간편하게 요리한 영어 첫걸음서입니다. 본 책은 〈문법&작문〉, 〈패턴&말하기〉, 〈SNS일상어휘〉, 〈여행영어〉 4개의 파트가 각각 낱권으로 수록되어 있습니다. 총 6주 커리큘럼에 맞춰 영어 왕초보 탈출에 필요한 요리들을 쉽고 즐겁게 맛보세요.

후루룩 외국어는 **자신에게 맞는 속도의 외국어를 추구합니다.**
나에게 필요한 파트부터 후루룩 뽑아 학습을 시작해 보세요.

워밍업

❶ 오늘의 요리 테마 맛보기
오늘 학습할 내용을 미리 확인하고 추측해 보세요.

❷ 원어민 음성 듣기 QR
본문에 수록된 모든 문장을 원어민의 발음으로 들어볼 수 있어요. 학습에 활용해 보세요.
　➕ MP3파일은 홈페이지에서도 다운로드 받으실 수 있어요!

❸ 오늘의 후루룩 코스
에디 셰프의 영어 요리를 어떤 순서로 맛보게 되는지 코스 구성을 미리 확인할 수 있어요.

MP3 다운로드 방법

1 www.sdedu.co.kr로 접속
2 홈페이지 상단 〈학습자료실〉에서 'MP3' 항목 클릭
3 검색창에 '후루룩 영어 왕초보' 검색하여 MP3 다운로드

PREFACE　**STRUCTURES**　CONTENTS

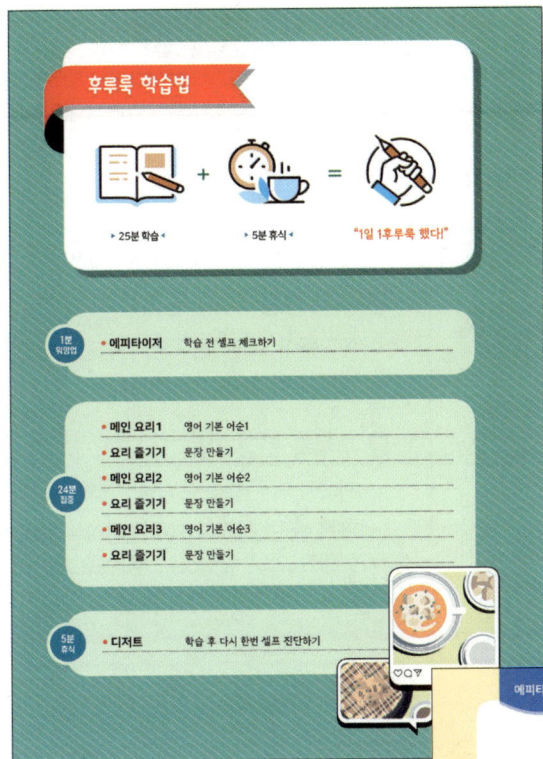

후루룩 학습법

● 후루룩 학습법 체크하기

'후루룩 영어 왕초보'는 '후루룩 타이머 (25분 학습+5분 휴식)'에 맞춰 학습하도록 구성되어 있어요. 본격적인 학습에 앞서 각 코스 요리의 학습목표와 주어진 시간을 미리 체크해 보세요.

⊕ '후루룩 학습법'에 대한 자세한 설명은 10p 〈후루룩 학습법〉을 참고해 주세요!

코스1. 에피타이저

후루룩 코스 첫 번째는 〈에피타이저〉예요. 학습 시작 전에 오늘의 학습 내용에 대해 얼마나 알고 있는지 셀프 체크해 보세요.

❶ 학습 전 셀프 체크
　오늘의 학습 내용과 관련된 간단한 6개의 질문에 YES 혹은 NO로 답하며 현재 나의 상태를 체크해 보세요.

❷ 셀프 진단
　체크리스트를 마친 후 셀프 진단에 따라 학습 방향 및 계획을 설정해 보세요.

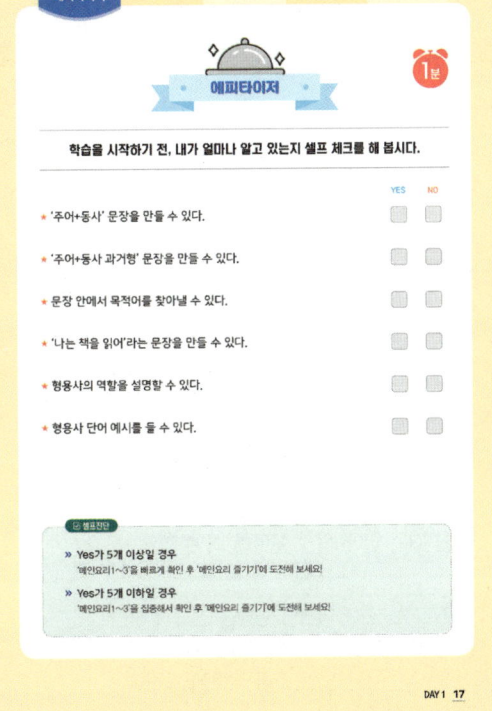

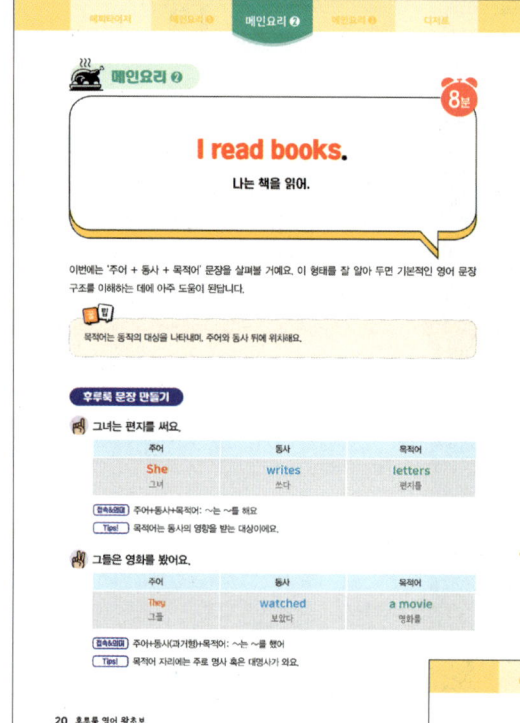

코스2. 메인요리

후루룩 코스 두 번째는 〈메인요리〉예요. 본격적으로 학습을 시작하는 코너로 각 Day 마다 3개씩 학습 테마를 배치했어요.

❶ 핵심 문법

에디쌤이 소개하는 핵심 문법을 친절한 해설과 함께 학습해 보세요.

❷ 후루룩 문장 만들기

위에서 다룬 핵심 문법을 2개의 예문과 함께 좀 더 자세히 학습해 보세요. 접속 형태와 의미, 꿀팁으로 문장 구조를 이해하고 작문의 기초를 다질 수 있어요.

❸ 메인요리 즐기기

핵심 문법을 가지고 직접 작문 연습을 해 보는 코너예요. 단어가 잘 생각나지 않을 때는 옆에 적힌 힌트를 봐 주세요.

➕ Day7까지는 힌트 어휘의 형태를 정답과 동일하게 하여 작문에 대한 거부감을 줄였으며, Day8~14는 원형으로 실어 작문에 도전할 수 있도록 하였습니다.

| PREFACE | **STRUCTURES** | CONTENTS |

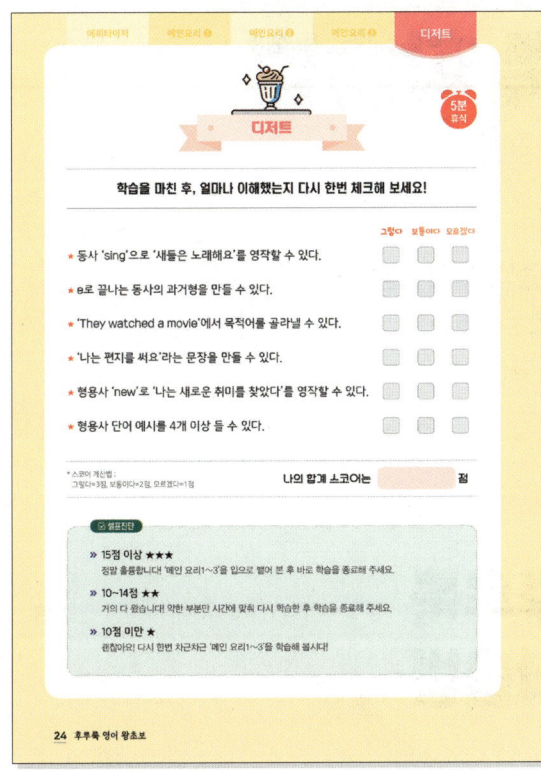

코스3. 디저트

후루룩 코스의 마지막은 〈디저트〉예요. 학습을 모두 마친 후 오늘의 학습 내용에 대해 얼마나 이해했는지 다시 한번 체크해 볼 수 있어요.

❶ 학습 후 실력 점검

앞에서 학습한 내용에 대한 디테일한 질문 6개에 '그렇다/보통이다/모르겠다' 3단계로 답하고 합계 스코어를 계산하여 나의 실력을 최종 점검해 보세요.

❷ 마무리 진단

정밀 진단에 따라 약한 부분을 복습할지 혹은 학습을 종료할지 스스로 컨트롤할 수 있어요.

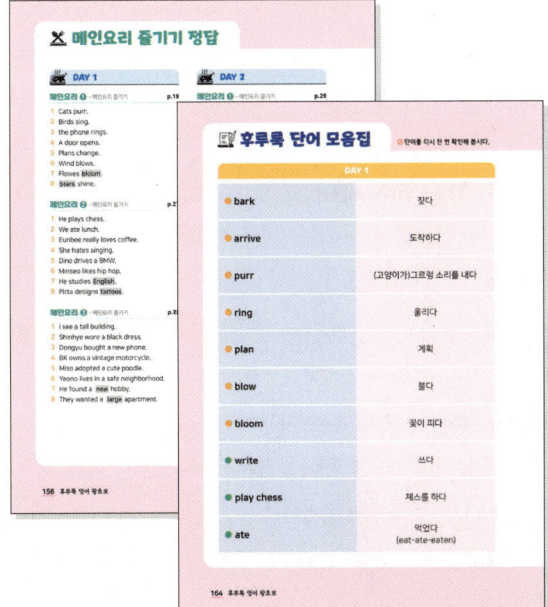

부록

• **메인요리 즐기기 정답**

〈메인요리 즐기기〉 코너 연습 문제의 정답을 한눈에 볼 수 있도록 정답지를 부록에 수록했어요.

• **후루룩 단어 모음집**

본문에 수록된 중요 단어를 정리, 복습할 수 있도록 각 Day별 단어 리스트를 부록에 수록했어요.

집중력을 잃어 가는 현대인들을 위한 솔루션

외국어 학습에 최적화된
후루룩 학습법

뽀모도로 집중력 트레이닝
25분 집중 학습 5분 휴식
몰입과 집중력 향상!

후루룩 학습법

메타인지 트레이닝
학습 전후 셀프테스트로
나의 학습 수준 체크!

총 25분으로 구성된 커리큘럼에 맞춰 학습한 후
앞서 25분간 달린 것에 대한 보상으로 5분 동안 휴식을 취해 주세요!
이 루틴을 반복했다면 〈1 후루룩〉 달성 완료!

※ 1 후루룩 달성 횟수가 많아질수록 집중력 향상에 도움이 됩니다.

후루룩 외국어 연구소

차례

PREFACE　STRUCTURES　**CONTENTS**

2주 동안 다양한 영어 요리를 맛보며 왕초보 탈출에 도전해 보세요!

DAY 1　**"별들은 빛나요"**
영어 기본 어순으로 워밍업하기

에피타이저　학습 전 셀프 체크	17
메인요리 ❶　영어 기본 어순1	18
메인요리 ❷　영어 기본 어순2	20
메인요리 ❸　영어 기본 어순3	22
디저트　학습 후 실력 점검	24

DAY 2　**"나는 에디예요"**
be동사로 영어 문장 도전하기

에피타이저　학습 전 셀프 체크	27
메인요리 ❶　be동사의 긍정문	28
메인요리 ❷　be동사의 부정문	30
메인요리 ❸　be동사의 의문문	32
디저트　학습 후 실력 점검	34

DAY 3　**"너 영화 보는 거 좋아해?"**
일반동사로 영어 문장 도전하기

에피타이저　학습 전 셀프 체크	37
메인요리 ❶　일반동사의 긍정문	38
메인요리 ❷　일반동사의 부정문	40
메인요리 ❸　일반동사의 의문문	42
디저트　학습 후 실력 점검	44

Tips! '1일 1후루룩'을 달성했다면 박스에 체크 표시 ✓를 해 보세요!

DAY 4 "나는 내년에 유럽여행을 갈 거야"
다양한 시제로 영어 문장 도전하기

에피타이저　학습 전 셀프 체크	47
메인요리 ❶　과거 문장	48
메인요리 ❷　미래 문장	50
메인요리 ❸　현재/과거 진행 문장	52
디저트　학습 후 실력 점검	54

DAY 5 "혹시 인디애나에 가 본 적 있어?"
현재완료로 영어 문장 도전하기

에피타이저　학습 전 셀프 체크	57
메인요리 ❶　현재완료 긍정문	58
메인요리 ❷　현재완료 부정문	60
메인요리 ❸　현재완료 의문문	62
디저트　학습 후 실력 점검	64

DAY 6 "혹시 이거 좀 도와줄 수 있어?"
조동사로 영어 문장 도전하기

에피타이저　학습 전 셀프 체크	67
메인요리 ❶　조동사의 긍정/부정/의문문	68
메인요리 ❷　조동사 can/will/may	70
메인요리 ❸　조동사 must/have to/should	72
디저트　학습 후 실력 점검	74

DAY 7 "우디는 매일 아침 달리기를 해"
목적어로 영어 문장 도전하기

에피타이저　학습 전 셀프 체크	77
메인요리 ❶　목적어가 필요 없는 동사	78
메인요리 ❷　목적어가 1개 필요한 동사	80
메인요리 ❸　목적어가 2개 필요한 동사	82
디저트　학습 후 실력 점검	84

PREFACE　　**STRUCTURES**　　**CONTENTS**

DAY 8　　**"에디는 타코 마스터예요"**
보어로 영어 문장 도전하기

에피타이저　학습 전 셀프 체크	87
메인요리 ❶　주어를 보충하는 보어1	88
메인요리 ❷　주어를 보충하는 보어2	90
메인요리 ❸　목적어를 보충하는 보어	92
디저트　학습 후 실력 점검	94

DAY 9　　**"저는 뉴욕을 방문할 기회가 생겼어요"**
to부정사로 영어 문장 도전하기

에피타이저　학습 전 셀프 체크	97
메인요리 ❶　동사+to부정사	98
메인요리 ❷　명사+to부정사	100
메인요리 ❸　문장+to부정사	102
디저트　학습 후 실력 점검	104

DAY 10　　**"피트는 커피를 끊었어"**
동명사로 영어 문장 도전하기

에피타이저　학습 전 셀프 체크	107
메인요리 ❶　동사+동명사	108
메인요리 ❷　동사+동명사/to부정사	110
메인요리 ❸　전치사+동명사	112
디저트　학습 후 실력 점검	114

DAY 11　　**"그녀는 나에게 근처 맛집을 알려줬어요"**
대명사로 영어 문장 도전하기

에피타이저　학습 전 셀프 체크	117
메인요리 ❶　주격 대명사	118
메인요리 ❷　목적격 대명사	120
메인요리 ❸　소유격 대명사	122
디저트　학습 후 실력 점검	124

PREFACE　　STRUCTURES　　**CONTENTS**

DAY 12　"오늘은 내 인생 최고의 날이야"
비교급 & 최상급으로 영어 문장 도전하기

1후루룩 완료!

에피타이저	학습 전 셀프 체크	**127**
메인요리 ❶	비교급	**128**
메인요리 ❷	최상급	**130**
메인요리 ❸	불규칙 비교급과 최상급	**132**
디저트	학습 후 실력 점검	**134**

DAY 13　"이 곳은 제가 살았던 동네예요"
관계대명사로 영어 문장 도전하기

1후루룩 완료!

에피타이저	학습 전 셀프 체크	**137**
메인요리 ❶	사람에 대한 관계대명사	**138**
메인요리 ❷	사물에 대한 관계대명사	**140**
메인요리 ❸	장소와 시간에 대한 관계대명사	**142**
디저트	학습 후 실력 점검	**144**

DAY 14　"내일 비가 오면 집에 있을 거야"
가정법으로 영어 문장 도전하기

1후루룩 완료!

에피타이저	학습 전 셀프 체크	**147**
메인요리 ❶	현재와 미래 가정법	**148**
메인요리 ❷	과거 가정법	**150**
메인요리 ❸	과거완료 가정법	**152**
디저트	학습 후 실력 점검	**154**

특별부록　메인요리 즐기기 정답 · **156**
후루룩 단어 모음집 · **164**

DAY 1

"별들은 빛나요"

영어 기본 어순으로 워밍업하기

원어민 음성듣기

오늘의 후루룩 코스

에피타이저

메인요리1~3

디저트

후루룩 학습법

 +  =

▶ 25분 학습 ◀   ▶ 5분 휴식 ◀   "1일 1후루룩 했다!"

1분 워밍업
- **에피타이저**   학습 전 셀프 체크하기

24분 집중
- **메인 요리1**   영어 기본 어순1
- **요리 즐기기**   문장 만들기
- **메인 요리2**   영어 기본 어순2
- **요리 즐기기**   문장 만들기
- **메인 요리3**   영어 기본 어순3
- **요리 즐기기**   문장 만들기

5분 휴식
- **디저트**   학습 후 다시 한번 셀프 진단하기

에피타이저 | 메인요리 ❶ | 메인요리 ❷ | 메인요리 ❸ | 디저트

학습을 시작하기 전, 내가 얼마나 알고 있는지 셀프 체크를 해 봅시다.

	YES	NO
★ '주어+동사' 문장을 만들 수 있다.	☐	☐
★ '주어+동사 과거형' 문장을 만들 수 있다.	☐	☐
★ 문장 안에서 목적어를 찾아낼 수 있다.	☐	☐
★ '나는 책을 읽어'라는 문장을 만들 수 있다.	☐	☐
★ 형용사의 역할을 설명할 수 있다.	☐	☐
★ 형용사 단어 예시를 들 수 있다.	☐	☐

☑ 셀프진단

» **Yes가 5개 이상일 경우**
'메인요리1~3'을 빠르게 확인 후 '메인요리 즐기기'에 도전해 보세요!

» **Yes가 5개 이하일 경우**
'메인요리1~3'을 집중해서 확인 후 '메인요리 즐기기'에 도전해 보세요!

DAY 1

| 에피타이저 | **메인요리 ❶** | 메인요리 ❷ | 메인요리 ❸ | 디저트 |

 **메인요리 ❶**

 8분

Birds fly.
새들이 날아요.

영어 문장의 가장 기본이 되는 어순은 뭘까요? 먼저 '주어 + 동사'부터 시작해 볼게요. 주어는 문장의 주인공이고, 동사는 주인공의 행동을 설명해 줍니다.

> 꿀팁
> 영어에서 주어와 동사는 항상 나란히 쓰여요.

후루룩 문장 만들기

 개들이 짖어요.

주어	동사
Dogs	**bark**
개들	짖다

접속&의미 주어+동사: ~는 ~해요
Tips! 주어는 문장에서 무엇이 행동하는지, 동사는 주어가 무엇을 하는지 알려줘요.

 버스가 늦게 도착했어요.

주어	동사	시간
The bus	**arrived**	**late**
버스	도착했다	늦게

접속&의미 주어+동사+시간: ~는 ~했어요
Tips! 주어, 동사만으로도 문장이 완성돼요. 이때 late(늦다)는 문장의 의미를 보충하는 역할만 하며 생략할 수 있어요.

에피타이저 | **메인요리 ❶** | 메인요리 ❷ | 메인요리 ❸ | 디저트

메인요리 즐기기

우리말과 단어 힌트를 보고 문장을 만들어 봅시다.

1. 고양이들이 그르렁거려요. [Hint!] purr (고양이가)그르렁 소리를 내다

   _____

2. 새들이 노래해요. [Hint!] sing 노래하다

   _____

3. 전화가 울려요. [Hint!] (The) phone 전화기 | ring(s) 울리다

   _____

4. 문이 열려요. [Hint!] (a) door 문

   _____

5. 계획이 변경돼요. [Hint!] plan 계획 | change(s) 변경되다

   _____

6. 바람이 불어요. [Hint!] wind 바람 | blow(s) 불다

   _____

빈칸에 알맞은 단어를 넣어 문장을 완성해 봅시다.

7. Flowers _____. 꽃이 피어요.

8. _____ shine. 별들이 빛나요.

DAY 1 19

| 에피타이저 | 메인요리 ❶ | **메인요리 ❷** | 메인요리 ❸ | 디저트 |

 **메인요리 ❷**

 8분

I read books.
나는 책을 읽어.

이번에는 '주어 + 동사 + 목적어' 문장을 살펴볼 거예요. 이 형태를 잘 알아 두면 기본적인 영어 문장 구조를 이해하는 데에 아주 도움이 된답니다.

꿀팁
목적어는 동작의 대상을 나타내며, 주어와 동사 뒤에 위치해요.

후루룩 문장 만들기

 그녀는 편지를 써요.

주어	동사	목적어
She 그녀	**writes** 쓰다	**letters** 편지를

접속&의미 주어+동사+목적어: ~는 ~를 해요
Tips! 목적어는 동사의 영향을 받는 대상이에요.

 그들은 영화를 봤어요.

주어	동사	목적어
They 그들	**watched** 보았다	**a movie** 영화를

접속&의미 주어+동사(과거형)+목적어: ~는 ~를 했어요
Tips! 목적어 자리에는 주로 명사 혹은 대명사가 와요.

| 에피타이저 | 메인요리 ❶ | **메인요리 ❷** | 메인요리 ❸ | 디저트 |

메인요리 즐기기

📣 **우리말과 단어 힌트를 보고 문장을 만들어 봅시다.**

1. 그는 체스를 해요. `Hint!` play(s) chess 체스를 하다

   _____

2. 우리는 점심을 먹었어요. `Hint!` ate 먹었다

   _____

3. 은비는 커피를 정말 좋아해요. `Hint!` really 정말 | coffee 커피

   _____

4. 그녀는 노래하는 것을 싫어해요. `Hint!` hate(s) 싫어하다 | singing 노래하는 것

   _____

5. 디노는 BMW를 몰아요. `Hint!` drive(s) 운전하다

   _____

6. 민서는 힙합을 좋아해요. `Hint!` hip hop 힙합

   _____

📣 **빈칸에 알맞은 단어를 넣어 문장을 완성해 봅시다.**

7. He studies _____. 그는 영어를 공부해요.

8. Pitta designs _____. 피타는 타투를 디자인해요.

정답은 요리즐기기 정답 156p에서 확인!

DAY 1　21

 **메인요리 ❸**

I have a white G-Wagon.

나는 하얀 지바겐이 있어.

 8분

마지막으로 '형용사 + 명사' 문장을 배워 볼게요. 영어에서는 명사 앞에 형용사를 넣어 그 명사를 더 구체적으로 설명할 수 있답니다.

> **꿀팁**
> 형용사 단어를 빠르게 살펴 볼까요?
> 예 beautiful 아름다운 | big 큰 | happy 행복한 | delicious 맛있는

후루룩 문장 만들기

 그녀는 보라색 후디가 있어요.

주어	동사	형용사	명사
She 그녀	has 있다	a purple 보라색의	hoodie 후디

접속&의미   주어+동사+형용사+명사: ~는 ~한 ~가 있어요
Tips!   형용사는 명사의 성질, 모양, 크기, 색깔, 수량 등을 나타내는 말로 명사 앞에 위치해요.

 그는 큰 재킷이 있었어.

주어	동사	형용사	명사
He 그	had 있었다	a big 큰	jacket 재킷

접속&의미   주어+동사 과거형+형용사+명사: ~는 ~한 ~가 있었어
Tips!   단어가 '~ㄴ'으로 해석된다면 형용사일 확률이 높답니다.

| 에피타이저 | 메인요리 ❶ | 메인요리 ❷ | **메인요리 ❸** | 디저트 |

🍴 메인요리 즐기기

SCAN ME!

💬 **우리말과 단어 힌트를 보고 문장을 만들어 봅시다.**

1. 나는 높은 건물이 보여. ⟮Hint!⟯ see 보다 | tall 높은

2. 신혜는 검은 드레스를 입었어. ⟮Hint!⟯ wore 입었다

3. 동규는 새 휴대폰을 샀어. ⟮Hint!⟯ bought 샀다 | a new phone 새 휴대폰

4. BK는 빈티지 오토바이를 가지고 있어. ⟮Hint!⟯ owns(s) 소유하다 | motorcycle 오토바이

5. 미소는 귀여운 푸들을 입양했어. ⟮Hint!⟯ adopted 입양했다

6. 연호는 안전한 동네에 살아. ⟮Hint!⟯ live(s) 살다 | in a safe neighborhood 안전한 동네에서

💬 **빈칸에 알맞은 단어를 넣어 문장을 완성해 봅시다.**

7. He found a _____ hobby. 그는 새로운 취미를 찾았어요.

8. They wanted a _____ apartment. 그들은 넓은 아파트를 원했어요.

정답은 요리즐기기 정답 156p에서 확인!

디저트

학습을 마친 후, 얼마나 이해했는지 다시 한번 체크해 보세요!

	그렇다	보통이다	모르겠다
★ 동사 'sing'으로 '새들은 노래해요'를 영작할 수 있다.	☐	☐	☐
★ e로 끝나는 동사의 과거형을 만들 수 있다.	☐	☐	☐
★ 'They watched a movie'에서 목적어를 골라낼 수 있다.	☐	☐	☐
★ '나는 편지를 써요'라는 문장을 만들 수 있다.	☐	☐	☐
★ 형용사 'new'로 '나는 새로운 취미를 찾았다'를 영작할 수 있다.	☐	☐	☐
★ 형용사 단어 예시를 4개 이상 들 수 있다.	☐	☐	☐

* 스코어 계산법 :
 그렇다=3점, 보통이다=2점, 모르겠다=1점

나의 합계 스코어는 _____ 점

☑ 셀프진단

》 15점 이상 ★★★
정말 훌륭합니다! '메인 요리1~3'을 입으로 뱉어 본 후 바로 학습을 종료해 주세요.

》 10~14점 ★★
거의 다 왔습니다! 약한 부분만 시간에 맞춰 다시 학습한 후 학습을 종료해 주세요.

》 10점 미만 ★
괜찮아요! 다시 한번 차근차근 '메인 요리1~3'을 학습해 봅시다!

"나는 에디예요"

Be동사로 영어 문장 도전하기

원어민 음성듣기

오늘의 후루룩 코스

에피타이저

메인요리 1~3

디저트

후루룩 학습법

 +  =

▶ 25분 학습 ◀   ▶ 5분 휴식 ◀   "1일 1후루룩 했다!"

1분 워밍업
- 에피타이저   학습 전 셀프 체크하기

24분 집중
- 메인 요리1   be동사의 긍정문
- 요리 즐기기   문장 만들기
- 메인 요리2   be동사의 부정문
- 요리 즐기기   문장 만들기
- 메인 요리3   be동사의 의문문
- 요리 즐기기   문장 만들기

5분 휴식
- 디저트   학습 후 다시 한번 셀프 진단하기

| 에피타이저 | 메인요리 ❶ | 메인요리 ❷ | 메인요리 ❸ | 디저트 |

학습을 시작하기 전, 내가 얼마나 알고 있는지 셀프 체크를 해 봅시다.

	YES	NO
★ be동사의 역할 2가지를 알고 있다.	☐	☐
★ 주어의 인칭에 따른 be동사의 변화를 설명할 수 있다.	☐	☐
★ be동사의 부정형을 만들 수 있다.	☐	☐
★ be동사의 부정형을 간략하게 줄일 수 있다.	☐	☐
★ be동사의 긍정문을 의문문으로 바꿀 수 있다.	☐	☐
★ be동사 의문문에 대해 긍정의 대답을 할 수 있다.	☐	☐

> ☑ **셀프진단**
>
> » **Yes가 5개 이상일 경우**
>   '메인요리1~3'을 빠르게 확인 후 '메인요리 즐기기'에 도전해 보세요!
>
> » **Yes가 5개 이하일 경우**
>   '메인요리1~3'을 집중해서 확인 후 '메인요리 즐기기'에 도전해 보세요!

 **메인요리 ❶**

I am Eddie.
나는 에디예요.

 8분

be동사는 우리말 '~이다' 혹은 '~에 있다'로 해석되어 주어의 신분이나 직업, 위치를 나타낸답니다. be동사는 주어의 인칭에 맞춰 변화한다는 점을 꼭 기억해 두세요!

| 1인칭 | I → am | 3인칭 단수 | She, He, It → is |
| 2인칭 | You → are | 복수 | We, They → are |

후루룩 문장 만들기

 저는 21살이에요.

주어	be동사	명사
I 저	**am** 이다	**21 years old** 21살

접속&의미 주어+be동사+명사: ~이에요
Tips! 주어의 신분, 직업 등을 나타내요.

우리 여기 있어요.

주어	be동사	장소
We 우리	**are** 있다	**here** 여기

접속&의미 주어+be동사+장소: ~에 있어요
Tips! 주어의 위치를 나타내요.

| 에피타이저 | **메인요리 ❶** | 메인요리 ❷ | 메인요리 ❸ | 디저트 |

 메인요리 즐기기

SCAN ME!

우리말과 단어 힌트를 보고 문장을 만들어 봅시다.

1. 저는 제니예요. [Hint!] Jennie 제니

2. 그는 네이트예요. [Hint!] Nate 네이트

3. 현화는 28살이에요. [Hint!] ~years old ~살

4. 이건 제 가방이에요. [Hint!] bag 가방

5. 그들은 저기 있어요. [Hint!] over there 저기

6. 그녀는 강의실에 있어요. [Hint!] classroom 강의실, 교실

빈칸에 알맞은 단어를 넣어 문장을 만들어 봅시다.

7. She _____ a fashion designer. 그녀는 패션 디자이너예요.
8. They _____ in the lobby. 그들은 로비에 있어요.

정답은 요리즐기기 정답 156p에서 확인!

| 에피타이저 | 메인요리 ❶ | **메인요리 ❷** | 메인요리 ❸ | 디저트 |

She is not a singer.
그녀는 가수가 아니에요.

be동사를 활용해서 부정문을 만들고 싶을 때는 be동사 뒤에 not만 붙여주면 돼요. 부정문은 아래처럼 줄여 쓰는 경우가 많으니 잘 체크해 두세요.

> 꿀팁
>
> is not → isn't
> are not → aren't   *am not은 줄여 쓰지X

후루룩 문장 만들기

👆 그는 테니스 선수가 아니에요.

주어	be동사+not	명사
He 그	**is not** 아니다	**a tennis player** 테니스 선수

[접속&의미] 주어+be동사+not+명사: ~이 아니에요
[Tips!] 주어의 신분을 부정하는 뉘앙스예요.

✌️ 그들은 도서관에 없어요.

주어	be동사+not	장소
They 그들	**are not** 없다	**in the library** 도서관에

[접속&의미] 주어+be동사+not+장소: ~에 없어요
[Tips!] 주어가 해당 장소에 없다는 뉘앙스예요.

 **메인요리 즐기기**

📋 우리말과 단어 힌트를 보고 문장을 만들어 봅시다.

1. 그는 배우가 아니에요. [Hint!] (an) actor 배우

   _____

2. 에릭은 의사가 아니에요. [Hint!] (a) doctor 의사

   _____

3. 그들은 미국인이 아니에요. [Hint!] American 미국인

   _____

4. 그는 카페에 없어요. [Hint!] in the cafe 카페에, 카페 안에

   _____

5. 에밀리는 아래층에 없어요. [Hint!] downstairs 아래층

   _____

6. 그들은 여기 없어요. [Hint!] here 여기

   _____

📋 빈칸에 알맞은 단어를 넣어 문장을 만들어 봅시다.

7. I _____ Japanese. 나는 일본인이 아니에요.

8. He _____ in the office. 그는 사무실에 없어요.

정답은 요리즐기기 정답 156p에서 확인!

DAY 2

 **메인요리 ❸**

Are you a YouTuber?
당신은 유튜버인가요?

 8분

be동사의 의문문은 쉽게 말해 우리말 '~입니까?'로 해석되는 문장을 말해요. 아래처럼 긍정문의 주어와 be동사의 위치를 바꿔주면 의문문이 만들어진답니다.

긍정문 She is a doctor 그녀는 의사예요.
의문문 Is she a doctor? 그녀는 의사인가요?

 팁
위 질문에 대한 대답은 이렇게 말해요!
예 긍정 Yes, she is. / 부정 No, she isn't.

후루룩 문장 만들기

☝ 줄리는 모델인가요?

be동사	주어	명사
Is 이다	**Julie** 줄리	**a model** 모델

접속&의미 be동사+주어+명사: ~이에요?, ~인가요?
Tips! 주어가 명사인지 묻는 뉘앙스예요.

✌ 그들은 주방에 있나요?

be동사	주어	장소
Are 있다	**they** 그들	**in the kitchen** 주방에

접속&의미 be동사+주어+장소: ~에 있어요?
Tips! 주어가 해당 장소에 있는지 묻는 뉘앙스예요.

우리말과 단어 힌트를 보고 문장을 만들어 봅시다.

1. 당신은 케이팝 아이돌인가요? [Hint!] (a) K-pop idol 케이팝 아이돌

2. 그는 축구 선수인가요? [Hint!] (a) soccer player 축구 선수

3. 다니엘은 요가 강사인가요? [Hint!] (a) yoga instructor 요가 강사

4. 제시카는 카페에 있나요? [Hint!] at the cafe 카페에

5. 그는 요리사인가요? [Hint!] (a) chef 요리사

6. 그들은 위층에 있나요? [Hint!] upstairs 위층

빈칸에 알맞은 단어를 넣어 문장을 만들어 봅시다.

7. _____ Katie a Christian? 케이티는 크리스천인가요?

8. _____ they on the subway? 그들은 지하철 안에 있나요?

| 에피타이저 | 메인요리 ❶ | 메인요리 ❷ | 메인요리 ❸ | **디저트** |

학습을 마친 후, 얼마나 이해했는지 다시 한번 체크해 보세요!

	그렇다	보통이다	모르겠다
★ be동사로 나의 나이를 설명할 수 있다.	☐	☐	☐
★ 주어가 3인칭 단수일 때의 be동사를 알고 있다.	☐	☐	☐
★ 'He is a tennis player'를 부정문으로 바꿀 수 있다.	☐	☐	☐
★ '그들은 여기 없어요'를 영작할 수 있다.	☐	☐	☐
★ 'Julie is a model'을 의문문으로 바꿀 수 있다.	☐	☐	☐
★ 'Are they in the kitchen?'에 부정의 대답을 할 수 있다.	☐	☐	☐

* 스코어 계산법 :
 그렇다=3점, 보통이다=2점, 모르겠다=1점

나의 합계 스코어는 _____ 점

☑ 셀프진단

» **15점 이상 ★★★**
 정말 훌륭합니다! '메인 요리1~3'을 입으로 뱉어 본 후 바로 학습을 종료해 주세요.

» **10~14점 ★★**
 거의 다 왔습니다! 약한 부분만 시간에 맞춰 다시 학습한 후 학습을 종료해 주세요.

» **10점 미만 ★**
 괜찮아요! 다시 한번 차근차근 '메인 요리1~3'을 학습해 봅시다!

"너 영화 보는 거 좋아해?"

일반동사로 영어 문장 도전하기

원어민 음성듣기

오늘의 후루룩 코스

에피타이저

메인요리1~3

디저트

후루룩 학습법

 +  =

▸ 25분 학습 ◂   ▸ 5분 휴식 ◂   "1일 1후루룩 했다!"

1분 워밍업
- **에피타이저** 학습 전 셀프 체크하기

24분 집중
- **메인 요리1** 일반동사의 긍정문
- **요리 즐기기** 문장 만들기
- **메인 요리2** 일반동사의 부정문
- **요리 즐기기** 문장 만들기
- **메인 요리3** 일반동사의 의문문
- **요리 즐기기** 문장 만들기

5분 휴식
- **디저트** 학습 후 다시 한번 셀프 진단하기

| 에피타이저 | 메인요리 ❶ | 메인요리 ❷ | 메인요리 ❸ | 디저트 |

학습을 시작하기 전, 내가 얼마나 알고 있는지 셀프 체크를 해 봅시다.

	YES	NO
★ 동사 단어 예시를 들 수 있다.	☐	☐
★ 주어의 인칭에 따른 일반동사의 변화를 설명할 수 있다.	☐	☐
★ 일반동사 do와 does의 차이를 알고 있다.	☐	☐
★ 일반동사의 부정형을 만들 수 있다.	☐	☐
★ 일반동사의 긍정문을 의문문으로 만들 수 있다.	☐	☐
★ '나는 커피를 좋아하지 않아'를 영작할 수 있다.	☐	☐

☑ 셀프진단

» **Yes가 5개 이상일 경우**
'메인요리1~3'을 빠르게 확인 후 '메인요리 즐기기'에 도전해 보세요!

» **Yes가 5개 이하일 경우**
'메인요리1~3'을 집중해서 확인 후 '메인요리 즐기기'에 도전해 보세요!

| 에피타이저 | **메인요리 ❶** | 메인요리 ❷ | 메인요리 ❸ | 디저트 |

You look happy.

너 참 행복해 보여.

이번 시간에는 상대방에게 나의 감정이나 상태를 전달하는 방법을 배워보도록 할게요. 동사 재료 한 가지만 있어도 기분, 상태 등을 쉽게 표현할 수 있답니다.

꿀팁

주어 You, I, We, They ⇒ 동사 변형X (문장이 현재 시제일 때)

후루룩 문장 만들기

 나는 오늘 기분이 좋아요.

주어	일반동사	상태/감정
I 나	feel 기분이 들다	great today 좋다 오늘

접속&의미 주어+일반동사+상태/감정: ~는 ~해

Tips! feel과 같은 감정 동사는 주어의 감정, 상태를 설명할 때 사용돼요. 현재시제인 문장에서 주어가 I, You, We, They일 때는 동사 원형을 사용해요.

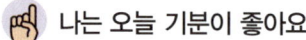 제이크는 파티에서 행복해 보여요.

주어	일반동사	상태/감정	장소/시간
Jake 제이크	looks ~해 보이다	happy 행복한	at the party 파티에서

접속&의미 주어+일반동사+상태/감정+장소/시간: ~는 ~에서 ~해

Tips! 주어가 3인칭 단수일 때는 동사에 -s를 붙이고, 복수일 때는 원형을 유지해요.

| 에피타이저 | **메인요리 ❶** | 메인요리 ❷ | 메인요리 ❸ | 디저트 |

🍴 메인요리 즐기기

💬 **우리말과 단어 힌트를 보고 문장을 만들어 봅시다.**

1. 너는 긴장한 것처럼 보여. `Hint!` nervous 긴장

2. 나는 퇴근 후 피곤함을 느껴. `Hint!` tired 피곤하다 | after work 퇴근 후

3. 나는 바이올린 연주를 즐겨해.
   `Hint!` enjoy 즐기다, 좋아하다 | playing the violin 바이올린을 연주하기

4. 그녀는 음악 듣기를 좋아해. `Hint!` listening to music 음악 듣기

5. 그는 매일 아침 블로그 게시물을 작성해.
   `Hint!` blog post 블로그 게시물 | every morning 매일 아침

6. 진아는 그녀의 반려견 산책 시키는 것을 좋아해.
   `Hint!` walking her dog 그녀의 반려견을 산책시키기

💬 **빈칸에 알맞은 동사를 넣어 문장을 만들어 봅시다.**

7. He _____ to podcasts before bed.
   그는 자기 전 팟캐스트를 들어요.

8. We _____ basketball every Sunday.
   우리는 매주 일요일에 농구를 해요.

정답은 요리즐기기 정답 157p에서 확인!

DAY 3

| 에피타이저 | 메인요리 ❶ | **메인요리 ❷** | 메인요리 ❸ | 디저트 |

메인요리 ❷

8분

I don't like coffee.
나는 커피를 좋아하지 않아.

좋아하는 것을 표현하는 것만큼 싫어하는 것을 분명하게 표현하는 것도 중요하겠죠? 이번엔 부정문을 사용하여 내 생각, 취향 등을 분명하게 표현하는 방법에 대해 알아 볼게요.

🍯 **팁**
부정문은 일반동사 앞에 do not (don't)를 붙여서 간단하게 만들 수 있습니다.

후루룩 문장 만들기

 그녀는 손 잡는 것을 좋아하지 않아.

주어	does not	일반동사	목적어
She 그녀	**doesn't** ~하지 않다	**like** 좋아하다	**holding hands** 손 잡는 것

접속&의미 주어+do not+일반동사+목적어: ~를 ~하지 않아

Tips! 주어가 I, You, We, They일 때는 do not(don't)를 사용해요. 부정문에서 don't는 항상 주어와 동사 사이에 들어갑니다.

 써니는 헬스장에 가지 않아.

주어	does not	일반동사	장소
Sunny 써니	**doesn't** ~하지 않다	**go** 가다	**to the gym** 헬스장에

접속&의미 주어+does not+일반동사+장소/상태: ~에 ~하지 않아

Tips! 3인칭 단수일 경우 does not(doesn't)을 사용하며, 동사는 변형되지 않아요.

| 에피타이저 | 메인요리 ❶ | **메인요리 ❷** | 메인요리 ❸ | 디저트 |

 메인요리 즐기기

▸ **우리말과 단어 힌트를 보고 문장을 만들어 봅시다.**

1. 나는 미식축구에 대해 잘 몰라. (Hint!) follow 알다, 이해하다 | football 미식축구

   _____

2. 나는 평일에 티비를 보지 않아. (Hint!) on weekdays 평일에

   _____

3. 행크는 패스트푸드를 먹지 않아. (Hint!) fast food 패스트푸드

   _____

4. 우리는 토요일에는 쇼핑하러 가지 않아. (Hint!) go shopping 쇼핑 가다

   _____

5. 한나는 아침에 커피를 마시지 않아.
   (Hint!) drink coffee 커피를 마시다 | in the morning 오전에, 아침에

   _____

6. 그들은 방과 후 비디오 게임을 하지 않아.
   (Hint!) play video games 비디오 게임을 하다 | after school 방과 후

   _____

▸ **빈칸에 알맞은 단어를 넣어 문장을 만들어 봅시다.**

7. I _____ exercise every day. 나는 매일 운동하지 않아요.

8. He _____ attend meetings on Fridays.
   그는 금요일에는 회의에 참석하지 않아요.

정답은 요리즐기기 정답 157p에서 확인!

DAY 3 41

| 에피타이저 | 메인요리 ❶ | 메인요리 ❷ | **메인요리 ❸** | 디저트 |

 **메인요리 ❸**

 8분

Do you enjoy watching movies?
너 영화 보는 거 좋아해?

상대방의 취향이나 의견을 물으려면 질문을 해야겠죠? 간단한 의문문을 통해 대화를 시작하고 상대방의 생각을 물어보세요.

> **꿀팁**
> 의문문에서는 do/does가 문장의 맨 앞에 옵니다.

후루룩 문장 만들기

 너 만화책 읽는 거 좋아해?

Do	주어	일반동사	목적어
Do 하다	**you** 너	**enjoy** 좋아하다, 즐기다	**reading comics** 책 읽는 것

접속&의미 Do+주어+일반동사+목적어: ~를 ~해?

Tips! 주어가 I, you, we, they일 때는 Do를 사용해요.

✌ 그녀는 요리하는 거 좋아해?

Does	주어	일반동사	목적어
Does 하다	**she** 그녀	**like** 좋아하다	**cooking** 요리하는 것

접속&의미 Does+주어+일반동사+목적어: ~를 ~해?

Tips! 주어가 3인칭 단수(he, she, it)면 Does를 사용해야 해요.

| 에피타이저 | 메인요리 ❶ | 메인요리 ❷ | **메인요리 ❸** | 디저트 |

🍽️ 메인요리 즐기기

SCAN ME!

📋 **우리말과 단어 힌트를 보고 문장을 만들어 봅시다.**

1 너는 부모님께 자주 전화를 걸어? `Hint!` your parents 너의 부모님 | often 자주

---

2 그들은 매일 함께 등교해? `Hint!` walk to school 등교하다 | together 함께

---

3 너는 운동할 때 음악을 들어? `Hint!` while working out 운동하는 동안

---

4 우리 내일 일찍 출발해야 해? `Hint!` need to ~해야 한다 | leave early 일찍 나가다

---

5 그는 아침에 달리기는 하러 나가? `Hint!` go running 달리기를 하러 나가다

---

6 네 룸메는 주말에 저녁을 만들어줘?
`Hint!` cook dinner 저녁을 만들다 | on the weekends 주말에

📋 **빈칸에 알맞은 단어를 넣어 문장을 만들어 봅시다.**

7 _____ they watch TV after dinner? 그들은 저녁 먹고 TV를 보니?

8 _____ Sean play the guitar? 션이 기타를 쳐?

정답은 요리즐기기 정답 157p에서 확인!

| 에피타이저 | 메인요리 ❶ | 메인요리 ❷ | 메인요리 ❸ | **디저트** |

학습을 마친 후, 얼마나 이해했는지 다시 한번 체크해 보세요!

	그렇다	보통이다	모르겠다
★ 'She look happy'에서 틀린 부분을 찾아낼 수 있다.	☐	☐	☐
★ 주어가 He, She일 때의 동사 변화를 설명할 수 있다.	☐	☐	☐
★ 'I go to the gym'의 부정문을 만들 수 있다.	☐	☐	☐
★ 'Jake don't like a tea'에서 틀린 부분을 찾아낼 수 있다.	☐	☐	☐
★ 주어가 3인칭 단수일 때 Do/Does 중 어느 것을 써야 하는지 알 수 있다.	☐	☐	☐
★ 'She likes cooking'을 의문문으로 만들 수 있다.	☐	☐	☐

* 스코어 계산법 :
그렇다=3점, 보통이다=2점, 모르겠다=1점

나의 합계 스코어는 _____ 점

☑ 셀프진단

» **15점 이상 ★★★**
정말 훌륭합니다! '메인 요리1~3'을 입으로 뱉어 본 후 바로 학습을 종료해 주세요.

» **10~14점 ★★**
거의 다 왔습니다! 약한 부분만 시간에 맞춰 다시 학습한 후 학습을 종료해 주세요.

» **10점 미만 ★**
괜찮아요! 다시 한번 차근차근 '메인 요리1~3'을 학습해 봅시다!

DAY 4

"나는 내년에 유럽여행을 갈 거야"

다양한 시제로 영어 문장 도전하기

원어민 음성듣기

오늘의 후루룩 코스

에피타이저

메인요리 1~3

디저트

후루룩 학습법

▸ 25분 학습 ◂   ▸ 5분 휴식 ◂   "1일 1후루룩 했다!"

1분 워밍업
- 에피타이저 — 학습 전 셀프 체크하기

24분 집중
- 메인 요리1 — 과거 문장
- 요리 즐기기 — 문장 만들기
- 메인 요리2 — 미래 문장
- 요리 즐기기 — 문장 만들기
- 메인 요리3 — 현재&과거 진행 문장
- 요리 즐기기 — 문장 만들기

5분 휴식
- 디저트 — 학습 후 다시 한번 셀프 진단하기

| 에피타이저 | 메인요리 ❶ | 메인요리 ❷ | 메인요리 ❸ | 디저트 |

학습을 시작하기 전, 내가 얼마나 알고 있는지 셀프 체크를 해 봅시다.

	YES	NO
★ 동사를 과거형으로 만들 수 있다.	☐	☐
★ 불규칙 동사의 과거형을 2개 이상 알고 있다.	☐	☐
★ 미래의 계획을 말할 때 쓰는 표현을 알고 있다.	☐	☐
★ '나중에 다시 전화할게'를 영작할 수 있다.	☐	☐
★ 현재 진행형과 과거 진행형의 형태를 설명할 수 있다.	☐	☐
★ 동사 'study'와 'drive'의 현재 진행형을 알고 있다.	☐	☐

☑ 셀프진단

» **Yes가 5개 이상일 경우**
'메인요리1~3'을 빠르게 확인 후 '메인요리 즐기기'에 도전해 보세요!

» **Yes가 5개 이하일 경우**
'메인요리1~3'을 집중해서 확인 후 '메인요리 즐기기'에 도전해 보세요!

메인요리 ❶

I visited Capri last year.

나 작년에 카프리에 갔었어.

과거 시제는 주로 '동사 + -ed' 또는 불규칙 동사의 형태를 사용해, 이미 일어난 사건을 설명할 때 사용할 수 있어요.

꿀팁

불규칙 동사는 별도의 변형이 필요해요.
예) go→went | buy→bought

후루룩 문장 만들기

 그들은 영화관에서 액션 영화를 봤어.

주어	일반동사(과거형)	목적어	장소
They 그들	**watched** 봤다	**an action movie** 액션 영화	**at the cinema** 영화관에서

접속&의미 주어+일반동사(과거형)+목적어+장소: ~는 ~에서 ~를 했어

Tips! 규칙 동사(-ed)의 과거문이에요. 과거 시제는 동작이 이미 끝났다는 것을 강조할 때 사용한답니다.

 데이비드는 어제 여자친구와 시간을 보냈어.

주어	일반동사(과거형)	목적어	시간
David 데이비드	**hung out with** ~와 시간을 보냈다	**his girlfriend** 그의 여자친구	**yesterday** 어제

접속&의미 주어+일반동사(과거형)+목적어+시간: ~는 언제 ~를 했어

Tips! hung out(시간을 보냈다)은 hang out의 과거형으로 불규칙 동사예요. yesterday, last night와 같은 시간 표현은 과거 시제를 사용할 때 자주 함께 사용돼요.

| 에피타이저 | **메인요리 ❶** | 메인요리 ❷ | 메인요리 ❸ | 디저트 |

 메인요리 즐기기

🗨 우리말과 단어 힌트를 보고 문장을 만들어 봅시다.

1. 나는 노트북을 샀어. `Hint!` bought 샀다 | (a) laptop 노트북

   _____

2. 그는 시험을 위해 열심히 공부했어.
   `Hint!` studied hard 열심히 공부했다 | for the test 시험을 위해

   _____

3. 나는 지난 주말에 축구를 했어. `Hint!` last weekend 지난 주말에

   _____

4. 우리는 고급 레스토랑에서 저녁을 먹었어.
   `Hint!` had dinner 저녁을 먹었다 | at a fine dining 고급 레스토랑에서

   _____

5. 그녀는 지난 달 할머니 댁에 방문했어. `Hint!` last month 지난 달

   _____

6. 그들은 지난 금요일에 함께 영화를 봤어. `Hint!` last Friday 지난 금요일

   _____

🗨 빈칸에 알맞은 단어를 넣어 문장을 만들어 봅시다.

7. I _____ my homework. 나는 숙제를 다 했어.

8. I _____ a reservation for our dinner.
   나는 우리 저녁 식사를 위해 예약했어.

정답은 요리즐기기 정답 157p에서 확인!

DAY 4

에피타이저 | 메인요리 ❶ | **메인요리 ❷** | 메인요리 ❸ | 디저트

메인요리 ❷

I will travel to Europe next year.
나는 내년에 유럽여행을 갈거야.

미래에 대한 계획을 이야기할 때 어떤 표현을 사용할 수 있을까요? 이번엔 미래에 일어날 일을 자신 있게 말하는 법을 알려드릴게요.

> 미래 시제는 'will+동사원형'으로 표현해요. 확실한 계획이나 예상을 나타낼 때 주로 사용됩니다.

후루룩 문장 만들기

 나는 오늘 헬스장에 갈 거야.

주어	will	일반동사	장소/시간
I 나	will ~할 것이다	go 가다	to the gym today 헬스장에 오늘

접속&의미 주어+will+일반동사+장소/시간: ~에 ~를 할 거야

Tips! will은 주어에 상관없이 모든 경우에 사용해요. 동사는 변형되지 않고 원형 그대로 유지됩니다. will을 사용하면 약속이나 계획을 확정된 사실처럼 말할 수 있어요.

그는 오늘 오후에 너에게 전화할 거야.

주어	will	일반동사	목적어	시간
He 그	will ~할 것이다	call 전화하다	you 너	later today 오늘 오후에

접속&의미 주어+will+일반동사+시간/장소: ~때 ~를 할 거야

Tips! 미래에 일어날 일이 확정되지 않았을 때는 might나 may를 사용하여 불확실성을 표현할 수 있어요.

| 에피타이저 | 메인요리 ❶ | **메인요리 ❷** | 메인요리 ❸ | 디저트 |

🍴 메인요리 즐기기

💬 **우리말과 단어 힌트를 보고 문장을 만들어 봅시다.**

1. 나중에 전화할게.　　`Hint!` later 나중에

   _____

2. 나는 내일 등산하러 갈 거야.　　`Hint!` go hiking 등산하다

   _____

3. 우리는 이번 주말에 쇼핑하러 갈 거야.　　`Hint!` this weekend 이번 주말

   _____

4. 그레이스는 내일 남자친구를 만날 거야.　　`Hint!` her boyfriend 그녀의 남자친구

   _____

5. 카슨은 다음 주에 새 직장을 시작할 거야
   `Hint!` be starting a new job 새 일을 시작하다 | next week 다음 주

   _____

6. 그들은 다음 달에 새 집으로 이사할 거야.　　`Hint!` move 이사하다

   _____

💬 **빈칸에 알맞은 단어를 넣어 문장을 만들어 봅시다.**

7. We _____ finish the project on time.
   우리는 프로젝트를 제시간에 끝낼 거야.

8. Eddie will _____ dinner tonight.
   에디가 오늘 저녁에 요리를 할 거야.

정답은 요리즐기기 정답 157p에서 확인!

DAY 4　51

| 에피타이저 | 메인요리 ❶ | 메인요리 ❷ | **메인요리 ❸** | 디저트 |

메인요리 ❸

 8분

I was studying when you called.

네가 전화했을 때 나는 공부하고 있었어.

특정 시간에 일어나고 있던 일을 설명할 때, 현재 또는 과거 진행형을 사용해요. 현재 진행형과 과거 진행형을 구분하고 어떻게 사용하는지 함께 알아 볼까요?

현재 진행형 am/is/are + 동사ing
과거 진행형 was/were + 동사ing

후루룩 문장 만들기

☝ 내가 집에 도착했을 때 그녀는 요리 중이었어.

주어	be동사	동사ing	시간
She 그녀	**was** ~이었다	**cooking** 요리 중	**when I got home** 내가 집에 도착했을 때

접속&의미 주어+be동사(과거형)+동사ing: ~를 하고 있었어
Tips! 과거 진행형은 과거 특정 시점에 진행 중이던 일을 설명할 때 사용돼요.

✌ 그는 지금 공부하고 있어.

주어	be동사	동사ing	시간
He 그	**is** 이다	**studying** 공부 중	**right now** 지금

접속&의미 주어+be동사(현재형)+동사ing +시간: ~를 하고 있어
Tips! 현재 진행형은 지금 이 순간에 진행되고 있는 동작을 나타내요. 또 미래의 확정된 계획을 나타낼 때 사용하기도 한답니다.

| 에피타이저 | 메인요리 ❶ | 메인요리 ❷ | **메인요리 ❸** | 디저트 |

🍽 메인요리 즐기기

💬 **우리말과 단어 힌트를 보고 문장을 만들어 봅시다.**

1. 나는 지금 점심을 먹고 있어. `Hint!` have lunch 점심을 먹다 | right now 지금

   _____

2. 우리는 해변으로 운전하고 있었어.
   `Hint!` were driving 운전 중이었다 | to the beach 해변으로

   _____

3. 그녀는 방에서 책을 읽고 있어. `Hint!` reading a book 책을 읽다, 독서하다

   _____

4. 그들은 공원에서 축구를 하고 있어. `Hint!` at the park 공원에서

   _____

5. 내가 집에 왔을 때 그는 자고 있었어.
   `Hint!` was sleeping 자고 있었다 | came home 집에 왔다

   _____

6. 토마스는 지금 미식축구를 보고 있어 `Hint!` football 미식축구

   _____

💬 **빈칸에 알맞은 단어를 넣어 문장을 만들어 봅시다.**

7. I _____ working on the project all week.
   나는 이번 주 내내 프로젝트 일을 하고 있었어.

8. He _____ sleeping when I arrived.
   내가 도착했을 때 그는 자고 있었어.

정답은 요리즐기기 정답 157p에서 확인!

DAY 4

| 에피타이저 | 메인요리 ① | 메인요리 ② | 메인요리 ③ | **디저트** |

디저트

5분 휴식

학습을 마친 후, 얼마나 이해했는지 다시 한번 체크해 보세요!

	그렇다	보통이다	모르겠다
★ 규칙 동사의 과거형을 3개 이상 알고 있다.	☐	☐	☐
★ 'eat', 'make'를 과거형으로 바꿀 수 있다.	☐	☐	☐
★ 동사 'go'를 넣어 '오늘 헬스장에 갈 거야'를 영작할 수 있다.	☐	☐	☐
★ may/might의 쓰임을 알고 있다.	☐	☐	☐
★ 주어가 복수일 때 과거 진행형의 형태를 알고 있다.	☐	☐	☐
★ '그들은 공원에서 축구를 하고 있어'를 영작할 수 있다.	☐	☐	☐

* 스코어 계산법 :
 그렇다=3점, 보통이다=2점, 모르겠다=1점

나의 합계 스코어는 ☐ 점

☑ 셀프진단

» **15점 이상 ★★★**
 정말 훌륭합니다! '메인 요리1~3'을 입으로 뱉어 본 후 바로 학습을 종료해 주세요.

» **10~14점 ★★**
 거의 다 왔습니다! 약한 부분만 시간에 맞춰 다시 학습한 후 학습을 종료해 주세요.

» **10점 미만 ★**
 괜찮아요! 다시 한번 차근차근 '메인 요리1~3'을 학습해 봅시다!

DAY 5

"혹시 인디애나에 가 본 적 있어?"

현재완료 영어 문장 도전하기

원어민 음성듣기

오늘의 후루룩 코스

에피타이저

메인요리1~3

디저트

후루룩 학습법

 +  =

▶ 25분 학습 ◀　　▶ 5분 휴식 ◀　　"1일 1후루룩 했다!"

1분 워밍업
- **에피타이저**　학습 전 셀프 체크하기

24분 집중
- **메인 요리1**　현재완료 긍정문
- **요리 즐기기**　문장 만들기
- **메인 요리2**　현재완료 부정문
- **요리 즐기기**　문장 만들기
- **메인 요리3**　현재완료 의문문
- **요리 즐기기**　문장 만들기

5분 휴식
- **디저트**　학습 후 다시 한번 셀프 진단하기

| 에피타이저 | 메인요리 ❶ | 메인요리 ❷ | 메인요리 ❸ | 디저트 |

  1분

학습을 시작하기 전, 내가 얼마나 알고 있는지 셀프 체크를 해 봅시다.

	YES	NO
★ 현재완료의 뉘앙스를 알고 있다.	☐	☐
★ 과거분사가 무엇인지 알고 있다.	☐	☐
★ 현재완료 부정문의 형태를 알고 있다.	☐	☐
★ 주어의 인칭에 따른 부정문의 형태를 알고 있다.	☐	☐
★ 현재완료 의문문의 형태를 알고 있다.	☐	☐
★ 현재완료 의문문에 대해 답할 수 있다.	☐	☐

☑ 셀프진단

» **Yes가 5개 이상일 경우**
'메인요리1~3'을 빠르게 확인 후 '메인요리 즐기기'에 도전해 보세요!

» **Yes가 5개 이하일 경우**
'메인요리1~3'을 집중해서 확인 후 '메인요리 즐기기'에 도전해 보세요!

| 에피타이저 | **메인요리 ❶** | 메인요리 ❷ | 메인요리 ❸ | 디저트 |

 메인요리 ❶

 8분

I have lost my luggage.
저는 짐을 잃어버렸어요.

과거에 일어난 일이 지금까지 영향을 미칠 때, 어떤 표현을 사용할 수 있을까요? 이번엔 현재완료를 사용해서 이런 상황을 자연스럽게 표현하는 방법에 대해 알아 볼게요.

꿀팁

현재완료는 'have/has + 과거분사'로 구성되며, 과거와 현재를 연결하는 시제입니다. 과거분사는 동작이 완료된 상태를 나타내며 형태는 아래와 같습니다.

예) visit – visited – visited (규칙변화) /
find – found – found (불규칙변화)

후루룩 문장 만들기

 제나는 숙제를 끝냈어.

주어	have/has+과거분사	목적어
Jenna 제나	**has finished** 끝냈다	**her homework** 그녀의 숙제를

접속&의미 주어+have/has+과거분사+목적어: ~를 해왔어 / 해봤어

Tips! Have/has 뒤에 과거분사를 사용하여 완료의 뉘앙스를 나타내요. 현재완료는 결과를 나타낼 때도 사용돼요.

우리 가족은 파리를 두 번 방문했어.

주어	have/has+과거분사	목적어	빈도
Our family 우리 가족	**has visited** 방문했다	**Paris** 파리에	**twice** 두 번

접속&의미 주어+have/has+과거분사+목적어+빈도: ~한 적 있어

Tips! 현재완료는 경험을 말할 때도 사용돼요. 그리고 동작의 완료뿐만 아니라 지속(~해오다)을 나타낼 수도 있어요.

메인요리 즐기기

📝 **우리말과 단어 힌트를 보고 문장을 만들어 봅시다.**

1. 나는 유럽에 가본 적이 있어. (Hint!) have been to 가 본 적 있다

2. 나는 캐비아를 먹어 본 적이 있어. (Hint!) have tried 먹어 본 적 있다 | caviar 캐비아

3. 우리는 이미 점심을 먹었어. (Hint!) have eaten 먹었어 | already 이미

4. 나는 이전에 그 영화를 본 적이 있어. (Hint!) have seen 봤다

5. 그들은 10년 동안 서로를 알고 있어.
   (Hint!) have known 알고 있었다 | each other 서로 | for 10 years 10년 동안

6. 그녀는 작년부터 프랑스어를 공부해 왔어.
   (Hint!) has studied French 프랑스어를 공부해 오다 | since last year 작년부터

📝 **빈칸에 알맞은 단어를 넣어 문장을 만들어 봅시다.**

7. I _____ just finished reading that book.
   저는 방금 그 책을 다 읽었습니다.

8. We _____ been married for 25 years.
   우리는 결혼한 지 25년이 되었습니다.

DAY 5

메인요리 ❷

I haven't finished my homework yet.

저는 아직 숙제를 끝내지 못했어요.

과거에 시작된 일이 아직 끝나지 않았을 때, 어떻게 표현할 수 있을까요? 이번에는 현재완료 부정문을 사용해서 아직 완료되지 않은 일들을 설명하는 방법에 대해 알아 볼게요.

> **꿀팁** 부정문에서는 have not 또는 has not을 사용하며, 동사는 과거분사 형태로 유지됩니다.

후루룩 문장 만들기

 그는 아직 캘리포니아에 가본 적이 없어.

주어	hasn't+과거분사	목적어	시간
He 그	**hasn't visited** 방문한 적이 없다	**California** 캘리포니아에	**yet** 아직

접속&의미 주어+hasn't+과거분사+목적어+시간: ~를 한 적이 없어

Tips! yet은 부정문에서 자주 사용되며, 어떤 행동이 아직 완료되지 않았음을 나타내요.

 그들은 여전히 해결책을 찾지 못했어.

주어	시간	haven't+과거분사	목적어
They 그들	**still** 아직도, 여전히	**haven't found** 찾지 못했다	**a solution** 해결책을

접속&의미 주어+시간+haven't+과거분사+목적어: ~를 하지 않았어

Tips! still 또한 부정문에서 사용할 수 있는데, 어떤 상태가 여전히 지속되고 있음을 나타내요.

| 에피타이저 | 메인요리 ❶ | **메인요리 ❷** | 메인요리 ❸ | 디저트 |

🍴 메인요리 즐기기

📋 **우리말과 단어 힌트를 보고 문장을 만들어 봅시다.**

① 그는 아직 저녁을 안 먹었어.　`Hint!` have dinner 저녁을 먹다 | yet 아직

_____

② 나는 아직도 그 쇼를 보지 못했어.　`Hint!` watch(ed) that show 그 쇼를 봤다

_____

③ 그녀는 아직 새 상사를 만나지 않았어.　`Hint!` met 만났다 | new boss 새 상사

_____

④ 그들은 아직 전화를 주지 않았어.　`Hint!` call ~ back 다시 전화를 하다

_____

⑤ 그녀는 아직도 커피를 마시지 못했어.　`Hint!` finish 끝내다 | her coffee 그녀의 커피

_____

⑥ 우리는 아직 새로운 레스토랑에 가보지 않았어.
　　`Hint!` new restaurant 새 레스토랑

_____

📋 **빈칸에 알맞은 단어를 넣어 문장을 만들어 봅시다.**

⑦ Yvonne _____ me back yet.
　 이본은 아직 나에게 전화를 하지 않았어.

⑧ They _____ the airport. 그들은 공항에서 떠나지 않았어.

정답은 요리즐기기 정답 158p에서 확인!

메인요리 ❸

Have you ever been hiking?
하이킹을 해 본 적 있니?

현재완료 의문문은 과거에 경험한 적이 있는지, 또는 그 일이 지금까지 영향을 미치는지 묻는 질문에 사용돼요. 주어와 Have/Has의 위치를 바꿔 'Have/Has + 주어 + 과거분사'의 형태로 문장을 만들어 주면 됩니다.

꿀팁
의문문에 대한 대답은 이렇게 하세요!
예) 긍정: Yes, 주어+have/has
부정: No, 주어+haven't/ hasn't

후루룩 문장 만들기

👆 너는 초밥을 먹어본 적 있어?

Have	주어	빈도	과거분사	목적어
Have 있다	**you** 너	**ever** 언젠가, 이제까지	**tried** 시도했다	**sushi** 초밥을

접속&의미 Have+주어+과거분사: ~해 본 적 있어?

Tips! Have you ever은 과거의 경험을 물을 때 자주 사용되며, 이때 ever은 이러한 경험을 강조하는 역할을 해요.

✌ 사브리나는 한국에서 3년 동안 공부해 온 거야?

Has	주어	과거분사	장소	기간
Has ~해 왔다	**Sabrina** 사브리나	**studied** 공부했다	**in Korea** 한국에서	**for 3 years** 3년 동안

접속&의미 Has+주어+과거분사+장소+기간: ~동안 ~해 왔어?

Tips! 과거의 특정 경험이 현재 상황까지 이어지고 있는지를 확인하는 뉘앙스예요.

메인요리 즐기기

우리말과 단어 힌트를 보고 문장을 만들어 봅시다.

1. 혹시 인디애나에 가 본 적 있어? **Hint!** to Indiana 인디애나에

2. 그들은 콘서트에 갔어? **Hint!** go(-went-gone) to the concert 콘서트에 가다

3. 그는 스키를 타 본 적이 있어? **Hint!** try(-tried-tried) skiing 스키를 타 보다

4. 2023년부터 미국에서 일해 온 거야?
   Hint! in the US 미국에서 | since 2023 2023년부터

5. 너 뉴욕에서 피자를 먹어 본 적 있어?
   Hint! Have you ever 너 ~해 본 적 있어? | tried pizza 피자를 먹어 봤다

6. 너는 그를 1년 동안 알아 온 거야?
   Hint! have known him 그를 알고 지내다 | for a year 1년 동안

빈칸에 알맞은 단어를 넣어 문장을 만들어 봅시다.

7. _____ he finished watching the movie?
   그는 영화를 다 봤어?

8. Have they _____ into their new apartment yet?
   그들은 새 아파트로 이사했어?

정답은 요리즐기기 정답 158p에서 확인!

DAY 5

| 에피타이저 | 메인요리 ❶ | 메인요리 ❷ | 메인요리 ❸ | 디저트 |

학습을 마친 후, 얼마나 이해했는지 다시 한번 체크해 보세요!

| | 그렇다 | 보통이다 | 모르겠다 |

★ 현재완료의 4가지 뉘앙스를 설명할 수 있다.　☐ ☐ ☐

★ 불규칙동사의 과거분사 형태를 예를 들어 설명할 수 있다.　☐ ☐ ☐

★ 'yet'를 넣어 '그는 아직 뉴욕에 가 본 적 없어'를 영작할 수 있다.　☐ ☐ ☐

★ have not과 has not의 차이를 설명할 수 있다.　☐ ☐ ☐

★ 'Have you ever'의 역할을 설명할 수 있다.　☐ ☐ ☐

★ 'Has you talk to your customers?'를 올바른 현재완료 의문문으로 고칠 수 있다.　☐ ☐ ☐

* 스코어 계산법 :
　그렇다=3점, 보통이다=2점, 모르겠다=1점

나의 합계 스코어는 _____ 점

☑ 셀프진단

» **15점 이상 ★★★**
　정말 훌륭합니다! '메인 요리1~3'을 입으로 뱉어 본 후 바로 학습을 종료해 주세요.

» **10~14점 ★★**
　거의 다 왔습니다! 약한 부분만 시간에 맞춰 다시 학습한 후 학습을 종료해 주세요.

» **10점 미만 ★**
　괜찮아요! 다시 한번 차근차근 '메인 요리1~3'을 학습해 봅시다!

DAY 6

"혹시 이거 좀 도와줄 수 있어?"

조동사로 영어 문장 도전하기

원어민 음성듣기

오늘의 후루룩 코스

에피타이저

메인요리 1~3

디저트

후루룩 학습법

 +  =

▶ 25분 학습 ◀   ▶ 5분 휴식 ◀   "1일 1후루룩 했다!"

1분 워밍업
- **에피타이저**   학습 전 셀프 체크하기

24분 집중
- **메인 요리1**   조동사의 긍정, 부정, 의문문
- **요리 즐기기**   문장 만들기
- **메인 요리2**   조동사 can, will, may
- **요리 즐기기**   문장 만들기
- **메인 요리3**   조동사 must, have to, should
- **요리 즐기기**   문장 만들기

5분 휴식
- **디저트**   학습 후 다시 한번 셀프 진단하기

에피타이저 | 메인요리 ❶ | 메인요리 ❷ | 메인요리 ❸ | 디저트

학습을 시작하기 전, 내가 얼마나 알고 있는지 셀프 체크를 해 봅시다.

	YES	NO
★ 조동사의 역할을 알고 있다.	☐	☐
★ 조동사의 긍정/부정/의문문의 형태를 알고 있다.	☐	☐
★ 각 조동사의 뜻을 알고 있다.	☐	☐
★ 공손하게 요청할 때 쓰는 조동사를 알고 있다.	☐	☐
★ 강한 의무를 나타내는 조동사를 알고 있다.	☐	☐
★ '너는 물을 더 마시는 게 좋아'를 영작할 수 있다.	☐	☐

☑ 셀프진단

» **Yes가 5개 이상일 경우**
  '메인요리1~3'을 빠르게 확인 후 '메인요리 즐기기'에 도전해 보세요!

» **Yes가 5개 이하일 경우**
  '메인요리1~3'을 집중해서 확인 후 '메인요리 즐기기'에 도전해 보세요!

DAY 6

 메인요리 ❶

She can speak English fluently.
그녀는 영어를 유창하게 말할 수 있어요.

 8분

누군가의 능력이나 의무를 표현할 때는 조동사를 사용하면 돼요. 이번에는 조동사가 본동사 앞에서 어떻게 위치하고 긍정, 부정, 의문문에서 각각 어떻게 쓰이는지 알아볼게요.

- `긍정문` 주어+조동사+동사원형
- `부정문` 주어+조동사+not+동사원형
- `의문문` 조동사+주어+동사원형?

 꿀팁

조동사는 be동사와 일반동사 앞에서 능력, 의지, 강요, 추측, 요청, 충고 등의 의미를 더 해요.

후루룩 문장 만들기

 그녀는 오늘 회의에 참석할 수 없어요.

주어	조동사+not	동사원형	목적어	시간
She 그녀	**can't** 할 수 없다	**attend** 참석하다	**the meeting** 회의	**today** 오늘

`접속&의미` 주어+조동사+not+동사원형+목적어: ~를 할 수 없어

`Tips!` 조동사가 있으면 본동사는 원형을 유지해요. 또한 조동사는 능력, 허락, 가능성, 추측 등 다양한 의미를 전달하며, 문맥에 따라 해석이 달라질 수 있답니다.

이 일을 도와줄 수 있나요?

조동사	주어	동사원형	목적어
Can 할 수 있다	**you** 당신	**help** 돕다	**me with this task** 나를 이 일로

`접속&의미` 조동사+주어+동사원형+목적어: ~를 할 수 있어?

`Tips!` 의문문에서는 조동사가 주어 앞에 오고 그 뒤에 본동사가 위치해요.

| 에피타이저 | **메인요리 ❶** | 메인요리 ❷ | 메인요리 ❸ | 디저트 |

🍽️ 메인요리 즐기기

📋 **우리말과 단어 힌트를 보고 문장을 만들어 봅시다.**

SCAN ME!

1. 우리는 지금 회의를 시작하면 돼. (Hint!) start the meeting 미팅, 회의를 시작하다

   _____

2. 나는 오늘 밤 나가 놀 수 없어. (Hint!) go out 나가서 놀다

   _____

3. 혹시 이거 좀 도와줄 수 있어? (Hint!) help 도와주다

   _____

4. 우리는 내일까지 이걸 끝낼 수 없어. (Hint!) by tomorrow 내일까지

   _____

5. 그들은 혹시 영어를 유창하게 할 수 있어? (Hint!) fluently 유창하게

   _____

6. 새미는 오늘 밤 파티에 올 수 없대. (Hint!) come to the party 파티에 오다, 참석하다

   _____

📋 **빈칸에 알맞은 단어를 넣어 문장을 만들어 봅시다.**

7. Annie _____ speak three languages.
   애니는 3개국어를 할 줄 알아.

8. You _____ be late tomorrow. 너 내일 늦으면 안돼.

정답은 요리즐기기 정답 158p에서 확인!

DAY 6

| 에피타이저 | 메인요리 ❶ | **메인요리 ❷** | 메인요리 ❸ | 디저트 |

 **메인요리 ❷**

 8분

I can meet you tomorrow.
저는 내일 당신을 만날 수 있어요.

가능성, 미래 계획, 추측을 나타낼 때 각각 어떤 조동사를 사용할 수 있을까요? 이번 시간에는 조금 더 깊게 들어가서 can, will, would, may의 차이점을 배워보겠습니다.

> 🍯 팁
>
> can: 능력, 가능성 | will: 미래 계획 | would: 가정, 예의 | may: 허락, 추측

후루룩 문장 만들기

 내가 나중에 문자할게.

주어	조동사	동사원형	목적어	시간
I 나	**will** 할 것이다	**text** 문자하다	**you** 너에게	**later** 나중에

접속&의미 주어+조동사+동사원형+목적어: ~할게요

Tips! will은 미래의 계획이나 확정된 사실을 나타내요. would는 공손한 요청, 제안 또는 가정적인 상황에서 주로 사용됩니다.

 포스트 말론이 오늘 파티에 올 수도 있어.

주어	조동사	동사원형	장소	시간
Post Malone 포스트 말론	**may** 할지 모른다	**come** 오다	**to the party** 파티에	**tonight** 오늘밤

접속&의미 주어+조동사+동사원형+시간/장소: ~할 수도 있어

Tips! may는 가능성을 나타내며, 허락을 구할 때도 사용돼요.

| 에피타이저 | 메인요리 ❶ | **메인요리 ❷** | 메인요리 ❸ | 디저트 |

메인요리 즐기기

우리말과 단어 힌트를 보고 문장을 만들어 봅시다.

1. 제나가 저녁 식사 함께 할 수 있대.　　Hint! join us 함께하다 | for dinner 저녁에

　　_____

2. 제이가 프로젝트에 도움을 줄 수 있어.
　　Hint! help you 너를 도와주다 | with the project 그 프로젝트에

　　_____

3. 너 내일 회의에 참석할 거야?　　Hint! attend the meeting 회의에 참석하다

　　_____

4. 혹시 테이블 옮기는 것 좀 도와줄 수 있어?
　　Hint! move the table 테이블을 옮기다

　　_____

5. 우리는 금요일까지 다 끝낼거야.　　Hint! everything 모든 것을 | by Friday 금요일까지

　　_____

6. 제니는 오늘 오후에 바쁠수도 있어.　　Hint! busy 바쁘다 | this afternoon 오늘 오후에

　　_____

빈칸에 알맞은 단어를 넣어 문장을 만들어 봅시다.

7. _____ I speak to the manager? 매니저와 이야기할 수 있을까요?

8. _____ you like to go to the movies this weekend?
　　이번 주말에 영화 보러 갈래요?

정답은 요리즐기기 정답 158p에서 확인!

DAY 6

메인요리 ❸

You must submit the report by Friday.
금요일까지 보고서를 제출해야 해요.

⏰ 8분

의무나 강한 필요성을 표현할 때, 어떤 조동사를 사용할 수 있을까요? 이번에는 must, have to, should를 사용해 의무와 충고를 표현하는 방법을 알려드릴게요.

꿀팁

must: 강한 의무, 필요, 추측 | have to: (외부에서 요구되는)의무 | should: 권고, 충고

후루룩 문장 만들기

 너는 물을 더 마시는 게 좋을 거야.

주어	조동사	동사원형	목적어
You 너	should 하는 게 좋다	drink 마시다	more water 물을 더 많이

접속&의미 주어+조동사+동사원형+목적어: ~를 하는 게 좋아 / ~해야 해

Tips! should는 권고나 조언을 전달할 때 사용되며, 상대적으로 덜 강한 의무를 표현해요. 미래의 행동이나 선택에 대한 충고를 표현하는 데 적합하답니다.

 너는 안전벨트를 반드시 매야 해.

주어	조동사	동사원형	목적어
You 너	must 반드시 해야 한다	wear 입다, 매다	a seatbelt 안전벨트

접속&의미 주어+조동사+동사원형+목적어: ~를 반드시 해야 해

Tips! have to와 must는 강한 의무, 즉 반드시 해야 하는 일을 나타내요. have to는 외부적인 상황, 규칙이 좀 더 강조된 의무를 나타낼 때 사용되고, must에는 화자의 주관이 강하게 들어가요.

| 에피타이저 | 메인요리 ❶ | 메인요리 ❷ | **메인요리 ❸** | 디저트 |

🍽 메인요리 즐기기

📋 **우리말과 단어 힌트를 보고 문장을 만들어 봅시다.**

1. 도훈이는 잠을 좀 더 많이 자는 게 좋겠어. `Hint!` get more sleep 잠을 더 자다

   _____

2. 그는 규칙적으로 운동해야 해. `Hint!` exercise 운동하다 | regularly 규칙적으로

   _____

3. 우리는 내일 일찍 일어나야 해. `Hint!` get up 일어나다

   _____

4. 안드레는 오후 5시까지 이 보고서를 완성해야 해.
   `Hint!` finish this report 이 보고서를 완성하다

   _____

5. 건물에 출입하려면 신분증을 지참해야 해.
   `Hint!` ID 신분증 | enter the building 건물에 출입하다

   _____

6. 회의 중에는 휴대폰을 꺼 놔야 해.
   `Hint!` turn off 꺼놓다 | during the meeting 회의하는 동안

   _____

📋 **빈칸에 알맞은 단어를 넣어 문장을 만들어 봅시다.**

7. You _____ submit your assignment by Friday.
   금요일까지 과제를 제출해야 해요.

8. We _____ go for a walk after dinner.
   저녁 먹고 산책하는 게 좋겠어요.

에피타이저 | 메인요리 ❶ | 메인요리 ❷ | 메인요리 ❸ | **디저트**

5분 휴식

학습을 마친 후, 얼마나 이해했는지 다시 한번 체크해 보세요!

	그렇다	보통이다	모르겠다
★ 'can'을 활용하여 '나는 내일까지 이걸 끝낼 수 없어'를 영작할 수 있다.	☐	☐	☐
★ 'I can't going out tonight'의 틀린 부분을 찾아낼 수 있다.	☐	☐	☐
★ can, will, would, may의 차이점을 설명할 수 있다.	☐	☐	☐
★ '이번 주말에 영화 보러 갈래요?'를 영작할 수 있다.	☐	☐	☐
★ must와 should의 뉘앙스 차이를 설명할 수 있다.	☐	☐	☐
★ 'You must drink more water'에서 어색한 부분을 고칠 수 있다. (충고하는 상황)	☐	☐	☐

* 스코어 계산법 :
그렇다=3점, 보통이다=2점, 모르겠다=1점

나의 합계 스코어는 ☐ **점**

☑ **셀프진단**

» **15점 이상 ★★★**
정말 훌륭합니다! '메인 요리1~3'을 입으로 뱉어 본 후 바로 학습을 종료해 주세요.

» **10~14점 ★★**
거의 다 왔습니다! 약한 부분만 시간에 맞춰 다시 학습한 후 학습을 종료해 주세요.

» **10점 미만 ★**
괜찮아요! 다시 한번 차근차근 '메인 요리1~3'을 학습해 봅시다!

DAY 7

"우디는 매일 아침 달리기를 해"

목적어로 영어 문장 도전하기

원어민 음성듣기

오늘의 후루룩 코스

에피타이저　　메인요리1~3　　디저트

후루룩 학습법

▶ 25분 학습 ◀   ▶ 5분 휴식 ◀   "1일 1후루룩 했다!"

1분 워밍업
- **에피타이저** ···· 학습 전 셀프 체크하기

24분 집중
- **메인 요리1** ···· 목적어가 필요 없는 동사
- **요리 즐기기** ···· 문장 만들기
- **메인 요리2** ···· 목적어가 1개 필요한 동사
- **요리 즐기기** ···· 문장 만들기
- **메인 요리3** ···· 목적어가 2개 필요한 동사
- **요리 즐기기** ···· 문장 만들기

5분 휴식
- **디저트** ···· 학습 후 다시 한번 셀프 진단하기

| 에피타이저 | 메인요리 ❶ | 메인요리 ❷ | 메인요리 ❸ | 디저트 |

학습을 시작하기 전, 내가 얼마나 알고 있는지 셀프 체크를 해 봅시다.

	YES	NO
★ 문장 안에서 목적어의 역할을 알고 있다.	☐	☐
★ '목적어가 필요 없는 동사'를 설명할 수 있다.	☐	☐
★ '목적어가 1개 필요한 동사'를 설명할 수 있다.	☐	☐
★ '나는 새 차를 샀어'를 영작할 수 있다.	☐	☐
★ '목적어가 2개 필요한 동사'를 설명할 수 있다.	☐	☐
★ 간접 목적어와 직접 목적어의 차이를 안다.	☐	☐

> ☑ 셀프진단
>
> » Yes가 5개 이상일 경우
>   '메인요리1~3'을 빠르게 확인 후 '메인요리 즐기기'에 도전해 보세요!
>
> » Yes가 5개 이하일 경우
>   '메인요리1~3'을 집중해서 확인 후 '메인요리 즐기기'에 도전해 보세요!

She arrived late.
그녀는 늦게 도착했어요.

일부 동사는 목적어 없이도 완전한 문장이 될 수 있어요. Arrive(도착하다)와 같은 동사는 특정 장소나 시점에 도착하는 것을 나타낼 때 목적어가 필요 없습니다.

> 아래는 목적어가 필요 없는 동사예요!
> 예) leave 떠나다 | arrive 도착하다 | run 달리다 | go 가다 | move 움직이다 | sleep 자다, 잠들다

후루룩 문장 만들기

 레오는 일찍 자요.

주어	동사	시간
Leo 레오	**sleeps** 자다	**early** 일찍

(접속&의미) 주어+동사+시간: ~는 언제 ~해

(Tips!) 목적어(~을/를) 없이 '주어+동사'로만 만들어진 완전한 문장이에요. 필요에 따라 early(일찍)과 같은 시간표현을 뒤에 수식어로 붙일 수 있어요.

 그는 여기서 일해요.

주어	동사	장소
He 그	**works** 일하다	**here** 여기

(접속&의미) 주어+동사+장소: ~는 어디서 ~해

(Tips!) 동작 자체를 설명하는 동사는 목적어가 필요 없어요. 해석했을 때 '~을/를'이 필요하지 않다면 목적어가 필요 없는 동사일 확률이 높아요.

메인요리 즐기기

📋 **우리말과 단어 힌트를 보고 문장을 만들어 봅시다.**

1. 나는 피곤해. 〔Hint!〕 tired 피곤한

2. 나는 집에 갈거야. 〔Hint!〕 be go(ing) home 집에 가다, 귀가하다

3. 나는 오전 6시에 일어났어. 〔Hint!〕 woke up 일어났다 | at 6 6시에

4. 우디는 매일 아침 달리기를 해. 〔Hint!〕 run(s) 뛰다 | every morning 매일 아침

5. 샘은 평일에는 일찍 잠을 자. 〔Hint!〕 sleep(s) early 일찍 잠에 들다 | on weekdays 평일에

6. 션은 회의에 늦게 도착했어. 〔Hint!〕 arrived 도착했다 | late to the meeting 미팅에 늦게

📋 **빈칸에 알맞은 단어를 넣어 문장을 만들어 봅시다.**

7. He _____ at school early this morning.
   그는 오늘 아침에 일찍 학교에 도착했어요.

8. They _____ in the rain for hours.
   그들은 몇 시간 동안 비를 맞으며 걸었어요.

정답은 요리즐기기 정답 159p에서 확인!

DAY 7 79

| 에피타이저 | 메인요리 ❶ | **메인요리 ❷** | 메인요리 ❸ | 디저트 |

 **메인요리 ❷**

 8분

I took a bus.
나는 버스를 탔어.

그럼 이제 목적어 1개가 필요한 동사에 대해 알아볼까요? 이런 동사는 주어와 동사만으로는 불완전하며, 동작의 대상을 나타내는 목적어가 필요합니다.

꿀팁

아래는 목적어가 1개 필요한 동사예요!

예 buy 사다 | bring 가져오다 | meet 만나다 | invite 초대하다 | sell 팔다 | fix 고치다 | text 문자하다

후루룩 문장 만들기

 나는 새 차를 샀어.

주어	동사	목적어
I 나	bought 샀다	a new car 새 차를

접속&의미 주어+동사+목적어(하나): ~를 했어

Tips! 목적어는 보통 사람이나 사물이 될 수 있어요. 목적어가 1개 필요한 동사는 동작의 대상이 명확하게 나타납니다.

✌️ 펜 좀 빌릴 수 있을까요?

조동사	주어	동사	목적어
May 해도 좋다	I 나	use 사용하다	your pen 당신의 펜

접속&의미 조동사+주어+동사+목적어(하나): ~를 ~해도 되나요?

Tips! use(사용하다)만으로는 문장이 불완전하기 때문에, 대상이 되는 목적어 your pen(당신의 펜)이 필요한 문장입니다.

메인요리 즐기기

우리말과 단어 힌트를 보고 문장을 만들어 봅시다.

1 나는 그에게 이미 문자를 보냈어. (Hint!) texted 문자했다 | already 이미

2 그는 새 에어팟을 샀어. (Hint!) bought 구매했다, 샀다 | new AirPods 새 에어팟

3 이 컴퓨터를 잠시 써도 될까요? (Hint!) use 쓰다 | for a while 잠시

4 우리는 팸을 저녁 식사에 초대했어. (Hint!) invited 초대했다

5 그들은 새 집을 샀어. (Hint!) bought 샀다 | (a) new house 새 집

6 나는 가게에서 친구를 만났어. (Hint!) met 만났다 | at the store 가게에서

빈칸에 알맞은 단어를 넣어 문장을 만들어 봅시다.

7 I _____ my house last year. 나는 작년에 집을 팔았어.

8 Tyler _____ his car yesterday. 타일러는 어제 그의 차를 고쳤어.

DAY 7

 메인요리 ❸

 8분

He sent me an email.
그가 나에게 이메일을 보냈어.

마지막으로 목적어가 2개 필요한 동사에 대해 소개할게요. 이런 형태의 문장들은 동작의 대상인 직접 목적어와 그 동작의 혜택을 받는 간접 목적어가 함께 필요해요.

간접 목적어는 사람, 직접 목적어는 사물을 나타냅니다. 아래는 목적어가 2개 필요한 동사예요!

예 give ~에게 ~을 주다 | make ~에게 ~을 만들어 주다
tell ~에게 ~을 말하다 | show ~에게 ~을 보여 주다

후루룩 문장 만들기

 내 매니저는 내 연봉을 올려줬어.

주어	동사	간접 목적어	직접 목적어
My manager 내 매니저	gave 주었다	me 내게	a raise 연봉 인상을

접속&의미 주어+동사+간접 목적어+직접 목적어: ~에게 ~를 ~했어
Tips! 간접 목적어는 동작의 혜택을 받는 대상이며, 직접 목적어는 동작의 결과예요.

할인해 주실 수 있나요?

조동사	주어	동사	간접 목적어	직접 목적어
Could 할 수 있다	you 당신	give 주다	me 내게	a discount 할인을

접속&의미 조동사+주어+동사+간접 목적어+직접 목적어: ~에게 ~를 할 수 있나요?
Tips! 동작을 전달하는 대상과 그 동작의 결과를 동시에 설명하는 문장이에요.

메인요리 ❸

메인요리 즐기기

📋 우리말과 단어 힌트를 보고 문장을 만들어 봅시다.

1. 나는 그에게 내 전화번호를 알려줬어. (Hint!) gave my number 내 번호를 알려줬다

   _____

2. 나는 소라에게 내 재킷을 줬어. (Hint!) jacket 겉옷, 재킷

   _____

3. 재원은 우리에게 그의 트로피를 보여주었어.
   (Hint!) showed his trophy 그의 트로피를 보여줬다

   _____

4. 우리는 그에게 좋은 소식을 전했어.
   (Hint!) told him the good news 좋은 소식을 그에게 알려줬다

   _____

5. 할머니가 내게 소포를 보내주셨어. (Hint!) sent (a) package 소포를 보냈다

   _____

6. 민수는 내 여행 짐 싸는 것을 도와줬어. (Hint!) pack for my trip 내 여행 짐을 싸다

   _____

📋 빈칸에 알맞은 단어를 넣어 문장을 만들어 봅시다.

7. Jake _____ me a cake. 내게 케이크를 사줬어.

8. I finally _____ him the truth. 나는 그에게 드디어 진실을 말해 줬어.

에피타이저 | 메인요리 ❶ | 메인요리 ❷ | 메인요리 ❸ | **디저트**

5분 휴식

학습을 마친 후, 얼마나 이해했는지 다시 한번 체크해 보세요!

	그렇다	보통이다	모르겠다
★ '에디는 매일 아침 달리기를 해'를 영작할 수 있다.	☐	☐	☐
★ '목적어가 필요 없는 동사'를 6개 이상 알고 있다.	☐	☐	☐
★ 'He bought the new AirPods'에서 목적어를 골라낼 수 있다.	☐	☐	☐
★ '목적어가 1개 필요한 동사'를 6개 이상 알고 있다.	☐	☐	☐
★ '목적어가 2개 이상 필요한 동사'를 3개 이상 알고 있다.	☐	☐	☐
★ 'We told him the good news'에서 직접, 간접 목적어를 각각 골라낼 수 있다.	☐	☐	☐

* 스코어 계산법 :
  그렇다=3점, 보통이다=2점, 모르겠다=1점

나의 합계 스코어는 ☐ 점

☑ **셀프진단**

» **15점 이상 ★★★**
  정말 훌륭합니다! '메인 요리1~3'을 입으로 뱉어 본 후 바로 학습을 종료해 주세요.

» **10~14점 ★★**
  거의 다 왔습니다! 약한 부분만 시간에 맞춰 다시 학습한 후 학습을 종료해 주세요.

» **10점 미만 ★**
  괜찮아요! 다시 한번 차근차근 '메인 요리1~3'을 학습해 봅시다!

DAY 8

"에디는 타코 마스터예요"

보어로 영어 문장 도전하기

원어민 음성듣기

오늘의 후루룩 코스

에피타이저　　메인요리 1~3　　디저트

후루룩 학습법

 +  =

▶ 25분 학습 ◀   ▶ 5분 휴식 ◀   "1일 1후루룩 했다!"

1분 워밍업
- **에피타이저**   학습 전 셀프 체크하기

24분 집중
- **메인 요리1**   주어를 보충하는 보어1
- **요리 즐기기**   문장 만들기
- **메인 요리2**   주어를 보충하는 보어2
- **요리 즐기기**   문장 만들기
- **메인 요리3**   목적어를 보충하는 보어
- **요리 즐기기**   문장 만들기

5분 휴식
- **디저트**   학습 후 다시 한번 셀프 진단하기

| 에피타이저 | 메인요리 ❶ | 메인요리 ❷ | 메인요리 ❸ | 디저트 |

학습을 시작하기 전, 내가 얼마나 알고 있는지 셀프 체크를 해 봅시다.

	YES	NO
★ 문장 안에서 보어의 역할을 알고 있다.	☐	☐
★ 보어와 함께 쓰이는 동사를 알고 있다.	☐	☐
★ 감각을 나타내는 동사를 알고 있다.	☐	☐
★ 오늘의 나의 기분을 설명할 수 있다.	☐	☐
★ 목적어를 보충하는 보어의 역할을 알고 있다.	☐	☐
★ 목적어를 보충하는 보어의 문장 구조를 알고 있다.	☐	☐

✓ 셀프진단

» **Yes가 5개 이상일 경우**
'메인요리1~3'을 빠르게 확인 후 '메인요리 즐기기'에 도전해 보세요!

» **Yes가 5개 이하일 경우**
'메인요리1~3'을 집중해서 확인 후 '메인요리 즐기기'에 도전해 보세요!

| 에피타이저 | 메인요리 ❶ | 메인요리 ❷ | 메인요리 ❸ | 디저트 |

 메인요리 ❶

She is a high school teacher.
그녀는 고등학교 선생님이에요.

문장에서 주어나 목적어의 의미를 보충하는 역할을 하는 보어! 먼저 보어가 문장 안에서 주어의 상태를 어떻게 설명하는지 알아볼게요.

> **꿀팁**
>
> 보어는 상태를 나타내는 동사와 자주 사용돼요!
>
> **예** 상태 동사(유지): be ~이다 | seem ~해 보이다 | keep (상태를)유지하다
> 상태 동사(변화): become ~이 되다 | come ~로 오다 | get (어떤 상태가)되다

후루룩 문장 만들기

 에디는 타코 마스터예요.

주어	상태동사	보어
Eddie 에디	**is** 이다	**a taco master** 타코 마스터

접속&의미 주어+상태동사+보어(명사): ~는 ~예요

Tips! 보어(a taco master)가 주어의 상태를 보충 설명하고 있어요.

그는 화가 났어요.

주어	상태동사	보어
He 그	**got** ~이 되었다	**angry** 화나다

접속&의미 주어+상태동사+보어(명사/형용사): ~는 ~가 되었어요

Tips! 보어(angry)가 주어의 상태 변화를 보충 설명하고 있어요.

| 에피타이저 | **메인요리 ❶** | 메인요리 ❷ | 메인요리 ❸ | 디저트 |

 ## 메인요리 즐기기

SCAN ME!

📋 **우리말과 단어 힌트를 보고 문장을 만들어 봅시다.**

1 그는 대학생이야. `Hint!` (a) college student 대학생

   _____

2 나는 컨설턴트야. `Hint!` (a) consultant 컨설턴트

   _____

3 Q는 타투 아티스트야. `Hint!` (a) tattoo artist 타투 아티스트

   _____

4 그들은 고등학생들이에요. `Hint!` high school student 고등학생

   _____

5 매튜는 작가가 되었어요. `Hint!` become 되다 | (a) writer 작가

   _____

6 로라는 행복해 보여요. `Hint!` happy 행복하다

   _____

📋 **빈칸에 알맞은 단어를 넣어 문장을 완성해 봅시다.**

7 She _____ calm. 그녀는 침착해 보여.

8 Jay Park _____ my favorite artist.
   박재범은 제 최애 아티스트예요.

정답은 요리즐기기 정답 159p에서 확인!

DAY 8

| 에피타이저 | 메인요리 ❶ | **메인요리 ❷** | 메인요리 ❸ | 디저트 |

I feel nervous.

긴장이 돼요.

다음으로 보어가 문장 속에서 주어의 기분, 느낌, 맛 등을 어떻게 구체적으로 설명하는지 알아볼까요?

꿀팁

보어는 감각을 나타내는 동사와 함께 주어를 설명해요!
예 look ~해 보이다 | smell 냄새가 나다 | taste 맛이 나다

후루룩 문장 만들기

 공기가 신선하게 느껴져요.

주어	감각동사	보어
The air 공기	**feels** 느껴지다	**fresh** 신선하게

접속&의미 주어+감각동사+보어(형용사): ~가 ~하게 느껴져요
Tips! 보어(fresh)가 주어가 어떻게 느껴지는지 보충 설명하고 있어요.

 너 오늘 좋아 보여.

주어	감각동사	보어	시간
You 너	**look** ~해 보이다	**good** 좋게	**today** 오늘

접속&의미 주어+감각동사+보어(형용사): ~가 ~해 보여요
Tips! 보어(good)가 주어가 어떻게 보이는지 보충 설명하고 있어요.

메인요리 즐기기

우리말과 단어 힌트를 보고 문장을 만들어 봅시다.

1. 나는 오늘 기분이 좋아. [Hint!] feel great 기분이 좋다

2. 커피 냄새가 너무 좋아. [Hint!] amazing 너무 좋다

3. 방이 아늑하게 느껴져. [Hint!] cozy 아늑하다

4. 이 작품은 비싸 보여. [Hint!] artwork 작품 | expensive 비싸다

5. 너의 계획이 완벽하게 들려. [Hint!] sound 들리다 | perfect 완벽하다

6. 그는 똑똑해 보여. [Hint!] smart 똑똑하다

빈칸에 알맞은 단어를 넣어 문장을 완성해 봅시다.

7. I _____ calm today. 오늘은 마음이 차분해.

8. This coffee _____ bitter. 이 커피는 쓴 맛이 나.

| 에피타이저 | 메인요리 ❶ | 메인요리 ❷ | **메인요리 ❸** | 디저트 |

 메인요리 ❸

 8분

They made me feel welcome.
그들은 나를 환영 받는 기분이 들게 했어요.

누군가에게 감정을 전달할 때 목적어를 보충하는 보어는 중요한 역할을 해요. 마지막으로 보어가 목적어의 감정, 상태를 어떻게 설명하는지 알아 볼게요.

> **꿀팁**
> 보어는 아래 동사와 함께 목적어에 대한 추가 정보를 제공해요!
> 예 make/have/let ~를 ~하게 만들다 | see ~가 ~하는 것을 보다
> ask ~에게 ~해 달라고 요청하다 | call ~를 ~라고 부르다

후루룩 문장 만들기

 그 영화가 그를 울게 했어요.

주어	동사	목적어	보어
The movie 그 영화	**made** 만들었다	**him** 그를	**cry** 울게

접속&의미 주어+동사+목적어+보어(형용사): ~가 ~를 ~하다
Tips! 보어(cry)는 목적어(him)가 어떤 감정을 느꼈는지 보충 설명하고 있어요.

 그녀는 나를 똑똑하다고 불렀어요.

주어	동사	목적어	보어
She 그녀	**called** 불렀다	**me** 나를	**smart** 똑똑한

접속&의미 주어+동사+목적어+보어(형용사): ~가 ~를 ~하다
Tips! 보어(smart)는 목적어(me)가 어떻게 불리게 되었는지 보충 설명하고 있어요.

| 에피타이저 | 메인요리 ❶ | 메인요리 ❷ | **메인요리 ❸** | 디저트 |

메인요리 즐기기

SCAN ME!

📋 우리말과 단어 힌트를 보고 문장을 만들어 봅시다.

1. 나는 내 방을 깨끗하게 유지시켰어. [Hint!] keep 유지하다 | clean 깨끗하다

2. 그녀는 아이들을 웃게 만들었어. [Hint!] kids 아이들 | laugh 웃다

3. 나는 내 차를 수리했어. [Hint!] fix 고치다, 수리하다

4. 모니카는 차안을 따뜻하게 유지했어. [Hint!] warm 따뜻하다

5. 샐러드가 내 배를 엄청 부르게 했어. [Hint!] really full (배가) 정말 부르다

6. 제임스는 커피를 너무 진하게 만들었어.
   [Hint!] make the coffee 커피를 만들다 | too strong 너무 진하게(강하게)

📋 빈칸에 알맞은 단어를 넣어 문장을 완성해 봅시다.

7. Kevin _____ his phone on the table.
   케빈은 그의 폰을 테이블 위에 놔뒀어.

8. You can _____ me Kelly. 저를 켈리라고 불러도 돼요.

정답은 요리즐기기 정답 159p에서 확인!

| 에피타이저 | 메인요리 ❶ | 메인요리 ❷ | 메인요리 ❸ | **디저트** |

5분 휴식

학습을 마친 후, 얼마나 이해했는지 다시 한번 체크해 보세요!

	그렇다	보통이다	모르겠다
★ 보어와 함께 오는 상태 동사의 예를 4개 이상 알고 있다.	☐	☐	☐
★ '그녀는 화가 났어요'라는 문장을 만들 수 있다.	☐	☐	☐
★ 보어와 함께 오는 감각 동사의 예를 3개 이상 알고 있다.	☐	☐	☐
★ '방이 아늑하게 느껴져'라는 문장을 만들 수 있다.	☐	☐	☐
★ 목적어를 보충하는 보어와 함께 오는 동사를 4개 이상 알고 있다.	☐	☐	☐
★ '그녀는 아이들을 웃게 만들었어'라는 문장을 만들 수 있다.	☐	☐	☐

* 스코어 계산법 :
  그렇다=3점, 보통이다=2점, 모르겠다=1점

나의 합계 스코어는 _____ 점

☑ **셀프진단**

» **15점 이상 ★★★**
  정말 훌륭합니다! '메인 요리1~3'을 입으로 뱉어 본 후 바로 학습을 종료해 주세요.

» **10~14점 ★★**
  거의 다 왔습니다! 약한 부분만 시간에 맞춰 다시 학습한 후 학습을 종료해 주세요.

» **10점 미만 ★**
  괜찮아요! 다시 한번 차근차근 '메인 요리1~3'을 학습해 봅시다!

DAY 9

"저는 뉴욕을 방문할
기회가 생겼어요"

to부정사로 영어 문장 도전하기

오늘의 후루룩 코스

에피타이저

메인요리 1~3

디저트

후루룩 학습법

▶ 25분 학습 ◀   ▶ 5분 휴식 ◀   "1일 1후루룩 했다!"

1분 워밍업
- 에피타이저 — 학습 전 셀프 체크하기

24분 집중
- 메인 요리1 — 동사 + to부정사
- 요리 즐기기 — 문장 만들기
- 메인 요리2 — 명사 + to부정사
- 요리 즐기기 — 문장 만들기
- 메인 요리3 — 문장 + to부정사
- 요리 즐기기 — 문장 만들기

5분 휴식
- 디저트 — 학습 후 다시 한번 셀프 진단하기

| 에피타이저 | 메인요리 ❶ | 메인요리 ❷ | 메인요리 ❸ | 디저트 |

학습을 시작하기 전, 내가 얼마나 알고 있는지 셀프 체크를 해 봅시다.

	YES	NO
★ to부정사의 형태를 알고 있다.	☐	☐
★ to부정사가 동사 뒤에 올 때 역할을 알고 있다.	☐	☐
★ to부정사가 명사 뒤에 올 때 역할을 알고 있다.	☐	☐
★ '명사+to부정사' 문장을 만들 수 있다.	☐	☐
★ to부정사가 문장과 함께 올 때 역할을 알고 있다.	☐	☐
★ '문장+to부정사' 문장을 찾아낼 수 있다.	☐	☐

☑ 셀프진단

» **Yes가 5개 이상일 경우**
'메인요리1~3'을 빠르게 확인 후 '메인요리 즐기기'에 도전해 보세요!

» **Yes가 5개 이하일 경우**
'메인요리1~3'을 집중해서 확인 후 '메인요리 즐기기'에 도전해 보세요!

DAY 9

| 에피타이저 | 메인요리 ❶ | 메인요리 ❷ | 메인요리 ❸ | 디저트 |

 메인요리 ❶

 8분

She wants to learn English.

그녀는 영어를 배우고 싶어해요.

동사 뒤에 to부정사가 올 때는 어떤 의미가 추가될까요? 이번엔 동사 뒤에 to부정사를 사용해 동작의 목적을 표현하는 방법을 배워 볼게요.

꿀팁

to부정사는 동사의 목적어 역할을 하며 '~하는 것을', '~하기를'로 해석돼요.
예) want(원하다) + to learn(배우기를) → **want to learn**(배우기를 원하다)

후루룩 문장 만들기

 그는 내년에 여행할 계획이에요.

주어	동사	to부정사	시간
He 그	plans 계획하다	to travel 여행하기를	next year 내년에

접속&의미 주어+동사+to부정사: ~를 할 예정이야
Tips! 위 문장에서 to부정사는 동사의 계획, 희망 등을 표현할 때 사용돼요.

 그들은 집에 일찍 가기로 결정했어요.

주어	동사	to부정사	시간
They 그들	decided 결정했다	to go home 집에 가는 것을	early 일찍

접속&의미 주어+동사+to부정사: ~를 하기로 했어
Tips! to부정사는 동사의 결정, 의지를 나타낼 때도 사용할 수 있어요.

| 에피타이저 | **메인요리 ①** | 메인요리 ② | 메인요리 ③ | 디저트 |

🍴 메인요리 즐기기

SCAN ME!

💬 **우리말과 단어 힌트를 보고 문장을 만들어 봅시다.**

① 우리는 곧 떠나야 해. `Hint!` need to ~해야한다 | leave 떠나다 | soon 곧

_____

② 피터는 그녀를 도와주기로 약속했어. `Hint!` promise 약속하다

_____

③ 유니는 새 차를 사고 싶어해. `Hint!` buy 사다, 구매하다

_____

④ 앤은 유학을 가기로 결정했어. `Hint!` decide 결심하다, 결정하다 | study abroad 유학가다

_____

⑤ 그들은 내일 만날 계획이야. `Hint!` plan 계획하다

_____

⑥ 그녀는 중국어를 배우기 시작했어. `Hint!` start 시작하다

_____

💬 **빈칸에 알맞은 단어를 넣어 문장을 완성해 봅시다.**

⑦ I woke up early _____ to the gym.
　 나는 운동을 가기 위해 일찍 일어났어.

⑧ He promised _____ me later.
　 그는 나중에 저에게 전화하겠다고 약속했어요.

정답은 요리즐기기 정답 160p에서 확인!

| 에피타이저 | 메인요리 ❶ | **메인요리 ❷** | 메인요리 ❸ | 디저트 |

 **메인요리 ❷**

 8분

I have a chance to visit New York.

저는 뉴욕을 방문할 기회가 있어요.

명사 뒤에 to부정사가 올 때는 어떤 의미를 전달할까요? 이번엔 명사 뒤에 to부정사를 사용해 기회, 결정 등을 디테일하게 설명하는 방법을 배워 볼게요.

> 🍯 **팁**
>
> to부정사는 명사를 꾸며주는 형용사 역할을 하며 '~하는', '~할'로 해석돼요.
> 예 chance(기회) + to make(만들) → **chance to make**(만들 기회)

후루룩 문장 만들기

 그녀는 승진할 기회가 있어요.

주어	동사	목적어	to부정사
She 그녀	**has** ~가 있다	**a chance** 기회	**to get** a promotion 승진할

접속&의미 주어+동사+목적어+to부정사: ~는 ~가 있어

Tips! 위 문장에서는 to부정사가 기회의 구체적인 내용을 설명하고 있어요.

 저는 새로운 차를 구매할 결정을 내렸어요.

주어	동사	목적어	to부정사
I 나	**made** 내리다	**a decision** 결정	**to buy** a new car 새로운 차를 구매할

접속&의미 주어+동사+목적어+to부정사: ~는 ~가 있어

Tips! 위 문장에서는 to부정사가 결정의 구체적인 내용을 설명하고 있어요.

| 에피타이저 | 메인요리 ❶ | **메인요리 ❷** | 메인요리 ❸ | 디저트 |

🍽 메인요리 즐기기

SCAN ME!

💬 **우리말과 단어 힌트를 보고 문장을 만들어 봅시다.**

1. 나는 더 열심히 공부할 이유가 생겼어.
   [Hint!] reason 이유 | study harder 더 열심히 공부하다

2. 나는 포스트 말론을 만날 기회가 생겼어. [Hint!] Post Malone 포스트 말론

3. 그에게 맷 갈라에 참석할 기회가 주어졌어.
   [Hint!] attend 참석하다 | Met Gala 맷 갈라

4. 너는 새로운 친구들을 사귈 기회가 있어.
   [Hint!] make new friends 새로운 친구를 사귀다

5. 우리는 이탈리아를 방문해야 할 이유가 생겼어. [Hint!] Italy 이탈리아

6. 난 이번 주말에 축하파티를 해야 할 이유가 있어. [Hint!] celebrate 축하하다

💬 **빈칸에 알맞은 단어를 넣어 문장을 완성해 봅시다.**

7. We have a chance _____ the game.
   우리는 게임에서 이길 기회가 있어.

8. Max has a reason _____ there.
   맥스는 그 곳에 있어야 하는 이유가 있어.

정답은 요리즐기기 정답 160p에서 확인!

DAY 9 **101**

 **메인요리 ❸**

She is working hard to succeed.

그녀는 성공하기 위해 열심히 일하고 있어요.

to 부정사는 '문장 + to부정사'의 형태로 문장의 앞, 뒤에서 동작의 목적과 원인을 설명하는 역할을 하기도 해요.

> **꿀팁**
> 목적과 원인을 나타내는 to부정사는 각각 아래와 같이 해석돼요!
> 예) to부정사(목적): ~하기 위해, ~하려고 | to부정사(원인): ~해서

후루룩 문장 만들기

 그는 시험에 합격하기 위해 열심히 공부했어요.

주어	동사	to부정사
He 그	studied hard 열심히 공부했다	to pass the exam 시험에 합격하기 위해

접속&의미 주어+동사+to부정사: ~위해 ~를 했어

Tips! 위 문장에서 to부정사는 동작의 목적을 설명하고 있어요.

 당신을 만나서 기뻐요.

주어	동사	형용사	to부정사
I 나	am ~이다	glad 기쁜	to meet you 너를 만나서

접속&의미 주어+be동사+형용사(감정표현)+to부정사: ~해서 ~해

Tips! to부정사는 감정 표현과 함께 감정의 원인을 설명할 수 있어요.

| 에피타이저 | 메인요리 ❶ | 메인요리 ❷ | **메인요리 ❸** | 디저트 |

🍽️ 메인요리 즐기기

💬 **우리말과 단어 힌트를 보고 문장을 만들어 봅시다.**

SCAN ME!

1. 제이크는 프로젝트를 끝내기 위해 늦게까지 일했어.
   Hint! work late 늦게까지 일하다 | finish the project 프로젝트를 끝내다

2. 라이언은 집을 사기 위해 돈을 모았어. **Hint!** save 저축하다, 저장하다

3. 맷은 건강을 유지하기 위해 매일 운동을 했어.
   Hint! exercise 운동하다 | stay healthy 건강을 유지하다

4. 당신을 만나서 영광이에요. **Hint!** It's an honor 영광이다

5. 피터는 그 소식을 듣고서 슬퍼했어요. **Hint!** sad 슬프다 | hear the news 소식을 듣다

6. 방해해서 미안해요. **Hint!** bother 귀찮게 하다

💬 **빈칸에 알맞은 단어를 넣어 문장을 완성해 봅시다.**

7. Eunsol is learning English _____ a nurse.
   은솔은 간호사가 되기 위해 영어를 배우고 있어요.

8. I'm surprised _____ you here.
   당신을 여기서 보다니 놀랍네요.

정답은 요리즐기기 정답 160p에서 확인!

DAY 9 103

| 에피타이저 | 메인요리 ❶ | 메인요리 ❷ | 메인요리 ❸ | 디저트 |

학습을 마친 후, 얼마나 이해했는지 다시 한번 체크해 보세요!

	그렇다	보통이다	모르겠다
★ to부정사를 목적어 역할로 쓰는 동사를 5개 이상 안다.	☐	☐	☐
★ '그는 영어를 배우고 싶어해요'를 영작할 수 있다.	☐	☐	☐
★ to부정사가 명사 뒤에 올 때 해석 방법을 안다.	☐	☐	☐
★ '그녀는 승진할 기회가 있어요'를 영작할 수 있다.	☐	☐	☐
★ to부정사가 문장과 올 때 해석 방법을 안다.	☐	☐	☐
★ '라이언은 집을 사기 위해 돈을 모았어'를 영작할 수 있다.	☐	☐	☐

* 스코어 계산법 :
그렇다=3점, 보통이다=2점, 모르겠다=1점

나의 합계 스코어는 ☐ **점**

☑ 셀프진단

» **15점 이상 ★★★**
정말 훌륭합니다! '메인 요리1~3'을 입으로 뱉어 본 후 바로 학습을 종료해 주세요.

» **10~14점 ★★**
거의 다 왔습니다! 약한 부분만 시간에 맞춰 다시 학습한 후 학습을 종료해 주세요.

» **10점 미만 ★**
괜찮아요! 다시 한번 차근차근 '메인 요리1~3'을 학습해 봅시다!

"피트는 커피를 끊었어"

동명사로 영어 문장 도전하기

원어민 음성듣기

오늘의 후루룩 코스

에피타이저   메인요리 1~3   디저트

후루룩 학습법

 +  =

▸ 25분 학습 ◂   ▸ 5분 휴식 ◂   "1일 1후루룩 했다!"

1분 워밍업
- 에피타이저   학습 전 셀프 체크하기

24분 집중
- 메인 요리1   동사 + 동명사
- 요리 즐기기   문장 만들기
- 메인 요리2   동사 + 동명사/to부정사
- 요리 즐기기   문장 만들기
- 메인 요리3   전치사 + 동명사
- 요리 즐기기   문장 만들기

5분 휴식
- 디저트   학습 후 다시 한번 셀프 진단하기

| 에피타이저 | 메인요리 ❶ | 메인요리 ❷ | 메인요리 ❸ | 디저트 |

학습을 시작하기 전, 내가 얼마나 알고 있는지 셀프 체크를 해 봅시다.

	YES	NO
★ 동명사의 형태를 알고 있다.	☐	☐
★ 동명사가 동사와 함께 올 때 역할을 알고 있다.	☐	☐
★ 목적어 역할을 하는 동명사/to부정사를 설명할 수 있다.	☐	☐
★ 목적어 역할을 하는 동명사/to부정사의 예를 알고 있다.	☐	☐
★ 동명사가 전치사와 함께 올 때 역할을 알고 있다.	☐	☐
★ 전치사와 동명사의 접속 방법을 알고 있다.	☐	☐

☑ 셀프진단

» **Yes가 5개 이상일 경우**
'메인요리1~3'을 빠르게 확인 후 '메인요리 즐기기'에 도전해 보세요!

» **Yes가 5개 이하일 경우**
'메인요리1~3'을 집중해서 확인 후 '메인요리 즐기기'에 도전해 보세요!

| 에피타이저 | **메인요리 ❶** | 메인요리 ❷ | 메인요리 ❸ | 디저트 |

 **메인요리 ❶**

 8분

I enjoy reading books.
저는 책 읽는 것을 좋아해요.

동명사는 생김새가 동사와 유사하지만 명사처럼 문장 안에서 목적어 역할을 할 수 있어요. 일상적인 활동을 표현할 때 동명사가 어떻게 쓰이는지 함께 확인해 볼까요?

 꿀팁

> 동명사는 동사원형에 -ing를 붙여 명사처럼 사용하고, '~하는 것'으로 해석돼요!
> 예) eat(먹다) + -ing → eating(먹는 것)

후루룩 문장 만들기

 제임스는 농구하는 것을 좋아해요.

주어	동사	동명사
James 제임스	**loves** 좋아하다	**playing basketball** 농구하는 것을

접속&의미 주어+동사+동명사(활동/취미): ~는 ~를 좋아해/싫어해

Tips! 동명사(playing)는 동사(love)의 목적어 역할을 하고 있어요.

나는 운동을 할 때 EDM 듣는 것을 즐겨요.

주어	동사	동명사	시간/장소
I 나	**enjoy** 즐기다	**listening to EDM** EDM 듣는 것을	**while working out** 운동을 할 때

접속&의미 주어+동사+동명사(일상습관)+시간/장소: ~는 ~를 ~해

Tips! 동명사(listening)는 화자의 일상적인 루틴을 표현해요.

메인요리 즐기기

📋 **우리말과 단어 힌트를 보고 문장을 만들어 봅시다.**

1. 나는 설거지 하는 게 싫어. `Hint!` hate 싫어하다 | wash the dishes 설거지를 하다

2. 아만다는 여가 시간에 그림 그리는 걸 좋아해.
   `Hint!` like 좋아하다 | paint 그림 그리다 | in her free time (그녀의) 여가 시간에

3. 그는 아침에 운동하는 것을 좋아해. `Hint!` work out 운동, 헬스하다

4. 난 새로운 음식을 먹어 보는 걸 아주 좋아해요. `Hint!` try 시도하다, 먹어보다

5. 그녀는 영화 보는 걸 좋아해요. `Hint!` watch movies 영화를 보다

6. 조지는 거짓말하는 걸 싫어해요. `Hint!` tell lies 거짓말하다

📋 **빈칸에 알맞은 단어를 넣어 문장을 완성해 봅시다.**

7. My parents love _____ for a walk every morning.
   부모님은 매일 아침 산책하는 것을 좋아하세요.

8. Emily likes _____ while studying.
   에밀리는 공부하는 동안 음악 듣는 것을 좋아합니다.

정답은 요리즐기기 정답 160p에서 확인!

DAY 10 109

| 에피타이저 | 메인요리 ❶ | **메인요리 ❷** | 메인요리 ❸ | 디저트 |

He started learning Spanish.

그는 스페인어를 배우기 시작했어요.

8분

동사에 따라 목적어로 동명사와 to부정사 모두 쓸 수 있는 동사도 있어요. 이번엔 '동사 + 동명사/to부정사' 형태로 동작을 표현해 볼게요.

꿀팁
동명사, to부정사 모두 목적어로 오지만 의미가 달라지는 경우에 주의하세요!

후루룩 문장 만들기

 그녀는 시험 공부를 시작했어요.

주어	동사	동명사/to부정사
She 그	**started** 시작했다	**studying[to study] for the exam** 공부하는 것을 시험을 위해

접속&의미 주어+동사+동명사(to부정사): ~는 ~를 했어

Tips! 동사 start는 의미 변화없이 동명사와 to부정사 모두 목적어로 사용할 수 있어요.

 그는 작년에 담배를 끊었어요.

주어	동사	동명사
He 나	**stopped** 그만두었다	**smoking last year** 담배 피우는 것을 작년에

접속&의미 주어+동사+동명사: ~는 ~를 ~했어

Tips! 동사 stop 또한 목적어로 동명사와 to부정사가 오지만, to smoke를 쓸 경우 '담배 피우기 위해~' 와 같이 아예 다른 의미가 돼요.

| 에피타이저 | 메인요리 ❶ | **메인요리 ❷** | 메인요리 ❸ | 디저트 |

🍴 메인요리 즐기기

SCAN ME!

📋 **우리말과 단어 힌트를 보고 문장을 만들어 봅시다.**

1. 피트는 커피를 끊었어. 〔Hint!〕 drink coffee 커피를 마시다

   _____

2. 그들은 휴가 계획을 세우기 시작했어.
   〔Hint!〕 plan (계획을) 세우다 | their vacation (그들의) 휴가 계획

   _____

3. 나는 담배를 끊었어. 〔Hint!〕 smoke cigarettes 담배를 피우다

   _____

4. 그녀는 책 읽기를 시작했어. 〔Hint!〕 read 읽다

   _____

5. 로라는 주스 마시는 걸 그만뒀어. 〔Hint!〕 drink juice 주스를 마시다

   _____

6. 민아는 명품 옷에 과소비하는 것을 그만뒀어.
   〔Hint!〕 overspend 과소비하다 | on a designer clothes 명품 옷에

   _____

📋 **빈칸에 알맞은 단어를 넣어 문장을 완성해 봅시다.**

7. He stopped _____ to the gym.
   그는 헬스장을 가는 것을 그만뒀어요.

8. It started _____. 비가 오기 시작했어요.

정답은 요리즐기기 정답 160p에서 확인!

DAY 10

| 에피타이저 | 메인요리 ❶ | 메인요리 ❷ | **메인요리 ❸** | 디저트 |

 메인요리 ❸

She is good at playing the piano.

그녀는 피아노 연주를 잘해요.

 8분

동명사는 전치사 뒤에 붙어 동작이나 상황을 더욱 구체적으로 설명하는 역할도 한답니다. 마지막으로 '전치사 + 동명사' 문장을 연습해 볼까요?

> 🍯 팁
>
> 전치사와 동명사는 아래와 같이 접속해요!
>
> 예) worry about + –ing | be afraid of + –ing

후루룩 문장 만들기

 그는 밴드에 합류하는 데 관심이 있어요.

주어	동사	동명사
He 그	**is interested in** ~에 관심이 있다	**joining the band** 밴드에 합류하는 것에

[접속&의미] 주어+동사+동명사: ~는 ~를 느껴

[Tips!] 전치사 in 뒤에 붙은 동명사 joining은 구체적인 관심사를 설명해 주고 있어요.

 그녀는 비행기 타는 것을 무서워해요.

주어	동사	to부정사
She 그녀	**is afraid of** ~을 무서워하다	**flying** 비행하는 것, 비행기를 타는 것

[접속&의미] 주어+동사+동명사: ~는 ~ 해

[Tips!] 전치사 of 뒤에 붙은 동명사 flying은 무엇이 두려운지 자세히 설명하고 있어요.

| 에피타이저 | 메인요리 ❶ | 메인요리 ❷ | **메인요리 ❸** | 디저트 |

 메인요리 즐기기

📋 우리말과 단어 힌트를 보고 문장을 만들어 봅시다.

1. 제프는 새로운 일을 시작하게 되어 설레.
   Hint! be excited about ~에 설레다 | a new job 새로운 일
   _____

2. 그녀는 시험에 떨어질까봐 걱정하고 있어.
   Hint! be worry about ~에 대해 걱정하다 | fail the test 시험에 떨어지다
   _____

3. 나는 음식을 기다리는 데 지쳤어.
   Hint! be tired of ~에 지치다(질리다) | wait for ~을 기다리다
   _____

4. 마이클은 실수하는 것을 두려워해. **Hint!** make mistakes 실수하다
   _____

5. 그들은 요리하는 것을 배우고 싶어해.
   Hint! be interested in ~에 관심을 가지다 | how to cook 요리하는 방법
   _____

6. 우리는 프로젝트를 마무리하는 데 집중하고 있어.
   Hint! focused on ~에 집중하다
   _____

📋 빈칸에 알맞은 단어를 넣어 문장을 완성해 봅시다.

7. She is great at _____ puzzles. 그녀는 퍼즐을 잘 풉니다.

8. I am proud of _____ the competition.
   나는 대회에서 이긴 것이 자랑스러워.

정답은 요리즐기기 정답 160p에서 확인!

DAY 10

| 에피타이저 | 메인요리 ❶ | 메인요리 ❷ | 메인요리 ❸ | 디저트 |

학습을 마친 후, 얼마나 이해했는지 다시 한번 체크해 보세요!

	그렇다	보통이다	모르겠다
★ 동명사가 동사와 함께 올 때 해석 방법을 안다.	☐	☐	☐
★ '제임스는 농구하는 것을 좋아해요'를 영작할 수 있다.	☐	☐	☐
★ '그녀는 시험 공부를 시작했어요'를 영작할 수 있다.	☐	☐	☐
★ 목적어로 동명사/to부정사 모두 쓰지만 의미가 달라지는 예를 안다.	☐	☐	☐
★ '마이클은 실수하는 것을 두려워 해'를 영작할 수 있다.	☐	☐	☐
★ '그녀는 비행기 타는 것을 무서워해요'를 영작할 수 있다.	☐	☐	☐

* 스코어 계산법 :
  그렇다=3점, 보통이다=2점, 모르겠다=1점

나의 합계 스코어는 ☐ 점

✓ 셀프진단

» **15점 이상 ★★★**
  정말 훌륭합니다! '메인 요리1~3'을 입으로 뱉어 본 후 바로 학습을 종료해 주세요.

» **10~14점 ★★**
  거의 다 왔습니다! 약한 부분만 시간에 맞춰 다시 학습한 후 학습을 종료해 주세요.

» **10점 미만 ★**
  괜찮아요! 다시 한번 차근차근 '메인 요리1~3'을 학습해 봅시다!

DAY 11

"그녀는 나에게 근처 맛집을 알려줬어요"

대명사로 영어 문장 도전하기

원어민 음성듣기

오늘의 후루룩 코스

에피타이저

메인요리1~3

디저트

후루룩 학습법

 +  =

▶ 25분 학습 ◀   ▶ 5분 휴식 ◀   "1일 1후루룩 했다!"

1분 워밍업
- **에피타이저**   학습 전 셀프 체크하기

24분 집중
- **메인 요리1**   주격 대명사
- **요리 즐기기**   문장 만들기
- **메인 요리2**   목적격 대명사
- **요리 즐기기**   문장 만들기
- **메인 요리3**   소유격 대명사
- **요리 즐기기**   문장 만들기

5분 휴식
- **디저트**   학습 후 다시 한번 셀프 진단하기

| 에피타이저 | 메인요리 ❶ | 메인요리 ❷ | 메인요리 ❸ | 디저트 |

학습을 시작하기 전, 내가 얼마나 알고 있는지 셀프 체크를 해 봅시다.

	YES	NO
★ 주격 대명사의 역할을 알고 있다.	☐	☐
★ 3인칭 복수의 대명사를 알고 있다.	☐	☐
★ 목적격 대명사의 역할을 알고 있다.	☐	☐
★ 목적격 대명사의 형태를 알고 있다.	☐	☐
★ 소유격 대명사의 역할을 알고 있다.	☐	☐
★ 소유격 대명사의 형태를 알고 있다.	☐	☐

☑ 셀프진단

» **Yes가 5개 이상일 경우**
  '메인요리1~3'을 빠르게 확인 후 '메인요리 즐기기'에 도전해 보세요!

» **Yes가 5개 이하일 경우**
  '메인요리1~3'을 집중해서 확인 후 '메인요리 즐기기'에 도전해 보세요!

| 에피타이저 | **메인요리 ❶** | 메인요리 ❷ | 메인요리 ❸ | 디저트 |

 **메인요리 ❶**

 8분

She works at a bank.
그녀는 은행에서 일해요.

영어는 앞에서 한 번 언급한 주어(이름)를 다시 말하지 않아요. 그럼에도 주어를 표현해야 할 때 대명사는 아주 유용하게 쓰인답니다.

꿀팁

주격 대명사는 주어의 불필요한 반복을 줄이고, 문장을 자연스럽게 해 줘요.
예 Eddie is Korean. He also loves Mexican food. 에디는 한국인이에요. 그는 멕시코 요리도 좋아해요.

후루룩 문장 만들기

 그들은 테니스를 치고 있어요.

주어	동사	동작/활동
They 그들	**are** ~은/는	**playing tennis** 테니스를 치고 있다

접속&의미   주어+동사+동작/활동: ~는 ~를 하고 있어

Tips!   They(그들)는 앞서 언급한 여러 이름(내가 속하지 않은 그룹)들을 지칭해요.

 우리는 경기를 보러 가고 있어요.

주어	동사	동작/활동
We 우리	**are** ~은/는	**going to the game** 경기를 보러 가고 있다

접속&의미   주어+동사+동작/활동: ~는 ~를 하고 있어

Tips!   We(우리)는 앞서 언급한 여러 이름(내가 속한 그룹)들을 지칭해요.

| 에피타이저 | **메인요리 ❶** | 메인요리 ❷ | 메인요리 ❸ | 디저트 |

🍴 메인요리 즐기기

SCAN ME!

💬 **우리말과 단어 힌트를 보고 문장을 만들어 봅시다.**

① 그는 신문을 읽고 있어. [Hint!] reading 읽고 있다 | (the) newspaper 신문

_____

② 그들은 영화를 보고 있어. [Hint!] watch a movie 영화를 보다

_____

③ 그녀는 친구들을 위해 요리하는 것을 좋아해.
[Hint!] love 좋아하다 | for friends 친구들을 위해

_____

④ 우리는 조부모님을 방문하고 있어.
[Hint!] visit 방문하다 | our grandparents 우리 조부모님

_____

⑤ 그녀는 매일 일찍 일어나. [Hint!] wake up 일어나다 | early 일찍

_____

⑥ 이것은 너무 작아. [Hint!] too small 너무 작은

_____

💬 **빈칸에 알맞은 단어를 넣어 문장을 완성해 봅시다.**

⑦ _____ are very helpful. 당신은 너무 도움이 많이 돼요.

⑧ _____ plays golf every weekend. 그는 주말마다 골프를 쳐요.

정답은 요리즐기기 정답 161p에서 확인!

DAY 11

| 에피타이저 | 메인요리 ❶ | **메인요리 ❷** | 메인요리 ❸ | 디저트 |

 **메인요리 ❷**

 8분

I gave her my class notes.

나는 그녀에게 수업 노트를 줬어.

이번에는 위 문장 속 'her(그녀에게)'와 같이 목적어 역할을 하는 대명사를 살펴 볼 거예요. 이때 대명사는 동작의 대상을 설명해요.

 꿀팁

목적격 대명사의 형태는 아래와 같아요!

예 me 나를, 나에게 | us 우리를, 우리에게 | you 당신을, 당신에게
him 그를, 그에게 | her 그녀를, 그녀에게 | it 그것을, 그것에게 | them 그들을, 그들에게

후루룩 문장 만들기

☝ 그가 어젯밤 나에게 전화를 했어.

주어	동사	목적어	시간
He 그	**called** 전화를 했다	**me** 나에게	**last night** 어젯밤

접속&의미 주어+동사+목적어+시간: ~는 ~를 했어

Tips! 대명사 I(나)의 목적격인 me(나에게)가 동사의 목적어로 쓰였어요.

✌ 그들이 우리를 파티에 초대했어요.

주어	동사	목적어	장소
They 그들	**invited** 초대했다	**us** 우리를	**to their party** 그들의 파티에

접속&의미 주어+동사+목적어+장소: ~는 ~를 했어

Tips! 대명사 we(우리)의 목적격인 us(우리를)가 동사의 목적어로 왔어요.

메인요리 즐기기

📋 우리말과 단어 힌트를 보고 문장을 만들어 봅시다.

1. 제스가 미팅에 대해 문자를 보냈어.
   [Hint!] text 문자하다 | about the meeting 미팅에 대해

2. 헨리가 나를 그의 새 친구들에게 소개해 줬어.
   [Hint!] introduce 소개하다 | to his new friend 그의 새 친구를

3. 사라가 내게 여권을 가져오라고 말해줬어.
   [Hint!] tell(-told-told) 말하다 | to bring my passport 여권을 가져오라고

4. 우리는 그들을 집들이에 초대했어. [Hint!] to our housewarming party 집들이에

5. 나는 그녀에게 앱 사용법을 알려줬어.
   [Hint!] show(-showed-showed) 보여주다 | how to use the app 앱 사용법을

6. 셀리나는 그에게 숙제를 도와달라고 부탁했어.
   [Hint!] ask(-asked-asked) 부탁하다 | for help with her homework 숙제를 도와달라고

📋 빈칸에 알맞은 단어를 넣어 문장을 완성해 봅시다.

7. He offered _____ a ride to the airport.
   그는 우리에게 공항까지 태워준다고 했어요.

8. She told _____ about a great restaurant nearby.
   그녀는 근처의 맛집을 나에게 알려줬어요.

정답은 요리즐기기 정답 161p에서 확인!

| 에피타이저 | 메인요리 ❶ | 메인요리 ❷ | **메인요리 ❸** | 디저트 |

 **메인요리 ❸**

 8분

This car is **mine**.
이것은 제 차예요.

'나의 ~', '그녀의~'와 같이 어떤 명사가 누구의 것인지 나타낼 때도 대명사를 사용할 수 있어요. 마지막으로 소유격 대명사를 활용해서 문장을 만들어 볼게요.

꿀팁

소유격 대명사의 형태는 아래와 같아요!
예) mine 나의 것 | ours 우리의 것 | yours 너의 것
    his 그의 것 | hers 그녀의 것 | theirs 그들의 것

후루룩 문장 만들기

 최종 결정은 그들의 몫이야.

주어	be동사	소유격 대명사
The final decision 최종 결정	is ~이다	theirs 그들의 것

접속&의미 주어+be동사+소유격 대명사: ~는 ~의 것이야

Tips! theirs(그들의 것)로 주어가 제3자의 것임을 나타냈어요.

 마지막 한 조각은 우리 것이야.

주어	be동사	소유격 대명사
The last slice 마지막 조각	is ~이다	ours 우리의 것

접속&의미 주어+be동사+소유격 대명사: ~는 ~의 것이야

Tips! ours(우리의 것)로 주어가 내가 속한 그룹의 것임을 나타냈어요.

메인요리 ❸

🍴 메인요리 즐기기

📋 우리말과 단어 힌트를 보고 문장을 만들어 봅시다.

1. 이 노트북은 내 것이 아니라 그녀의 것이야. [Hint!] laptop 노트북

2. 그 결정은 당신의 몫이야. [Hint!] That decision 그 결정

3. 테이블 위의 열쇠들은 그의 것이야. [Hint!] The keys on the table 테이블 위의 열쇠

4. 책임은 우리에게 있어. [Hint!] The responsibility 책임

5. 이 티켓들은 네 거니까 잃어 버리지 마.
   [Hint!] These ticket 이 티켓 I don't lose them 그것을 잃어버리지 마

6. 바깥에 주차된 테슬라는 그의 것이야.
   [Hint!] That Tesla parked outside 바깥에 주차된 테슬라

📋 빈칸에 알맞은 단어를 넣어 문장을 완성해 봅시다.

7. This seat is _____. 이 자리는 제 자리예요.

8. This idea is _____, so you can't use it.
   이 아이디어는 그의 것이라서, 사용하시면 안돼요.

정답은 요리즐기기 정답 161p에서 확인!

DAY 11

| | 에피타이저 | 메인요리 ❶ | 메인요리 ❷ | 메인요리 ❸ | **디저트** |

5분 휴식

학습을 마친 후, 얼마나 이해했는지 다시 한번 체크해 보세요!

| | 그렇다 | 보통이다 | 모르겠다 |

★ 주격 대명사 We와 They의 차이를 설명할 수 있다. ☐ ☐ ☐

★ '그는 주말마다 골프를 쳐요'를 영작할 수 있다. ☐ ☐ ☐

★ She와 he를 목적격 대명사로 바꿀 수 있다. ☐ ☐ ☐

★ '헨리가 그의 새 친구를 소개해 줬어'를 영작할 수 있다. ☐ ☐ ☐

★ I와 they를 소유격 대명사로 바꿀 수 있다. ☐ ☐ ☐

★ '마지막 한 조각은 우리 것이야'를 영작할 수 있다. ☐ ☐ ☐

* 스코어 계산법 :
  그렇다=3점, 보통이다=2점, 모르겠다=1점

나의 합계 스코어는 ☐ **점**

☑ **셀프진단**

» **15점 이상 ★★★**
정말 훌륭합니다! '메인 요리 1~3'을 입으로 뱉어 본 후 바로 학습을 종료해 주세요.

» **10~14점 ★★**
거의 다 왔습니다! 약한 부분만 시간에 맞춰 다시 학습한 후 학습을 종료해 주세요.

» **10점 미만 ★**
괜찮아요! 다시 한번 차근차근 '메인 요리 1~3'을 학습해 봅시다!

DAY 12

"오늘은 내 인생 최고의 날이야"

비교급&최상급으로 영어 문장 도전하기

원어민 음성듣기

오늘의 후루룩 코스

에피타이저

메인요리1~3

디저트

후루룩 학습법

▶ 25분 학습 ◀　　▶ 5분 휴식 ◀　　"1일 1후루룩 했다!"

1분 워밍업
- **에피타이저**　학습 전 셀프 체크하기

24분 집중
- **메인 요리1**　비교급
- **요리 즐기기**　문장 만들기
- **메인 요리2**　최상급
- **요리 즐기기**　문장 만들기
- **메인 요리3**　불규칙 비교급&최상급
- **요리 즐기기**　문장 만들기

5분 휴식
- **디저트**　학습 후 다시 한번 셀프 진단하기

| 에피타이저 | 메인요리 ❶ | 메인요리 ❷ | 메인요리 ❸ | 디저트 |

학습을 시작하기 전, 내가 얼마나 알고 있는지 셀프 체크를 해 봅시다.

	YES	NO
★ 비교급의 역할을 알고 있다.	☐	☐
★ 기본적인 비교급의 형태를 알고 있다.	☐	☐
★ 최상급의 역할을 알고 있다.	☐	☐
★ 기본적인 최상급의 형태를 알고 있다.	☐	☐
★ 불규칙 비교급과 최상급의 역할을 알고 있다.	☐	☐
★ 불규칙 비교급과 최상급의 형태를 알고 있다.	☐	☐

☑ 셀프진단

» **Yes가 5개 이상일 경우**
'메인요리1~3'을 빠르게 확인 후 '메인요리 즐기기'에 도전해 보세요!

» **Yes가 5개 이하일 경우**
'메인요리1~3'을 집중해서 확인 후 '메인요리 즐기기'에 도전해 보세요!

| 에피타이저 | **메인요리 ❶** | 메인요리 ❷ | 메인요리 ❸ | 디저트 |

 메인요리 ❶

 8분

She is taller than her brother.

그녀는 그녀의 남동생보다 키가 커요.

두 가지 대상을 비교하는 문장은 어떻게 만들까요? 오늘은 비교급을 가지고 한 대상이 다른 대상보다 크고 작거나 더 낫다는 것을 표현해 볼게요.

꿀팁
than(~보다)은 비교하는 대상을 명확하게 하기 위해 필수적으로 사용됩니다

후루룩 문장 만들기

 마크가 데릭보다 달리기가 더 빨라.

주어	동사	비교급 부사	비교 대상
Mark	**runs**	**faster**	**than Derek**
마크	달리기가	더 빠르다	데릭보다

[접속&의미] 주어+동사+비교급 부사+than+비교 대상: ~는 ~보다 ~해
[Tips!] 기본적인 비교급은 형용사/부사 뒤에 -er을 붙여요.

 버킨 백은 샤넬 백보다 더 비쌉니다.

주어	be동사	비교급 형용사	비교 대상
A Birkin bag	**is**	**more expensive**	**than a Chanel bag**
버킨 백	~은/는	더 비싸다	샤넬 백보다

[접속&의미] 주어+be동사+비교급 형용사+than+비교 대상: ~는 ~보다 ~해
[Tips!] 형용사/부사가 3음절 이상(소리가 긴 단어)일 때는 보통 앞에 more를 붙여요.

| 에피타이저 | **메인요리 ❶** | 메인요리 ❷ | 메인요리 ❸ | 디저트 |

메인요리 즐기기

💬 **우리말과 단어 힌트를 보고 문장을 만들어 봅시다.**

1. 내 남자친구는 나보다 어려. [Hint!] younger 더 어리다

2. 이 시계는 다른 시계보다 더 무거워.
   [Hint!] heavier 더 무겁다 | the other one 다른 것(시계)

3. 이 식당은 내가 생각했던 것보다 저렴해.
   [Hint!] more affordable 더 저렴하다 | I expected 내가 생각했다

4. 그녀는 언니보다 더 조심스럽게 운전해.
   [Hint!] more carefully 더 조심스럽게 | her sister 그녀의 언니

5. 그는 대부분의 친구들보다 더 열심히 일해.
   [Hint!] work(s) harder 더 열심히 일하다 | most of his friends 그의 친구 대부분

6. 이 영화는 다른 영화보다 길어. [Hint!] longer 더 길다

💬 **빈칸에 알맞은 단어를 넣어 문장을 완성해 봅시다.**

7. This winter is _____ than the last one.
   이번 겨울은 지난 겨울보다 더 추워요.

8. She is more interested in science _____ art.
   그녀는 예술보다 과학에 더 관심이 있어요.

정답은 요리즐기기 정답 161p에서 확인!

| 에피타이저 | 메인요리 ❶ | **메인요리 ❷** | 메인요리 ❸ | 디저트 |

 메인요리 ❷

 8분

He is the tallest in his class.
그는 그의 반에서 가장 키가 커요.

이번에는 '가장 ~한'의 뜻을 지닌 최상급을 가지고 여러 대상 중 하나가 가장 크고, 좋고, 빠르다는 것을 표현하는 연습을 해 볼게요.

> **꿀팁**
> The는 최상급을 사용할 때 보통 붙여 사용하지만, 소유격 등과 함께 쓰일 때는 생략될 수 있어요.
> 예 My best friend 내 절친

후루룩 문장 만들기

 이것은 시험에서 가장 어려운 문제예요.

주어	동사	최상급 형용사	전치사구
This 이것	is ~이다	the hardest question 가장 어려운 문제	on the test 시험에서

접속&의미 주어+be동사+최상급 형용사+전치사구: ~는 ~이야

Tips! 기본적인 최상급은 형용사/부사 뒤에 -est를 붙여요.

 톰은 반에서 가장 뛰어난 학생이에요.

주어	동사	최상급 부사	전치사구
Tom 톰	is ~이다	the most brilliant student 가장 뛰어난 학생	in the class 반에서

접속&의미 주어+be동사+최상급 부사+전치사구: ~는 ~이야

Tips! 형용사/부사가 3음절 이상(소리가 긴 단어)일 때는 앞에 most를 붙여요. 그룹 내에서 가장 우수한 것을 표현할 때는 전치사 in, of, among 등과 함께 사용합니다.

| 에피타이저 | 메인요리 ❶ | **메인요리 ❷** | 메인요리 ❸ | 디저트 |

메인요리 즐기기

📝 **우리말과 단어 힌트를 보고 문장을 만들어 봅시다.**

1. 한나는 내가 아는 가장 재능 있는 피아니스트야.
   [Hint!] most talented 가장 재능 있는 | pianist 피아니스트

2. 그녀는 반에서 가장 똑똑한 학생이에요. [Hint!] smartest 가장 똑똑한

3. 그레이스는 회사에서 가장 열심히 일해. [Hint!] work 일하다 | hardest 가장 열심히

4. 내가 본 것 중 가장 아름다운 경치야.
   [Hint!] most beautiful view 가장 아름다운 경치 | I have ever seen 내가 본 것 중

5. 그것은 내가 본 시험 중 가장 쉬운 시험이었어.
   [Hint!] easiest test 가장 쉬운 시험 | I have ever taken 내가 본 시험 중

6. 그는 NBA에서 가장 높은 연봉을 받는 운동선수야.
   [Hint!] highest paid 가장 돈을 많이 받는

📝 **빈칸에 알맞은 단어를 넣어 문장을 완성해 봅시다.**

7. He is the _____ student I've had.
   그는 제가 가르쳤던 학생들 중 가장 똑똑한 학생이에요.

8. This is the _____ book I've read.
   이것은 내가 읽은 가장 긴 책이에요.

정답은 요리즐기기 정답 161p에서 확인!

| 에피타이저 | 메인요리 ❶ | 메인요리 ❷ | **메인요리 ❸** | 디저트 |

메인요리 ❸

This restaurant is **better than** the last one.

이 식당은 저번에 갔던 곳보다 더 좋아요.

⏰ 8분

모든 형용사와 부사가 규칙적으로 형태를 바꾸지는 않아요. 이번엔 불규칙 비교급과 최상급으로 더 나은 것과 최고라는 것을 표현해 볼까요?

꿀팁

불규칙 비교급과 최상급은 형태 자체가 변화해요!

예) good(원급) – better(비교급) – best(최상급) | bad(원급) – worse(비교급) – worst(최상급)

후루룩 문장 만들기

☝️ 이 영화는 첫 번째 영화보다 더 안 좋아요.

주어	be동사	불규칙 비교급	비교 대상
This movie	**is**	**worse**	**than the first one**
이 영화	~이다	더 안 좋은	첫 번째 것보다

접속&의미 주어+be동사+불규칙 비교급+비교 대상: ~는 ~보다 ~해

Tips! bad(나쁘다, 좋지 않다)의 불규칙 비교급 worse가 쓰였어요.

✌️ 그는 우리 팀 최고의 투수예요.

주어	be동사	불규칙 비교급	전치사구
He	**is**	**the best pitcher**	**on our team**
그	~이다	가장 최고의 투수	우리 팀의

접속&의미 주어+be동사+불규칙 최상급+전치사구: ~는 ~이야

Tips! 불규칙 최상급은 'the most+형용사' 규칙을 따르지 않고 단어 자체가 고유한 형태로 변해요.
예) good → the best, bad → the worst

| 에피타이저 | 메인요리 ❶ | 메인요리 ❷ | **메인요리 ❸** | 디저트 |

메인요리 즐기기

우리말과 단어 힌트를 보고 문장을 만들어 봅시다.

1. 마이클은 형보다 수학을 더 잘 해. Hint! be better at math 수학을 더 잘하다

2. 그녀의 아이디어가 내 것보다 더 좋아. Hint! her idea 그녀의 아이디어 | mine 내 것

3. 그녀는 새 직장에서 잘 하고 있어.
   Hint! be doing better 더 잘하고 있다 | in her new job 그녀의 새 직장에서

4. 이 식당은 이 도시에서 최고야. Hint! in the city 이 도시에서

5. 내가 먹어 본 파스타 중 최악이었어.
   Hint! the worst 최악 | I've ever had 내가 먹어 본

6. 오늘은 내 인생 최고의 날이야. Hint! of my life 내 인생의

빈칸에 알맞은 단어를 넣어 문장을 완성해 봅시다.

7. He is the _____ singer in the group.
   그는 그룹에서 최고의 가수예요.

8. The hotel is _____ from the airport than I expected.
   제 예상보다 공항에서 호텔이 멀었어요.

정답은 요리즐기기 정답 161p에서 확인!

| 에피타이저 | 메인요리 ❶ | 메인요리 ❷ | 메인요리 ❸ | **디저트** |

학습을 마친 후, 얼마나 이해했는지 다시 한번 체크해 보세요!

| | 그렇다 | 보통이다 | 모르겠다 |

★ 형용사 expensive의 비교급을 만들 수 있다.

★ '마크가 데릭보다 달리기가 더 빨라'를 영작할 수 있다.

★ 형용사 hard의 최상급을 만들 수 있다.

★ '톰은 반에서 가장 뛰어난 학생이에요'를 영작할 수 있다.

★ good과 bad의 불규칙 변화를 설명할 수 있다.

★ '그는 우리 팀 최고의 투수예요'를 영작할 수 있다.

* 스코어 계산법 :
  그렇다=3점, 보통이다=2점, 모르겠다=1점

나의 합계 스코어는 _____ 점

☑ 셀프진단

» **15점 이상 ★★★**
  정말 훌륭합니다! '메인 요리1~3'을 입으로 뱉어 본 후 바로 학습을 종료해 주세요.

» **10~14점 ★★**
  거의 다 왔습니다! 약한 부분만 시간에 맞춰 다시 학습한 후 학습을 종료해 주세요.

» **10점 미만 ★**
  괜찮아요! 다시 한번 차근차근 '메인 요리1~3'을 학습해 봅시다!

DAY 13

"이 곳은 제가 살았던 동네예요"

관계대명사로 영어 문장 도전하기

오늘의 후루룩 코스

에피타이저

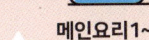
메인요리 1~3

디저트

후루룩 학습법

▶ 25분 학습 ◀　　　▶ 5분 휴식 ◀　　　"1일 1후루룩 했다!"

1분 워밍업
- 에피타이저　　학습 전 셀프 체크하기

24분 집중
- 메인 요리1　　사람에 대한 관계대명사
- 요리 즐기기　　문장 만들기
- 메인 요리2　　사물에 대한 관계대명사
- 요리 즐기기　　문장 만들기
- 메인 요리3　　장소&시간에 대한 관계대명사
- 요리 즐기기　　문장 만들기

5분 휴식
- 디저트　　학습 후 다시 한번 셀프 진단하기

| 에피타이저 | 메인요리 ❶ | 메인요리 ❷ | 메인요리 ❸ | 디저트 |

학습을 시작하기 전, 내가 얼마나 알고 있는지 셀프 체크를 해 봅시다.

	YES	NO
★ 사람을 나타내는 관계대명사의 역할을 알고 있다.	☐	☐
★ 사람을 나타내는 관계대명사를 예로 들 수 있다.	☐	☐
★ 사물을 나타내는 관계대명사의 역할을 알고 있다.	☐	☐
★ 사물을 나타내는 관계대명사를 예로 들 수 있다.	☐	☐
★ 장소&시간에 대한 관계대명사의 역할을 알고 있다.	☐	☐
★ 장소&시간에 대한 관계대명사를 예로 들 수 있다.	☐	☐

☑ 셀프진단

» **Yes가 5개 이상일 경우**
'메인요리1~3'을 빠르게 확인 후 '메인요리 즐기기'에 도전해 보세요!

» **Yes가 5개 이하일 경우**
'메인요리1~3'을 집중해서 확인 후 '메인요리 즐기기'에 도전해 보세요!

| 에피타이저 | **메인요리 ❶** | 메인요리 ❷ | 메인요리 ❸ | 디저트 |

메인요리 ❶

He is the person who I admire the most.

그는 제가 가장 존경하는 사람이에요.

문장에서 사람에 대해 설명할 때는 관계대명사 who와 that를 많이 사용해요. 그럼 이번엔 who/that을 활용해서 사람에 대해 부연 설명을 해 볼까요?

> **꿀팁**
> who는 사람을 수식하는 관계대명사로 주어와의 관계를 나타낼 때 사용해요!

후루룩 문장 만들기

✌ 그녀는 제게 가장 많은 배움을 준 선생님이에요.

주어	동사	명사	관계대명사 절
She 그녀	is ~이다	the teacher 선생님	who I learned the most from 나에게 가장 많은 배움을 준

접속&의미 주어+동사+명사+관계대명사 절: ~는 ~인 사람이야

Tips! that은 사람이 아닌 것을 설명할 때도 사용해요. who보다는 유연한 표현이랍니다.

✌ 그는 제 지갑을 훔친 사람이에요.

주어	동사	명사	관계대명사 절
He 그는	is ~이다	the guy 사람(남자)	that stole my wallet 내 지갑을 훔친

접속&의미 주어+동사+명사+관계대명사 절: ~는 ~를 한 사람이야

Tips! who는 사람을 강조하는 뉘앙스라면, that은 조금 더 일반적이고 일상적인 느낌이에요. That/who를 생략하면 일상생활에서 좀 더 캐주얼하고 심플하게 말할 수도 있습니다.

메인요리 즐기기

📋 **우리말과 단어 힌트를 보고 문장을 만들어 봅시다.**

1. 나는 시카고에 사는 친구가 있어요. `Hint!` live in Chicago 시카고에 사는

2. 그녀는 내가 믿는 유일한 동료야.
   `Hint!` the only colleague 유일한 동료 | trust 믿다, 신뢰하다

3. 그는 내가 존경하는 멘토야. `Hint!` the mentor 멘토 | I look up to 내가 존경하는

4. 너는 나를 웃게 만드는 유일한 사람이야.
   `Hint!` the only person 유일한 사람 | make me laugh 나를 웃게 만드는

5. 그는 모두에게 사랑받는 선생이야. `Hint!` everyone love 모두에게 사랑받는

6. 나일리아는 항상 내게 웃을 이유를 주는 친구야. `Hint!` reason to smile 웃을 이유

📋 **빈칸에 알맞은 단어를 넣어 문장을 완성해 봅시다.**

7. Wookie is the only barber _____ I trust.
   욱희는 제가 믿는 유일한 바버예요.

8. You are the person _____ I can rely on.
   당신은 내가 의지할 수 있는 사람이에요.

정답은 요리즐기기 정답 162p에서 확인!

DAY 13

| 에피타이저 | 메인요리 ❶ | **메인요리 ❷** | 메인요리 ❸ | 디저트 |

This is the pen that I use in every meeting.

이건 제가 회의 때마다 사용하는 펜이에요.

사물을 설명할 때는 관계대명사 which와 that를 사용할 수 있어요. which/that 2가지 표현을 가지고 사물을 설명하는 문장을 만들어 볼까요?

> **꿀팁**
> 대부분의 경우 which를 that으로 바꿔도 의미상 문제가 없답니다.
> 관계대명사는 2개의 문장을 자연스럽게 연결하는 역할도 해요.

후루룩 문장 만들기

 제가 구매한 이 교재는 매우 유용해요.

주어	관계대명사 절	be동사	형용사
This textbook 이 교재	**which** I bought 내가 구매한	**is** ~이다	**very helpful** 매우 유용한

접속&의미 주어+관계대명사+동사+형용사: ~는 ~이야

Tips! 일상 대화에서는 that/which를 생략할 수 있지만, 공식적인 문장 등에서는 문장을 명확하게 하기 위해 쓰는 것이 좋아요.

 제임스가 찍은 사진은 예뻐.

주어	관계대명사 절	be동사	형용사
The picture 사진	**that** James took 제임스가 찍은	**is** ~이다	**beautiful** 예쁜

접속&의미 주어+관계대명사+동사+형용사: ~는 ~ 해

Tips! 위 문장에서 that은 The picture을 수식하며 뒷문장의 주어 역할을 해요.

| 에피타이저 | 메인요리 ❶ | **메인요리 ❷** | 메인요리 ❸ | 디저트 |

 ## 메인요리 즐기기

💬 **우리말과 단어 힌트를 보고 문장을 만들어 봅시다.**

1 이건 내가 항상 사용하는 컵이야. `Hint!` cup 컵 | always 항상

---

2 내가 주문한 선물이 드디어 도착했어.
`Hint!` the gift 선물 | order 주문하다 | finally arrive 마침내 도착하다

---

3 이것은 내가 몇 년 동안 착용해 온 시계야.
`Hint!` I've been wearing for years 내가 몇 년 동안 착용해 온

---

4 나는 정말 맛있는 커피를 파는 카페를 알아.
`Hint!` sell 팔다 | really good coffee 정말 맛있는 커피를

---

5 내가 산 재킷은 너무 비싸. `Hint!` expensive 비싸다

---

6 우리가 갔던 멕시코 식당은 굉장했어.
`Hint!` The Mexican restaurant 멕시코 식당 | we went to 우리가 갔던

💬 **빈칸에 알맞은 단어를 넣어 문장을 완성해 봅시다.**

7 This is the brand _____ I was talking about.
이게 제가 말한 브랜드예요.

8 This is the morning routine _____ helped me succeed.
이게 제가 성공하는 데 도움이 된 모닝 루틴이에요.

정답은 요리즐기기 정답 162p에서 확인!

| 에피타이저 | 메인요리 ❶ | 메인요리 ❷ | **메인요리 ❸** | 디저트 |

 메인요리 ❸

This is the place where we first met.
이곳은 우리가 처음 만난 장소예요.

 8분

장소나 시간을 설명할 때는 관계대명사 where 또는 when을 사용해요. 자 그럼 where/when을 넣어 장소와 시간을 자연스럽게 설명하는 문장을 만들어 볼까요?

꿀팁

관계대명사 총정리하기!
예) who/that: 사람 | which/that: 사물 | when: 시간 | where: 장소

후루룩 문장 만들기

 우리가 콘서트에 갔던 날이 기억나요.

주어	동사	목적어	관계대명사 절
I	remember	the day	when we went to the concert
나	기억하다	그 날을	우리가 콘서트에 갔던

접속&의미 주어+동사+목적어+관계대명사 절: ~는 ~던 ~을 ~해

Tips! when은 시간을 설명하며 특정 시간, 기간에 발생한 사건을 강조할 때 활용해요.

 이 곳은 제가 살았던 동네예요.

주어	be동사	명사	관계대명사 절
This	is	the neighborhood	where I used to live
이 곳	~이다	동네	내가 살았던

접속&의미 주어+동사+명사+관계대명사 절: ~은 ~던 ~야

Tips! where은 장소를 설명하며 해당 장소에서 일어난 사건, 행위를 명확하게 나타내요.

| 에피타이저 | 메인요리 ❶ | 메인요리 ❷ | **메인요리 ❸** | 디저트 |

🍽️ 메인요리 즐기기

📋 **우리말과 단어 힌트를 보고 문장을 만들어 봅시다.**

① 이곳은 내가 공부했던 학교야. [Hint!] studied 공부했던

_____

② 이곳은 우리가 놀던 공원이야. [Hint!] played 놀았던

_____

③ 이곳은 내가 사는 거리야. [Hint!] street 거리 | live 살다

_____

④ 여기는 우리가 저녁을 먹었던 식당이야. [Hint!] have dinner 저녁을 먹다

_____

⑤ 그 해가 내가 고등학교에 입학하던 해였어.
[Hint!] That was the year 그 해가 | I started high school 고등학교를 입학하던

_____

⑥ 이 도서관은 내가 책을 읽던 곳이야. [Hint!] read books 독서하던

_____

📋 **빈칸에 알맞은 단어를 넣어 문장을 완성해 봅시다.**

⑦ W Boxing is a gym _____ I recommend to my friends.
W Boxing은 제가 친구들에게 추천하는 복싱장이에요.

⑧ That was the summer _____ we traveled to Europe.
그것은 우리 유럽으로 여행 갔던 여름이에요.

정답은 요리즐기기 정답 162p에서 확인!

디저트

학습을 마친 후, 얼마나 이해했는지 다시 한번 체크해 보세요!

	그렇다	보통이다	모르겠다
★ 관계대명사 who와 that의 차이를 설명할 수 있다.	☐	☐	☐
★ '그는 제 지갑을 훔친 사람이에요'를 영작할 수 있다.	☐	☐	☐
★ which와 that을 쓰는 경우와 생략하는 경우의 차이를 안다.	☐	☐	☐
★ '이건 내가 항상 사용하는 컵이야'를 영작할 수 있다.	☐	☐	☐
★ 관계대명사 when과 where의 쓰임새를 각각 설명할 수 있다.	☐	☐	☐
★ '우리가 콘서트에 갔던 날이 기억나요'를 영작할 수 있다.	☐	☐	☐

* 스코어 계산법 :
  그렇다=3점, 보통이다=2점, 모르겠다=1점

나의 합계 스코어는 _____ 점

☑ 셀프진단

» **15점 이상 ★★★**
  정말 훌륭합니다! '메인 요리1~3'을 입으로 뱉어 본 후 바로 학습을 종료해 주세요.

» **10~14점 ★★**
  거의 다 왔습니다! 약한 부분만 시간에 맞춰 다시 학습한 후 학습을 종료해 주세요.

» **10점 미만 ★**
  괜찮아요! 다시 한번 차근차근 '메인 요리1~3'을 학습해 봅시다!

DAY 14

"내일 비가 오면 집에 있을 거야"

가정법으로 영어 문장 도전하기

오늘의 후루룩 코스

에피타이저　　메인요리1~3　　디저트

후루룩 학습법

 +  =

▶ 25분 학습 ◀   ▶ 5분 휴식 ◀   "1일 1후루룩 했다!"

1분 워밍업	• 에피타이저	학습 전 셀프 체크하기

24분 집중	• 메인 요리1	현재&미래 가정법
	• 요리 즐기기	문장 만들기
	• 메인 요리2	과거 가정법
	• 요리 즐기기	문장 만들기
	• 메인 요리3	과거완료 가정법
	• 요리 즐기기	문장 만들기

5분 휴식	• 디저트	학습 후 다시 한번 셀프 진단하기

| 에피타이저 | 메인요리 ❶ | 메인요리 ❷ | 메인요리 ❸ | 디저트 |

학습을 시작하기 전, 내가 얼마나 알고 있는지 셀프 체크를 해 봅시다.

	YES	NO
★ 현재&미래 가정법의 역할을 알고 있다.	☐	☐
★ 현재&미래 가정법의 형태를 알고 있다.	☐	☐
★ 과거 가정법의 역할을 알고 있다.	☐	☐
★ 과거 가정법의 형태를 알고 있다.	☐	☐
★ 과거완료 가정법의 역할을 알고 있다.	☐	☐
★ 과거완료 가정법의 형태를 알고 있다.	☐	☐

☑ **셀프진단**

» **Yes가 5개 이상일 경우**
'메인요리1~3'을 빠르게 확인 후 '메인요리 즐기기'에 도전해 보세요!

» **Yes가 5개 이하일 경우**
'메인요리1~3'을 집중해서 확인 후 '메인요리 즐기기'에 도전해 보세요!

| 에피타이저 | **메인요리 ①** | 메인요리 ② | 메인요리 ③ | 디저트 |

 메인요리 ①

 8분

If I get the promotion, I will buy a new watch.

만약 내가 승진하면, 새 시계를 살 거예요.

어떤 일이 현재 혹은 미래에 일어날 수 있다는 것을 문장으로 표현할 때 현재 가정법이 필요한데요. 복잡하게 보이지만 규칙만 잘 알아 두면 어렵지 않답니다. 그럼 연습해 볼까요?

 꿀팁

조건이 충족되면 실제로 일어날 가능성이 있는 상황을 설명해요!

 후루룩 문장 만들기

👆 열심히 공부하면, 시험에 합격할 수 있을 거야.

조건절	결과절
If I study hard 내가 열심히 공부한다면	**I will pass the test** 나는 시험에 합격할 수 있다

접속&의미 if+주어+현재형 동사, 주어+will+동사원형: ~하면 ~이야

Tips! 현재 가정법은 미래의 결과를 예측할 때 자주 사용돼요. 또한 If 조건절이 먼저 나오면, 주절 앞에 쉼표를 넣어 문장을 나눕니다.

✌️ 내가 취직하면 축하파티를 열자.

조건절	결과절
If I get the job 내가 취직하면	**we should celebrate** 우리는 축하파티를 해야 해

접속&의미 if+주어+현재형 동사, 주어+should+동사원형: ~하면 ~ 해야 해

Tips! 조건이 현재일 때는 현재시제를 사용, 결과는 미래시제로 표현해요.

| 에피타이저 | **메인요리 ①** | 메인요리 ② | 메인요리 ③ | 디저트 |

🍽️ 메인요리 즐기기

SCAN ME!

📋 **우리말과 단어 힌트를 보고 문장을 만들어 봅시다.**

1 내가 대회에서 우승하면 홍콩에 여행 갈 거야.
   [Hint!] win the contest 대회에서 우승하다 | travel to Hong Kong 홍콩에 여행 가다

2 내일 비가 오면 집에 있을 거야.
   [Hint!] it rains tomorrow 내일 비가 내린다 | stay home 집에 있다

3 너무 피곤하면 배달을 시킬 거야.
   [Hint!] I'm too tired 나는 너무 피곤해 | order delivery 배달을 시키다

4 우리가 일찍 일어나면 달리기하러 가야 해. [Hint!] go for a run 달리기 하러 나가다

5 시간이 남으면 네 에세이를 검토해 줄게.
   [Hint!] have extra time 시간이 남다 | review your essay 너의 에세이를 검토하다

6 일찍 자면 내일 더 나아질 거야. [Hint!] feel better tomorrow 내일 기분이 더 나아지다

📋 **빈칸에 알맞은 단어를 넣어 문장을 완성해 봅시다.**

7 _____ she stops eating fast food, she _____ lose weight.
   그녀가 패스트푸드를 안 먹으면 살이 빠질 거야.

8 _____ you feel sick tomorrow, you _____ visit the doctor.
   내일 몸이 아프면 병원에 방문을 해 봐.

정답은 요리즐기기 정답 162p에서 확인!

| 에피타이저 | 메인요리 ❶ | **메인요리 ❷** | 메인요리 ❸ | 디저트 |

메인요리 ❷

If I could speak Mandarin, I would visit China.

내가 중국어를 할 줄 안다면,
중국 여행을 할 거예요.

다음으로 가정법 과거를 활용해 현재 사실과 반대되는 상황을 가정해 보는 연습을 해 볼 거예요. 참고로 앞에 오는 가정 자체가 실현 불가능한 것을 나타내요.

가정의 결과를 설명하는 문장에는 조동사의 과거형이 와요!

예 would, should, might, could

후루룩 문장 만들기

 내게 백만 달러가 있다면, 내 사업을 시작할 거예요.

조건절	결과절
If I had a million dollars 내가 백만 달러가 있다면	**I would** start my own business 나는 내 사업을 시작할 것이다

접속&의미 if+주어+과거형 동사, 주어+would+동사원형: ~이었으면 ~를 할 거야

Tips! would는 상상 속의 결과를 나타내고 있어요.

내가 키가 더 크다면, 프로 농구를 할 거예요.

조건절	결과절
If I were taller 내가 키가 더 컸다면	**I would play** professional basketball 나는 프로 농구를 했을 것이다

접속&의미 if+주어+과거형 동사, 주어+would+동사원형: ~이었으면 ~를 할 거야

Tips! 'If I were~'와 같은 가정법 문장에서는 주어가 I여도 예외적으로 was 대신 were를 사용하는 것이 일반적이에요.

메인요리 즐기기

우리말과 단어 힌트를 보고 문장을 만들어 봅시다.

1. 내가 요리사라면, 멕시코 음식점을 열 거야.
   Hint! open a Mexican restaurant 멕시코 음식점을 열다

2. 애니카가 관심이 있다면, 그녀는 팀에 들어갈 거야.
   Hint! be interested in ~에 관심이 있다 | join the crew 팀에 들어가다

3. 네가 차가 있으면, 차로 출근할 수 있을 거야. **Hint!** drive to work 운전해서 출근하다

4. 네가 매운 음식을 좋아하면, 이 요리를 좋아할 거야.
   Hint! spicy food 매운 음식 | enjoy this dish 이 요리를 좋아하다

5. 우리 둘 다 시카고에서 일한다면, 더 자주 만날거야.
   Hint! both work in Chicago 둘 다 시카고에서 일하다 | hang out more 더 자주 만나다

6. 내가 더 좋은 카메라가 있다면, 사진을 더 많이 찍을 거야.
   Hint! (a) better camera 더 좋은 카메라 | take more photos 사진을 더 찍다

빈칸에 알맞은 단어를 넣어 문장을 완성해 봅시다.

7. If I _____ how to cook, I _____ make breakfast for us.
   내가 요리를 할 줄 알았다면 아침을 만들었을 텐데.

8. If I _____ more money, I _____ move to a better place.
   돈이 더 많다면, 더 좋은 곳으로 이사할 텐데.

정답은 요리즐기기 정답 162p에서 확인!

 **메인요리 ③**

If I had won the lottery, I would have traveled the world.

내가 만약 복권이 당첨되었더라면, 세계 여행을 떠났을 거예요.

마지막으로 가정법 과거완료를 활용하여 과거에 일어나지 않은 상황에 대해 가정하고 그 결과를 나타내는 연습을 해 볼까요?

주로 후회, 아쉬움의 뉘앙스를 표현해요!

후루룩 문장 만들기

 내가 그 이벤트에 대해 알았었더라면, 참석했을 거예요.

조건절	결과절
If I had known about the event 내가 그 이벤트에 대해 알았었더라면	**I would have attended** 나는 참석했을 것이다

접속&의미 if+주어+had+과거분사, 주어+would have+과거분사: ~했다면 ~를 했을 거야
Tips! 가정에는 'had+과거분사', 가정에 따른 결과에는 'would have+과거분사'가 와요.

✌️ 그녀가 더 열심히 연습했다면 오디션에 합격했을 거예요.

조건절	결과절
If she had practiced harder 그녀가 더 열심히 연습했다면	**she would have passed** the audition 그녀는 오디션에 합격했을 것이다

접속&의미 if+주어+had+과거분사, 주어+would have+과거분사: ~했다면 ~를 했을 거야
Tips! 조건절과 결과절 모두 과거의 사건을 설명하기 위해 과거형을 사용하고 있어요.

 메인요리 즐기기

SCAN ME!

💬 우리말과 단어 힌트를 보고 문장을 만들어 봅시다.

1. 우리가 제시간에 출발했더라면, 비행기를 놓치지 않았을 거야.
   Hint! leave on time 제시간에 출발하다 | miss the flight 비행기를 놓치다

2. 네가 내 말을 들었더라면, 그런 실수를 하지 않았을 거야.
   Hint! listen to me 내 말을 듣다, 따르다 | make such mistake 그런 실수를 하다

3. 내가 지갑을 가져왔더라면, 저녁을 샀을 거야.
   Hint! bring my wallet 내 지갑을 가져오다 | buy dinner 저녁을 사다

4. 내가 비트코인에 투자했더라면 지금쯤 부자가 되었을 거야.
   Hint! invest in bitcoin 비트코인에 투자하다 | be rich 부자가 되다 | by now 지금쯤

5. 내가 더 일찍 일어났더라면, 아침을 먹을 수 있었을 거야.
   Hint! wake(-woke-woken) up earlier 더 일찍 일어나다

6. 그녀가 도움을 요청했더라면 내가 도와줬을 거야.
   Hint! ask for help 도움을 요청하다

💬 빈칸에 알맞은 단어를 넣어 문장을 완성해 봅시다.

7. If you _____ trained harder, you _____ have won.
   네가 더 열심히 훈련했다면 우승했을 것이야.

8. If I had _____ to bed earlier, I _____ have been so tired.
   좀 더 일찍 잤더라면 이렇게 피곤하지 않았을 거야.

정답은 요리즐기기 정답 163p에서 확인!

| 에피타이저 | 메인요리 ❶ | 메인요리 ❷ | 메인요리 ❸ | **디저트** |

학습을 마친 후, 얼마나 이해했는지 다시 한번 체크해 보세요!

	그렇다	보통이다	모르겠다
★ 현재&미래 가정 문장의 조건절과 결과절의 의미 차이를 안다.	☐	☐	☐
★ '내일 비가 오면, 집에 있을 거야'를 영작할 수 있다.	☐	☐	☐
★ 과거 가정 문장에 쓰이는 조동사를 예로 들 수 있다.	☐	☐	☐
★ '내가 키가 더 크다면, 프로 농구를 할 거예요'를 영작할 수 있다.	☐	☐	☐
★ 과거 가정과 과거 완료 가정의 뉘앙스 차이를 설명할 수 있다.	☐	☐	☐
★ '그녀가 더 열심히 연습했다면 오디션에 합격했을 거예요'를 영작할 수 있다.	☐	☐	☐

* 스코어 계산법 :
그렇다=3점, 보통이다=2점, 모르겠다=1점

나의 합계 스코어는 ☐ **점**

☑ **셀프진단**

» **15점 이상 ★★★**
정말 훌륭합니다! '메인 요리1~3'을 입으로 뱉어 본 후 바로 학습을 종료해 주세요.

» **10~14점 ★★**
거의 다 왔습니다! 약한 부분만 시간에 맞춰 다시 학습한 후 학습을 종료해 주세요.

» **10점 미만 ★**
괜찮아요! 다시 한번 차근차근 '메인 요리1~3'을 학습해 봅시다!

문법&작문

- ✓ 메인요리 즐기기 정답
- ✓ 후루룩 단어 모음집

🍴 메인요리 즐기기 정답

🍗 DAY 1

메인요리 ❶ - 메인요리 즐기기   p.19

1. Cats purr.
2. Birds sing.
3. the phone rings.
4. A door opens.
5. Plans change.
6. Wind blows.
7. Flowes `bloom`.
8. `Stars` shine.

메인요리 ❷ - 메인요리 즐기기   p.21

1. He plays chess.
2. We ate lunch.
3. Eunbee really loves coffee.
4. She hates singing.
5. Dino drives a BMW.
6. Minseo likes hip hop.
7. He studies `English`.
8. Pitta designs `tattoos`.

메인요리 ❸ - 메인요리 즐기기   p.23

1. I see a tall building.
2. Shinhye wore a black dress.
3. Dongyu bought a new phone.
4. BK owns a vintage motorcycle.
5. Miso adopted a cute poodle.
6. Yeono lives in a safe neighborhood.
7. He found a `new` hobby.
8. They wanted a `large` apartment.

🍗 DAY 2

메인요리 ❶ - 메인요리 즐기기   p.29

1. I am[I'm] Jennie.
2. He is Nate.
3. Hyunhwa is 28 years old.
4. This is my bag.
5. They are over there.
6. She is in the classroom.
7. She `is` a fashion designer.
8. They `are` in the lobby.

메인요리 ❷ - 메인요리 즐기기   p.31

1. He is not[isn't] an actor.
2. Erik is not[isn't] a doctor.
3. They are not[aren't] American.
4. He is not[isn't] in the cafe.
5. Emily is not[isn't] downstairs.
6. They are not[aren't] here.
7. I `am not` Japanese.
8. He `is not[isn't]` in the office.

메인요리 ❸ - 메인요리 즐기기   p.33

1. Are you a K-pop idol?
2. Is he a soccer player?
3. Is Daniel a yoga instructor?
4. Is Jessica at the cafe?
5. Is he a chef?
6. Are they upstairs?
7. `Is` Katie a Christian?
8. `Are` they on the subway?

DAY 3

메인요리 ① - 메인요리 즐기기 p.39

1. You look nervous.
2. I feel tired after work.
3. I enjoy playing the violin.
4. She likes listening to music.
5. He writes a blog post every morning.
6. Jina loves walking her dog.
7. He listens to podcasts before bed.
8. We play basketball every Sunday.

메인요리 ② - 메인요리 즐기기 p.41

1. I don't follow football.
2. I don't watch TV on weekdays.
3. Hank doesn't eat fast food.
4. We don't go shopping on Saturdays.
5. Hannah doesn't drink coffee in the morning.
6. They don't play video games after school.
7. I don't exercise every day.
8. He doesn't attend meetings on Fridays.

메인요리 ③ - 메인요리 즐기기 p.43

1. Do you call your parents often?
2. Do they walk to school together every day?
3. Do you listen to music while working out?
4. Do we need to leave early tomorrow?
5. Does he go running in the mornings?
6. Does your roommate cook dinner for you on the weekends?
7. Do they watch TV after dinner?
8. Does Sean play the guitar?

DAY 4

메인요리 ① - 메인요리 즐기기 p.49

1. I bought a laptop.
2. He studied hard for the test.
3. I played soccer last weekend.
4. We had dinner at a fine dining.
5. She visited her grandmother last month.
6. They watched a movie together last Friday.
7. I finished my homework.
8. I made a reservation for our dinner.

메인요리 ② - 메인요리 즐기기 p.51

1. I will call you later.
2. I will go hiking tomorrow.
3. We will go shopping this weekend.
4. Grace will meet her boyfriend tomorrow.
5. Carson will be starting a new job next week.
6. They will move to a new house next month.
7. We will finish the project on time.
8. Eddie will cook dinner tonight.

메인요리 ③ - 메인요리 즐기기 p.53

1. I am having lunch right now.
2. We were driving to the beach.
3. She is reading a book in her room.
4. They are playing soccer at the park.
5. He was sleeping when I came home.
6. Thomas is watching football right now.
7. I was working on the project all week.
8. He was sleeping when I arrived.

DAY 5

메인요리 ❶ - 메인요리 즐기기   **p.59**

1. I have been to Europe.
2. I have tried caviar before.
3. We have already eaten lunch.
4. I have seen that movie before.
5. They have known each other for 10 years.
6. She has studied French since last year.
7. I `have` just finished reading that book
8. We `have` been married for 25 years.

메인요리 ❷ - 메인요리 즐기기   **p.61**

1. He hasn't had dinner yet.
2. I haven't watched that show yet.
3. She hasn't met her new boss.
4. They haven't called me back yet.
5. She hasn't finished her coffee.
6. We haven't been to that new restaurant yet.
7. Yvonne `hasn't called` me back yet.
8. They `haven't left` the airport.

메인요리 ❸ - 메인요리 즐기기   **p.63**

1. Have you been to Indiana?
2. Have they gone to the concert?
3. Has he ever tried skiing?
4. Have you been working in the US since 2023?
5. Have you ever tried pizza in New York?
6. Have you known him for a year?
7. `Has` he finished watching the movie?
8. Have they `moved` into their new apartment yet?

DAY 6

메인요리 ❶ - 메인요리 즐기기   **p.69**

1. We can start the meeting now.
2. I can't go out tonight.
3. Can you help me with this?
4. We can't finish this by tomorrow.
5. Can they speak English fluently?
6. Sammy can't come to the party tonight.
7. Annie `can` speak three languages.
8. You `can't` be late tomorrow.

메인요리 ❷ - 메인요리 즐기기   **p.71**

1. Jenna can join us for dinner.
2. Jay can help you with the project.
3. Will you attend the meeting tomorrow?
4. Can you help me move the table?
5. We will finish everything by Friday.
6. Jenny may be busy this afternoon.
7. `May` I speak to the manager?
8. `Would` you like to go to the movies this weekend?

메인요리 ❸ - 메인요리 즐기기   **p.73**

1. Dohoon should get more sleep.
2. He should exercise regularly.
3. We have to get up early tomorrow.
4. Andre has to finish this report by 5 PM.
5. You must bring your ID to enter the building.
6. You must turn off your phone during the meeting.
7. You `must` submit your assignment by Friday.
8. We `should` go for a walk after dinner.

DAY 7

메인요리 ❶ - 메인요리 즐기기 p.79

1. I'm tired.
2. I'm going home.
3. I woke up at 6AM.
4. Woodie runs every morning.
5. Sam sleeps early on weekdays.
6. Sean arrived late to the meeting.
7. He `arrived` at school early this morning.
8. They `walked` in the rain for hours.

메인요리 ❷ - 메인요리 즐기기 p.81

1. I texted him already.
2. He bought new AirPods.
3. May I use this computer for a while?
4. We invited Pam to dinner.
5. They bought a new house.
6. I met my friend at the store.
7. I `sold` my house last year.
8. Tyler `fixed` his car yesterday.

메인요리 ❸ - 메인요리 즐기기 p.83

1. I gave him my number.
2. I gave Sora my jacket.
3. Jaewon showed us his trophy.
4. We told him the good news.
5. My grandma sent me a package.
6. Minsoo helped me pack for my trip.
7. Jake `bought` me a cake.
8. I finally `told` him the truth.

DAY 8

메인요리 ❶ - 메인요리 즐기기 p.89

1. He is a college student.
2. I am a consultant.
3. Q is a tattoo artist.
4. They are high school students.
5. Matthew became a writer.
6. Lora seems happy.
7. She `seems` calm.
8. Jay Park `is` my favorite artist.

메인요리 ❷ - 메인요리 즐기기 p.91

1. I feel great today.
2. The coffee smells amazing
3. The room feels cozy.
4. This artwork looks expensive.
5. Your plan sounds perfect.
6. He looks smart.
7. I `feel` calm today.
8. This coffee `tastes` bitter.

메인요리 ❸ - 메인요리 즐기기 p.93

1. I kept my room clean.
2. She made the kids laugh.
3. I had my car fix.
4. Monica kept the car warm.
5. The salad made me really full.
6. James made the coffee too strong.
7. Kevin `left` his phone on the table.
8. You can `call` me Kelly.

DAY 9

메인요리 ❶ - 메인요리 즐기기   p.99

1. We need to leave soon.
2. Peter promised to help her.
3. Yunny wants to buy a new car.
4. Ann decided to study abroad.
5. They plan to meet tomorrow.
6. She started to learn Chinese.
7. I woke up early to go to the gym.
8. He promised to call me later.

메인요리 ❷ - 메인요리 즐기기   p.101

1. I have a reason to study harder.
2. I have a chance to meet Post Malone.
3. He has a chance to attend Met Gala.
4. You have a chance to make new friends.
5. We have a reason to visit Italy.
6. I have a reason to celebrate this weekend.
7. We have a chance to win the game.
8. Max has a reason to be there.

메인요리 ❸ - 메인요리 즐기기   p.103

1. Jake worked late to finish the project.
2. Ryan saved money to buy a house.
3. Matt exercised every day to stay healthy.
4. It's an honor to meet you.
5. Peter was sad to hear the news.
6. I'm sorry to bother you.
7. Eunsol is learning English to become a nurse.
8. I'm surprised to see you here.

DAY 10

메인요리 ❶ - 메인요리 즐기기   p.109

1. I hate washing the dishes.
2. Amanda likes painting in her free time.
3. He enjoys working out in the morning.
4. I love trying new foods.
5. She loves watching movies.
6. George hates telling lies.
7. My parents love going for a walk every morning.
8. Emily likes listening to music while studying.

메인요리 ❷ - 메인요리 즐기기   p.111

1. Pitt stopped drinking coffee.
2. They started to plan[planning] their vacation.
3. I stopped smoking cigarettes.
4. She started reading[to read] books.
5. Lora stopped drinking juice.
6. Mina stopped overspending on designer clothes.
7. He stopped going to the gym.
8. It started raining[to rain].

메인요리 ❸ - 메인요리 즐기기   p.113

1. Jeff is excited about starting a new job.
2. She is worried about failing the test.
3. I'm tired of waiting for my food.
4. Michael is afraid of making mistakes.
5. They are interested in learning how to cook.
6. We are focused on finishing the project.
7. She is great at solving puzzles.
8. I am proud of winning the competition.

DAY 11

메인요리 ❶ - 메인요리 즐기기   p.119

1 He is reading the newspaper.
2 They are watching a movie.
3 She loves cooking for friends.
4 We are visiting our grandparents.
5 She wakes up early every day.
6 This is too small.
7 You are very helpful.
8 He plays golf every weekend.

메인요리 ❷ - 메인요리 즐기기   p.121

1 Jess texted him about the meeting.
2 Henry introduced me to his new friend.
3 Sarah told me to bring my passport.
4 We invited them to our housewarming party.
5 I showed her how to use the app.
6 Selina asked him for help with her homework.
7 He offered us a ride to the airport.
8 She told me about a great restaurant nearby.

메인요리 ❸ - 메인요리 즐기기   p.123

1 This laptop is hers, not mine.
2 That decision is yours to make.
3 The keys on the table are his.
4 The responsibility is ours.
5 These ticket are yours, so don't lose them
6 That Tesla parked outside is his.
7 This seat is mine.
8 This idea is his, so you can't use it.

DAY 12

메인요리 ❶ - 메인요리 즐기기   p.129

1 My boyfriend is younger than me.
2 This watch is heavier than the other one.
3 The restaurant is more affordable than I expected.
4 She drives more carefully than her sister.
5 He works harder than most of his friends.
6 This movie is longer than the other one.
7 This winter is colder than the last one.
8 She is more interested in science than art.

메인요리 ❷ - 메인요리 즐기기   p.131

1 Hanna is the most talented pianist I know.
2 She is the smartest student in the class.
3 Grace works the hardest in the company.
4 This is the most beautiful view I've ever seen.
5 That was the easiest test I've ever taken.
6 He is the highest paid athlete in the NBA.
7 He is the smartest student I've had.
8 This is the longest book I've read.

메인요리 ❸ - 메인요리 즐기기   p.133

1 Michael is better at math than his brother.
2 Her idea is better than mine.
3 She is doing better in her new job.
4 This restaurant is the best in the city.
5 This was the worst pasta I've ever had.
6 Today is the best day of my life.
7 He is the worst singer in the group.
8 The hotel is farther from the airport than I expected.

DAY 13

메인요리 ❶ - 메인요리 즐기기 p.139

1. I have a friend who[that] lives in Chicago.
2. She is the only colleague that[who] I trust.
3. He is the mentor that[who] I look up to.
4. You are the only person that[who] makes me laugh.
5. He is the teacher that[who] everyone loves.
6. Nylia is the friend who[that] always gives me a reason to smile.
7. Wookie is the only barber who[that] I trust.
8. You are the person who[that] I can rely on.

메인요리 ❷ - 메인요리 즐기기 p.141

1. This is the cup that[which] I always use.
2. The gift that[which] I ordered finally arrived.
3. This is the watch that[which] I've been wearing for years.
4. I know a coffee shop that[which] sells really good coffee.
5. The jacket that[which] I bought is very expensive.
6. The Mexican restaurant that[which] we went to was amazing.
7. This is the brand that/which I was talking about.
8. This is the morning routine that/which helped me succeed.

메인요리 ❸ - 메인요리 즐기기 p.143

1. This is the school where I studied.
2. This is the park where we played.
3. This is the street where I live.
4. This is the restaurant where we had dinner.
5. That was the year when I started high school.
6. This is the library where I read books.
7. W boxing is the gym that I recommend to my friends.
8. That was the summer when we traveled to Europe.

DAY 14

메인요리 ❶ - 메인요리 즐기기 p.149

1. If I win the contest, I will travel to Hong Kong.
2. If it rains tomorrow, I will stay home.
3. If I'm too tired, I will order delivery.
4. If we wake up early, we should go for a run.
5. If I have extra time, I will review your essay.
6. If you sleep early, you will feel better tomorrow.
7. If she stops eating fast food, she will lose weight.
8. If you feel sick tomorrow, you should visit the doctor.

메인요리 ❷ - 메인요리 즐기기 p.151

1. If I were a chef, I would open a Mexican restaurant.
2. If Anica were interested, she would join the crew.
3. If you had a car, you could drive to work.
4. If you liked spicy food, you would enjoy this dish.
5. If we had both worked in Chicago, we would hang out more.

6 If I had a better camera, I would take more photos.
7 If I **knew** how to cook, I **would** make breakfast for us.
8 If I **had** more money, I **would** move to a better place.

메인요리 ❸ - 메인요리 즐기기   p.153

1 If we had left on time, we wouldn't have missed the flight.
2 If you had listened to me, you wouldn't have made such mistake.
3 If I had brought my wallet, I would have bought dinner.
4 If I had invested in bitcoin, I would have been rich by now.
5 If I had woken up earlier, I could have eaten breakfast.
6 If she had asked for help, I would have helped her.
7 If you **had** trained harder, you **would** have won.
8 If I had **gone** to bed earlier, I **wouldn't** have been so tired

후루룩 단어 모음집

✓ 단어를 다시 한 번 확인해 봅시다.

DAY 1

● bark	짖다
● arrive	도착하다
● purr	(고양이가)그르렁 소리를 내다
● ring	울리다
● plan	계획
● blow	불다
● bloom	꽃이 피다
● write	쓰다
● play chess	체스를 하다
● ate	먹었다 (eat-ate-eaten)

메인요리1 ● 메인요리2 ● 메인요리3 ●

● hate	싫어하다
● singing	노래하는 것
● drive	운전하다
● tall	높은
● wore	입었다 (wear-wore-worn)
● bought	샀다 (buy-bought-bought)
● own	소유하다
● motorcycle	오토바이
● adopt	입양하다
● live	살다

DAY 2

● here	여기에
● years old~	~살
● over there	저기
● classroom	강의실, 교실
● lobby	로비
● actor	배우
● doctor	의사
● in the cafe	카페에, 카페 안에
● downstairs	아래층
● American	미국인

후루룩 단어 모음집

메인요리1 ● 　메인요리2 ● 　메인요리3 ●　　　　한번 ☑　두번 ☐　세번 ☐

● in the office	사무실에, 사무실 안에
● YouTuber	유튜버
● K-pop idol	케이팝 아이돌
● soccer player	축구 선수
● yoga instructor	요가 강사
● at the cafe	카페에
● chef	요리사
● upstairs	위층
● Christian	크리스천, 기독교 신자
● on the subway	지하철 안에

DAY 3

● feel	~기분이 들다, 느끼다
● look	~해 보이다
● nervous	긴장한
● tired	피곤한
● after work	퇴근 후
● enjoy	즐기다, 좋아하다
● blog post	블로그 게시물
● walk one's dog	반려견을 산책시키다
● hold hands	손을 잡다
● gym	헬스장

후루룩 단어 모음집

메인요리1 ● 메인요리2 ● 메인요리3 ●

● follow	알다, 이해하다
● football	미식축구
● go shopping	쇼핑하다
● play video games	비디오 게임을 하다
● often	자주
● walk to school	등교하다
● need to ~	~해야 한다
● go running	달리기를 하러 나가다
● cook dinner	저녁을 만들다
● on the weekends	주말에

DAY 4

● at the cinema	영화관에서
● an action movie	액션 영화
● hang out	~와 시간을 보내다
● laptop	노트북
● last weekend	지난 주말에
● last Friday	지난 금요일
● fine dining	고급 레스토랑
● have dinner	저녁을 먹다
● call back	다시 전화하다
● go hiking	등산하다

후루룩 단어 모음집

메인요리1 ● 메인요리2 ● 메인요리3 ●

● this weekend	이번 주말
● next week	다음 주
● finish project	프로젝트를 마무리하다
● on time	제 시간에
● right now	지금
● to the beach	해변으로
● read a book	책을 읽다, 독서하다
● come home	집에 오다
● all week	이번 주 내내
● at the park	공원에서

후루룩 단어 모음집 171

DAY 5

● visit	방문하다
● found	찾았다 (find-found-found)
● have been to	가 본 적이 있다
● have tried	먹어 본 적이 있다
● have lunch	점심을 먹다
● have seen	본 적이 있다
● have known	알고 있었다
● since last year	작년부터
● solution	해결책
● yet	아직

후루룩 단어 모음집

메인요리1 ● 메인요리2 ● 메인요리3 ●

● met	만났다 (meet-met-met)
● finish coffee	커피를 다 마시다
● new boss	새 상사
● leave airport	공항을 떠나다
● go to the concert	콘서트에 가다
● try skiing	스키를 타보다
● in the US	미국에서
● since 2023	2023년부터
● Have you ever~?	너 ~해 본 적 있어?
● for a year	1년 동안

DAY 6

● attend the meeting	회의에 참석하다
● start the meeting	미팅, 회의를 시작하다
● go out	나가서 놀다
● by tomorrow	내일까지
● fluently	유창하게
● come to the party	파티에 오다, 참석하다
● text	문자하다
● join us	함께하다
● for dinner	저녁에
● move the table	테이블을 옮기다

메인요리1 ● 메인요리2 ● 메인요리3 ●

● busy	바쁜
● this afternoon	오늘 오후에
● can	~할 수 있다
● may	~할 지 모른다
● must	반드시 ~해야 한다
● have to	~해야 한다
● should	~하는 게 좋다
● get more sleep	잠을 더 자다
● ID	신분증
● turn off	꺼놓다

DAY 7

● tired	지친, 피곤한
● go home	집에 가다, 귀가하다
● woke up	일어났다 (wake-woke-woken)
● every morning	매일 아침
● sleep early	일찍 잠에 들다
● late to the meeting	미팅에 늦게
● fix	고치다
● invite	초대하다
● sell	팔다
● use	사용하다

후루룩 단어 모음집

메인요리1 ● 메인요리2 ● 메인요리3 ●

한번 ✓ 두번 ☐ 세번 ☐

● new AirPods	새 에어팟
● for a while	잠시
● already	이미
● raise	연봉 인상
● discount	할인
● give number	번호를 알려주다
● tell the news	소식을 전하다
● send a package	소포를 보내다
● pack for the trip	여행 짐을 싸다
● tell the truth	진실을 말하다

DAY 8

● seem	~해 보이다
● keep	(상태를) 유지하다
● college student	대학생
● high school student	고등학생
● became	~가 되었다 (become-became-become)
● writer	작가
● tattoo artist	타투 아티스트
● calm	차분한
● feel great	기분이 좋다
● smell	냄새가 나다

메인요리1 ● 메인요리2 ● 메인요리3 ●

● cozy	아늑한
● artwork	작품
● sound	들리다
● bitter	쓴
● keep clean	깨끗하게 유지하다
● laugh	웃다
● fix	고치다, 수리하다
● warm	따뜻한
● full	(배가)부르다
● too strong	너무 진한(강한)

DAY 9

learn	배우다
travel	여행하다
decide	결정하다
soon	곧
promise	약속하다
buy	사다
get a promotion	승진을 하다
attend	참석하다
make new friends	새로운 친구를 사귀다
celebrate	축하하다

후루룩 단어 모음집

메인요리1 ● 　메인요리2 ● 　메인요리3 ●

● reason	이유
● chance	기회
● pass the exam	시험을 합격하다
● glad	기쁜
● work late	늦게까지 일하다
● save	저축하다, 저장하다
● exercise	운동하다
● stay healthy	건강을 유지하다
● It's an honor	영광이다
● bother	귀찮게 하다

DAY 10

● play basketball	농구하다
● while working out	운동하는 동안
● wash the dishes	설거지를 하다
● in one's free time	여가 시간에
● try	시도하다, 먹어보다
● watch movies	영화를 보다
● tell lies	거짓말하다
● study for the test	시험 공부하다
● smoke cigarettes	담배를 피우다
● plan one's vacation	휴가 계획을 세우다

후루룩 단어 모음집

메인요리1 ● 메인요리2 ● 메인요리3 ●

● overspend	과소비하다
● designer clothes	명품 옷
● be interested in ~	~에 관심이 있다
● join the band	밴드에 합류하다
● be afraid of ~	~을 무서워하다
● flying	비행하는 것, 비행기를 타는 것
● be excited about ~	~에 설레다
● make mistakes	실수하다
● focus on ~	~에 집중하다
● win the competition	대회에서 우승하다

DAY 11

● play tennis	테니스를 치다
● Mexican food	멕시코 음식
● go to the games	(스포츠) 경기를 보러가다
● read the newspaper	신문을 읽다
● grandparents	조부모
● too small	너무 작은
● play golf	골프를 치다
● call	전화하다
● her	그녀에게, 그녀를
● him	그에게, 그를

후루룩 단어 모음집

메인요리1 ● 메인요리2 ● 메인요리3 ●

● us	우리에게, 우리를
● them	그들에게, 그들을
● introduce	소개하다
● to a housewarming party	집들이에
● offer a ride	태워주다, 데려다주다
● nearby	근처에
● mine	나의 것
● theirs	그들의 것
● ours	우리의 것
● hers	그녀의 것

DAY 12

● faster	더 빠른
● younger	더 어린
● more expensive	더 비싼
● more affordable	더 저렴한
● heavier	더 무거운
● more carefully	더 조심스럽게
● longer	더 긴
● colder	더 추운
● the hardest	가장 어려운
● the most brilliant	가장 뛰어난

후루룩 단어 모음집

메인요리1 ● 메인요리2 ● 메인요리3 ●

● the most talented	가장 재능 있는
● the smartest	가장 똑똑한
● the most beautiful view	가장 아름다운 경치
● I have ever seen	내가 본 것 중
● the easiest	가장 쉬운
● worse	더 안 좋은
● the best at	~에서 가장 최고인
● better at	~을 더 잘하다
● worst	최악
● doing better	더 잘하고 있다

DAY 13

● steal one's wallet	지갑을 훔치다
● the only colleague	유일한 동료
● trust	믿다, 신뢰하다
● look up to	~을 존경하다
● reason	이유
● rely on	~에 의지하다
● barber	미용사
● helpful	유용한
● finally	드디어
● sell	팔다

후루룩 단어 모음집

메인요리1 ● 메인요리2 ● 메인요리3 ●

한번 두번 세번
☑ ☐ ☐

● Mexican restaurant	멕시코 식당
● good coffee	맛있는 커피
● order	주문하다
● neighborhood	동네
● study	공부하다
● street	거리
● start high school	고등학교를 입학하다
● read books	독서를 하다
● recommend	추천하다
● travel to Europe	유럽으로 여행하다

DAY 14

● study hard	열심히 공부하다
● pass the test	시험에 합격하다
● get a job	취직하다
● stay home	집에 있다
● order delivery	배달을 시키다
● go for a run	달리기 하러 나가다
● have extra time	시간이 남다
● feel better	기분이 나아지다
● start one's own business	사업을 시작하다
● open a Mexican restaurant	멕시코 음식점을 열다

후루룩 단어 모음집

메인요리1 ● 　메인요리2 ●　 메인요리3 ●

한번 두번 세번

● join a crew	팀에 들어가다
● drive to work	운전해서 출근하다
● enjoy this dish	이 요리를 좋아하다
● hang out more	더 자주 만나다
● practice harder	더 열심히 연습하다
● pass the audition	오디션에 합격하다
● miss the flight	비행기를 놓치다
● on time	제 시간에
● invest in bitcoin	비트코인에 투자하다
● ask for help	도움을 요청하다

후루룩 영어 왕초보 문법&작문

초 판 발 행	2025년 2월 15일 (인쇄 2024년 12월 11일)
발 행 인	박영일
책 임 편 집	이해욱
저　　　자	에디리
기 획 편 집	이동준 · 신명숙
표지디자인	김지수
편집디자인	임아람 · 김휘주
일 러 스 트	기도연
발 행 처	시대에듀
공 급 처	(주)시대고시기획
출 판 등 록	제 10-1521호
주　　　소	서울시 마포구 큰우물로 75 [도화동 538 성지 B/D] 9F
전　　　화	1600-3600
팩　　　스	02-701-8823
홈 페 이 지	www.sdedu.co.kr

I S B N	919-11-383-8273-1
정　　　가	25,000원

※ 이 책은 저작권법에 의해 보호를 받는 저작물이므로, 동영상 제작 및 무단전재와 복제, 상업적 이용을 금합니다.
※ 이 책의 전부 또는 일부 내용을 이용하려면 반드시 저작권자와 (주)시대고시기획 · 시대에듀의 동의를 받아야 합니다.
※ 잘못된 책은 구입하신 서점에서 바꾸어 드립니다.
※ '후루룩외국어'는 종합교육그룹 '㈜시대고시기획 · 시대교육'의 외국어 브랜드입니다.

BASIC 2weeks
패턴&말하기

후루룩외국어

이렇게 쉽고 맛있는 영어는 없었다!

BASIC 2weeks
패턴&말하기

머리말

왕초보 학습자분들을 위해
가장 맛있고 간편한 영어 요리를 준비했어요!

"어디서부터 시작할까?"

아직도 기억합니다. 영어를 처음 접했던 유치원 시절, 화장실 가고 싶다는 말을 못 해 끙끙대며 한참을 참았던 제 모습을. 그때의 따뜻했던 기억은 19년이 지난 지금도 잊혀지지가 않습니다. 그때 적어도 하고 싶은 말은 할 줄 알아야 된다는 깨달음 때문에 영어를 잘해야겠다고 결심하게 되었던 것 같습니다.

이 책은 그런 막막함에서 시작된 여정을 담았습니다. 영어는 처음엔 두려움이었고, 피하고 싶은 대상이었습니다. 하지만 하나씩 배우고 익히다 보니, 영어는 단순한 언어를 넘어 새로운 문화를 만나고 다른 세상과 이어지는 열쇠가 되었습니다. 그 열쇠가 여러분의 손에 쥐어지기를 바라는 마음으로 책을 썼습니다.

이 책은 총 4개 파트로 구성되어 있습니다.

- **문법 & 작문** : 고르고 고른 키포인트 문법으로 작문이 술술 나온다!
- **패턴 & 말하기** : 입이 뻥 뚫리는 마법 패턴으로 영어 스피킹이 즐겁다!
- **SNS 일상어휘** : SNS 속 다양한 이미지로 배우는 찐 네이티브들의 일상 어휘!
- **여행 영어** : 여행이 쉬워지는 미라클 표현으로 현지 회화 시뮬레이션!

PREFACE　　STRUCTURES　　CONTENTS

이 책은 단순한 영어 교재가 아닙니다. 처음 시작하는 분들에게는 영어와 친해질 수 있게 재미를, 이미 시작한 분들에게는 영어를 잘 활용할 수 있는 실용적인 가이드입니다.

"Dream big, start small, but most of all, start."
꿈은 크게, 시작은 작게, 하지만 무엇보다도 시작하세요.

요리는 작은 재료로 시작해 한 접시의 멋진 요리가 완성되는 과정입니다. 단어라는 재료, 문법이라는 양념에 패턴이라는 조리법이 더해져 비로소 완성된 문장이 탄생합니다. 처음엔 서툴고 복잡하게 느껴질 수 있지만, 파인 다이닝 셰프처럼 작고 단순한 것에서 특별함을 창조할 수 있는 여정이 바로 여기에서 시작됩니다.

이 책은 여러분의 첫 요리책입니다. 레시피를 따라 차례차례 만들어가다 보면 어느새 영어라는 요리가 자연스럽게 손에 익을 겁니다. 후루룩 한 그릇의 성취감을 맛 볼 그날까지, 제가 여러분의 메인 셰프가 되어 함께 하겠습니다.

'후루룩 영어 왕초보' 메인 셰프
Eddie Lee

◀ 에디쌤의 유튜브 채널
'에디 리 영어'에 놀러 오세요!

책의 구성 & 활용법 *패턴&말하기*

'후루룩 영어 왕초보'는 메인 셰프 에디가 영어 학습으로 어려움을 겪는 왕초보 학습자 여러분들을 위해 다양한 학습 노하우를 맛있고 간편하게 요리한 영어 첫걸음서입니다. 본 책은 〈문법&작문〉, 〈패턴&말하기〉, 〈SNS일상어휘〉, 〈여행영어〉 4개의 파트가 각각 낱권으로 수록되어 있습니다. 총 6주 커리큘럼에 맞춰 영어 왕초보 탈출에 필요한 요리들을 쉽고 즐겁게 맛보세요.

후루룩 외국어는 **자신에게 맞는 속도의 외국어를 추구합니다.**
나에게 필요한 파트부터 후루룩 뽑아 학습을 시작해 보세요.

워밍업

❶ 오늘의 요리 테마 맛보기
오늘 학습할 내용을 미리 확인하고 추측해 보세요.

❷ 원어민 음성 듣기 QR
본문에 수록된 모든 문장을 원어민의 발음으로 들어볼 수 있어요. 학습에 활용해 보세요.
➕ MP3파일은 홈페이지에서도 다운로드 받으실 수 있어요!

❸ 오늘의 후루룩 코스
에디 셰프의 영어 요리를 어떤 순서로 맛보게 되는지 코스 구성을 미리 확인할 수 있어요.

MP3 다운로드 방법

1. www.sdedu.co.kr로 접속
2. 홈페이지 상단 〈학습자료실〉에서 'MP3' 항목 클릭
3. 검색창에 '후루룩 영어 왕초보' 검색하여 MP3 다운로드

PREFACE **STRUCTURES** CONTENTS

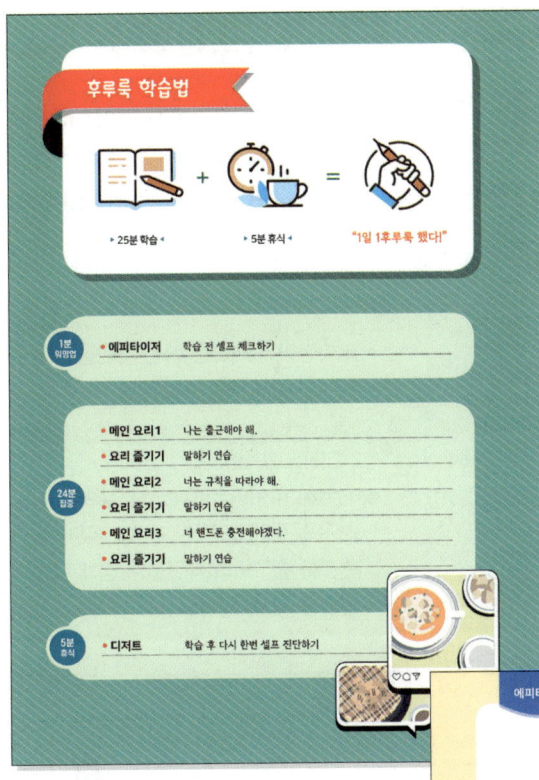

후루룩 학습법

• **후루룩 학습법 체크하기**

'후루룩 영어 왕초보'는 '후루룩 타이머 (25분 학습+5분 휴식)'에 맞춰 학습하도록 구성되어 있어요. 본격적인 학습에 앞서 각 코스 요리의 학습목표와 주어진 시간을 미리 체크해 보세요.

➕ '후루룩 학습법'에 대한 자세한 설명은 10p 〈후루룩 학습법〉을 참고해 주세요!

코스1. 에피타이저

후루룩 코스 첫 번째는 〈에피타이저〉예요. 학습 시작 전에 오늘의 학습 내용에 대해 얼마나 알고 있는지 셀프 체크해 보세요.

❶ 학습 전 셀프 체크
오늘의 학습 내용과 관련된 간단한 6개의 질문에 YES 혹은 NO로 답하며 현재 나의 상태를 체크해 보세요.

❷ 셀프 진단
체크리스트를 마친 후 셀프 진단에 따라 학습 방향 및 계획을 설정해 보세요.

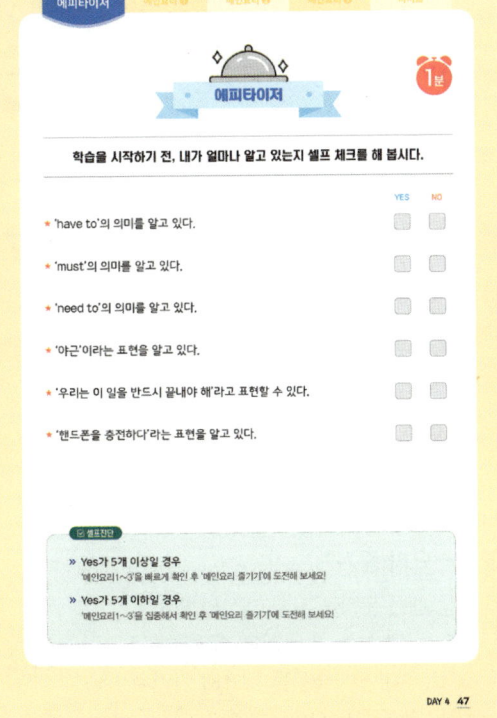

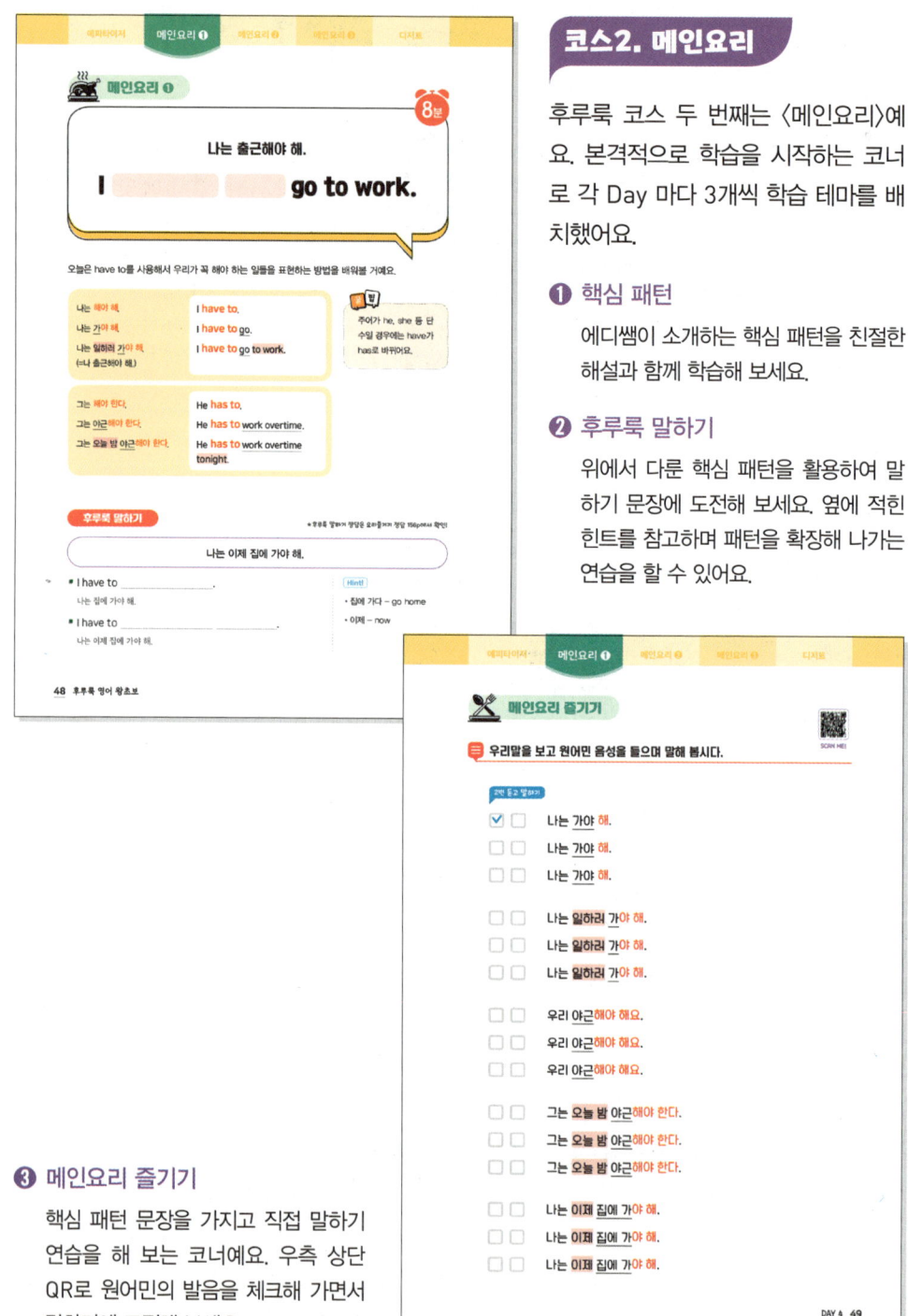

코스2. 메인요리

후루룩 코스 두 번째는 〈메인요리〉예요. 본격적으로 학습을 시작하는 코너로 각 Day 마다 3개씩 학습 테마를 배치했어요.

❶ 핵심 패턴

에디쌤이 소개하는 핵심 패턴을 친절한 해설과 함께 학습해 보세요.

❷ 후루룩 말하기

위에서 다룬 핵심 패턴을 활용하여 말하기 문장에 도전해 보세요. 옆에 적힌 힌트를 참고하며 패턴을 확장해 나가는 연습을 할 수 있어요.

❸ 메인요리 즐기기

핵심 패턴 문장을 가지고 직접 말하기 연습을 해 보는 코너예요. 우측 상단 QR로 원어민의 발음을 체크해 가면서 말하기에 도전해 보세요.

PREFACE　**STRUCTURES**　CONTENTS

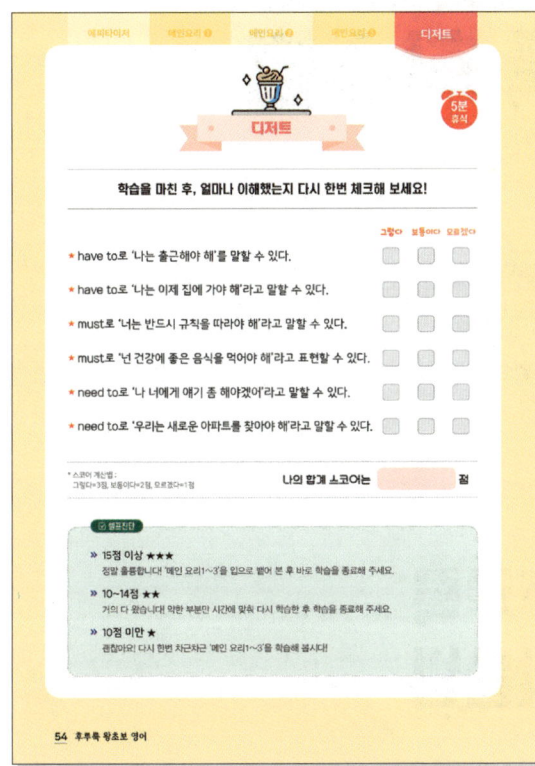

코스3. 디저트

후루룩 코스의 마지막은 〈디저트〉예요. 학습을 모두 마친 후 오늘의 학습 내용에 대해 얼마나 이해했는지 다시 한번 체크해 볼 수 있어요.

❶ 학습 후 실력 점검
앞에서 학습한 내용에 대한 디테일한 질문 6개에 '그렇다/보통이다/모르겠다' 3단계로 답하고 합계 스코어를 계산하여 나의 실력을 최종 점검해 보세요.

❷ 마무리 진단
정밀 진단에 따라 약한 부분을 복습할지 혹은 학습을 종료할지 스스로 컨트롤할 수 있어요.

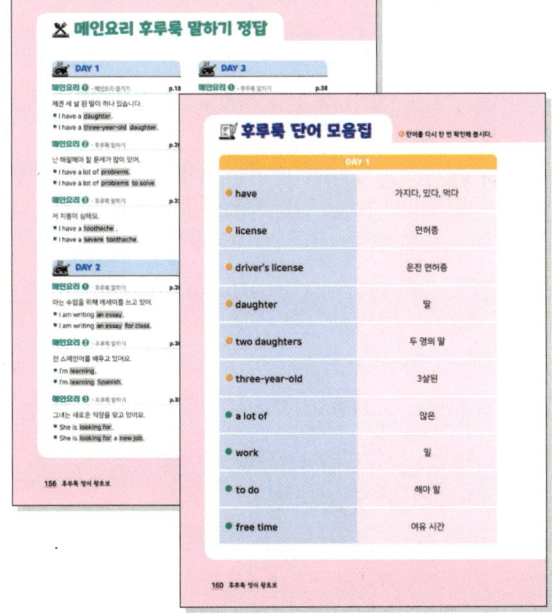

부록

• **후루룩 말하기 정답**
〈후루룩 말하기〉 코너 연습 문제의 정답을 한눈에 볼 수 있도록 정답지를 부록에 수록했어요.

• **후루룩 단어 모음집**
본문에 수록된 중요 단어를 정리, 복습할 수 있도록 각 Day별 단어 리스트를 부록에 수록했어요.

집중력을 잃어 가는 현대인들을 위한 솔루션

외국어 학습에 최적화된
후루룩 학습법

뽀모도로 집중력 트레이닝
25분 집중 학습 5분 휴식
몰입과 집중력 향상!

후루룩 학습법

메타인지 트레이닝
학습 전후 셀프테스트로
나의 학습 수준 체크!

총 25분으로 구성된 커리큘럼에 맞춰 학습한 후
앞서 25분간 달린 것에 대한 보상으로 5분 동안 휴식을 취해 주세요!
이 루틴을 반복했다면 〈1 후루룩〉 달성 완료!

※ 1 후루룩 달성 횟수가 많아질수록 집중력 향상에 도움이 됩니다.

후루룩 외국어 연구소

차례

PREFACE　　STRUCTURES　　**CONTENTS**

> 2주 동안 다양한 영어 요리를 맛보며 왕초보 탈출에 도전해 보세요!

DAY 1 "저는 운전면허증이 있어요"
무엇을 가지고 있는지 말하기

에피타이저　학습 전 셀프 체크	17
메인요리 ❶　have 패턴1	18
메인요리 ❷　have 패턴2	20
메인요리 ❸　have 패턴3	22
디저트　학습 후 실력 점검	24

DAY 2 "나 이메일 쓰고 있어요"
지금 무엇을 하고 있는지 말하기

에피타이저　학습 전 셀프 체크	27
메인요리 ❶　be+동사-ing 패턴1	28
메인요리 ❷　be+동사-ing 패턴2	30
메인요리 ❸　be+동사-ing 패턴3	32
디저트　학습 후 실력 점검	34

DAY 3 "나는 새 차를 갖고 싶어"
바라고 원하는 것 말하기

에피타이저　학습 전 셀프 체크	37
메인요리 ❶　I want 패턴	38
메인요리 ❷　I wish 패턴	40
메인요리 ❸　I hope 패턴	42
디저트　학습 후 실력 점검	44

Tips! '1일 1후루룩'을 달성했다면 박스에 체크 표시 ✓를 해 보세요!

DAY 4 "나는 출근해야 해"
해야 하는 것 말하기

에피타이저 학습 전 셀프 체크 · **47**
메인요리 ❶ Have to 패턴 · **48**
메인요리 ❷ must 패턴 · **50**
메인요리 ❸ need to 패턴 · **52**
디저트 학습 후 실력 점검 · **54**

DAY 5 "나는 라자냐를 만들 수 있어"
무엇을 할 수 있는지 말하기

에피타이저 학습 전 셀프 체크 · **57**
메인요리 ❶ I can 패턴1 · **58**
메인요리 ❷ I can 패턴2 · **60**
메인요리 ❸ You can 패턴 · **62**
디저트 학습 후 실력 점검 · **64**

DAY 6 "나는 어제 공원에 갔어"
과거에 무엇을 했는지 말하기

에피타이저 학습 전 셀프 체크 · **67**
메인요리 ❶ 과거 패턴1 · **68**
메인요리 ❷ 과거 패턴2 · **70**
메인요리 ❸ 과거 패턴3 · **72**
디저트 학습 후 실력 점검 · **74**

DAY 7 "나 내년에 프라하를 여행할 거야"
미래에 무엇을 할지 말하기

에피타이저 학습 전 셀프 체크 · **77**
메인요리 ❶ I will 패턴 · **78**
메인요리 ❷ I'll naver 패턴 · **80**
메인요리 ❸ be + going + to 패턴 · **82**
디저트 학습 후 실력 점검 · **84**

PREFACE　　STRUCTURES　　**CONTENTS**

DAY 8　"냉장고에 커피가 있어요"
어디에 무엇이 있는지 말하기

에피타이저　학습 전 셀프 체크	87
메인요리 ❶　There is/are 패턴1	88
메인요리 ❷　There is/are 패턴2	90
메인요리 ❸　There is/are 패턴3	92
디저트　학습 후 실력 점검	94

DAY 9　"곧 비가 올 것 같아"
생각한 것, 들은 것, 아는 것 말하기

에피타이저　학습 전 셀프 체크	97
메인요리 ❶　I think 패턴	98
메인요리 ❷　I heard 패턴	100
메인요리 ❸　I'm sure 패턴	102
디저트　학습 후 실력 점검	104

DAY 10　"여기서 2년 동안 일해 왔어"
지금까지 해 오던 일/경험 말하기

에피타이저　학습 전 셀프 체크	107
메인요리 ❶　have + 과거분사 패턴	108
메인요리 ❷　have been V-ing 패턴	110
메인요리 ❸　have been 패턴	112
디저트　학습 후 실력 점검	114

DAY 11　"만약 내일 눈이 오면 집에 있을 거야"
상황을 가정해서 말하기

에피타이저　학습 전 셀프 체크	117
메인요리 ❶　If 패턴	118
메인요리 ❷　If I 과거동사, I would V 패턴	120
메인요리 ❸　If I were A, I would V 패턴	122
디저트　학습 후 실력 점검	124

PREFACE　　STRUCTURES　　**CONTENTS**

DAY 12 "당신은 주문할 준비되셨나요?"
Yes/No로 답하는 질문하기

에피타이저　학습 전 셀프 체크	**127**
메인요리 ❶　Are you~? 패턴	**128**
메인요리 ❷　Do you~? 패턴	**130**
메인요리 ❸　Can you~? 패턴	**132**
디저트　학습 후 실력 점검	**134**

DAY 13 "누가 파티에 와"
Who/When/Why로 질문하기

에피타이저　학습 전 셀프 체크	**137**
메인요리 ❶　Who~? 패턴	**138**
메인요리 ❷　When~? 패턴	**140**
메인요리 ❸　Why~? 패턴	**142**
디저트　학습 후 실력 점검	**144**

DAY 14 "너 오늘 밤에 뭐하고 싶어?"
What/How/Where로 질문하기

에피타이저　학습 전 셀프 체크	**147**
메인요리 ❶　What do/did~? 패턴	**148**
메인요리 ❷　How do/did ~? 패턴	**150**
메인요리 ❸　Where do/did ~? 패턴	**152**
디저트　학습 후 실력 점검	**154**

특별부록　메인요리 즐기기 정답 ···················· **156**
　　　　　　후루룩 단어 모음집 ························ **160**

DAY 1

"저는 운전면허증이 있어요"

동사 have로 무엇을 가지고 있는지 말하기

원어민 음성듣기

오늘의 후루룩 코스

에피타이저

메인요리 1~3

디저트

후루룩 학습법

 +  =

▶ 25분 학습 ◀   ▶ 5분 휴식 ◀   "1일 1후루룩 했다!"

1분 워밍업
- 에피타이저   학습 전 셀프 체크하기

24분 집중
- 메인 요리1   저는 운전면허증이 있어요.
- 요리 즐기기   말하기 연습
- 메인 요리2   난 해야 할 일이 많아.
- 요리 즐기기   말하기 연습
- 메인 요리3   저 두통이 있어요.
- 요리 즐기기   말하기 연습

5분 휴식
- 디저트   학습 후 다시 한번 셀프 진단하기

| 에피타이저 | 메인요리 ❶ | 메인요리 ❷ | 메인요리 ❸ | 디저트 |

학습을 시작하기 전, 내가 얼마나 알고 있는지 셀프 체크를 해 봅시다.

	YES	NO
★ '운전면허증'이라는 표현을 알고 있다.	☐	☐
★ 나는 두 명의 딸이 있다고 소개할 수 있다.	☐	☐
★ 나는 시간이 많다고 말할 수 있다.	☐	☐
★ 나는 여유 시간이 많다고 디테일하게 말할 수 있다.	☐	☐
★ 열이 있다고 증상을 말할 수 있다.	☐	☐
★ 두통이 있다고 증상을 말할 수 있다.	☐	☐

☑ 셀프진단

» **Yes가 5개 이상일 경우**
'메인요리1~3'을 빠르게 확인 후 '메인요리 즐기기'에 도전해 보세요!

» **Yes가 5개 이하일 경우**
'메인요리1~3'을 집중해서 확인 후 '메인요리 즐기기'에 도전해 보세요!

| 에피타이저 | **메인요리 ❶** | 메인요리 ❷ | 메인요리 ❸ | 디저트 |

저는 운전면허증이 있어요.
I _____ a driver's license.

동사 have는 '먹다' 외에도 '가지고 있다, 있다' 등의 의미를 가지고 있습니다. Have가 일상생활에 어떻게 쓰이고 있는지 확인하며 말해 봅시다.

저는 갖고 있어요. (=저는 있어요.)	I **have**
저는 면허증이 있어요.	I **have** a license.
저는 운전면허증이 있어요.	I **have** a driver's license.

> 꿀팁
> 주어가 He(She)일 땐 have 대신 has를 씁니다.

그는 있어요.	He **has**
그는 딸이 있어요.	He **has** a daughter.
그에겐 두 명의 딸이 있어요.	He **has** two daughters.

후루룩 말하기

★후루룩 말하기 정답은 요리즐기기 정답 156p에서 확인!

제겐 세살 된 딸 하나가 있습니다.

- I have a _____.
  전 딸이 있어요.

- I have a _____ _____.
  전 세살 된 딸 하나가 있어요.

> Hint!
> • 세살 된 – three-year-old

18 후루룩 영어 왕초보

| 에피타이저 | **메인요리 ①** | 메인요리 ② | 메인요리 ③ | 디저트 |

 메인요리 즐기기

💬 우리말을 보고 원어민 음성을 들으며 말해 봅시다.

SCAN ME!

2번 듣고 말하기

☑ ☐ 저는 <u>면허증</u>이 있어요.
☐ ☐ 저는 <u>면허증</u>이 있어요.
☐ ☐ 저는 <u>면허증</u>이 있어요.

☐ ☐ 저는 <u>운전면허증</u>이 있어요.
☐ ☐ 저는 <u>운전면허증</u>이 있어요.
☐ ☐ 저는 <u>운전면허증</u>이 있어요.

☐ ☐ 그는 <u>딸</u>이 있어요.
☐ ☐ 그는 <u>딸</u>이 있어요.
☐ ☐ 그는 <u>딸</u>이 있어요.

☐ ☐ 그는 <u>두 명의 딸</u>이 있어요.
☐ ☐ 그는 <u>두 명의 딸</u>이 있어요.
☐ ☐ 그는 <u>두 명의 딸</u>이 있어요.

☐ ☐ 저는 <u>3살 된 딸 하나</u>가 있어요.
☐ ☐ 저는 <u>3살 된 딸 하나</u>가 있어요.
☐ ☐ 저는 <u>3살 된 딸 하나</u>가 있어요.

| 에피타이저 | 메인요리 ❶ | **메인요리 ❷** | 메인요리 ❸ | 디저트 |

 **메인요리 ❷**

난 해야 할 일이 많아.
I _____ a lot of work to do.

조금 더 확장해 볼게요. 일상생활에서 "끝내야 할 일이 많아" 혹은 "해결해야 할 문제가 많아"라는 말을 자주 하지 않나요? 한번 말해 볼까요?

나는 있어.
난 많은 일이 있어.
난 해야 할 많은 일이 있어.
(=나는 해야 할 일이 많아.)

I have
I have a lot of work.
I have a lot of work to do.

꿀팁
'난 해야 할 많은 일이 있어'에서 '~해야 할'은 to+동사로 간단하게 표현할 수 있어요.

나는 있어.
난 많은 시간이 있어.
난 많은 여유 시간이 있어.
(=나는 여유 시간이 많아.)

I have
I have a lot of time.
I have a lot of free time.

후루룩 말하기

★후루룩 말하기 정답은 요리즐기기 정답 156p에서 확인!

난 오늘 해결해야 할 문제가 많이 있어.

- I have a lot of _____.
  난 문제가 많이 있어.

- I have a lot of _____ _____.
  난 해결해야 할 문제가 많이 있어.

Hint!
- 문제 – problem
- 해결해야 할 – to solve

메인요리 즐기기

우리말을 보고 원어민 음성을 들으며 말해 봅시다.

2번 듣고 말하기

☑ ☐ 난 <u>많은 일이</u> 있어.
☐ ☐ 난 <u>많은 일이</u> 있어.
☐ ☐ 난 <u>많은 일이</u> 있어.

☐ ☐ 난 <mark>해야 할</mark> <u>많은 일</u>이 있어.
☐ ☐ 난 <mark>해야 할</mark> <u>많은 일</u>이 있어.
☐ ☐ 난 <mark>해야 할</mark> <u>많은 일</u>이 있어.

☐ ☐ 난 <u>많은 시간이</u> 있어.
☐ ☐ 난 <u>많은 시간이</u> 있어.
☐ ☐ 난 <u>많은 시간이</u> 있어.

☐ ☐ 난 <u>많은</u> <mark>여유</mark> <u>시간이</u> 있어.
☐ ☐ 난 <u>많은</u> <mark>여유</mark> <u>시간이</u> 있어.
☐ ☐ 난 <u>많은</u> <mark>여유</mark> <u>시간이</u> 있어.

☐ ☐ 난 <mark>해결해야 할</mark> <u>문제가 많이</u> 있어.
☐ ☐ 난 <mark>해결해야 할</mark> <u>문제가 많이</u> 있어.
☐ ☐ 난 <mark>해결해야 할</mark> <u>문제가 많이</u> 있어.

| 에피타이저 | 메인요리 ❶ | 메인요리 ❷ | **메인요리 ❸** | 디저트 |

메인요리 ❸

> 저 두통이 있어요.
>
> **I have a _____.**
>
> ⏰ 8분

동사 Have는 열이 있거나 두통, 치통, 복통 등의 증상이 있을 때도 사용할 수 있어요. 나의 증상을 편하게 말해 볼까요?

두통
저 **두통**이 있어요.
저 **심한 두통**이 있어요.
(=저 두통이 심해요.)

- a headache
- I have a headache.
- I have a severe headache.

🍯팁
runny nose(콧물이 나는 코)나 sore throat (아픈 목, 따가운 목)을 사용해서 다양하게 증상을 표현할 수 있어요.

열
저 **열**이 있어요.
저 **심한 열**이 있어요.
(=저 열이 심해요.)

- a fever
- I have a fever.
- I have a severe fever.

후루룩 말하기
★후루룩 말하기 정답은 요리줄기기 정답 156p에서 확인!

> 저 치통이 심해요.

- I have a _____.
  저 치통이 있어요.

- I have a _____ _____.
  저 심한 치통이 있어요. (저 치통이 심해요.)

Hint!
- 심한 – severe
- 치통 – toothache

22 후루룩 영어 왕초보

메인요리 ❸

🍽️ 메인요리 즐기기

📋 우리말을 보고 원어민 음성을 들으며 말해 봅시다.

2번 듣고 말하기

- ☑ ☐ 저 **두통**이 있어요.
- ☐ ☐ 저 **두통**이 있어요.
- ☐ ☐ 저 **두통**이 있어요.

- ☐ ☐ 저 **심한 두통**이 있어요. (저 두통이 심해요.)
- ☐ ☐ 저 **심한 두통**이 있어요. (저 두통이 심해요.)
- ☐ ☐ 저 **심한 두통**이 있어요. (저 두통이 심해요.)

- ☐ ☐ 저 **열**이 있어요.
- ☐ ☐ 저 **열**이 있어요.
- ☐ ☐ 저 **열**이 있어요.

- ☐ ☐ 저 **심한 열**이 있어요. (저 열이 심해요.)
- ☐ ☐ 저 **심한 열**이 있어요. (저 열이 심해요.)
- ☐ ☐ 저 **심한 열**이 있어요. (저 열이 심해요.)

- ☐ ☐ 저 **심한 치통**이 있어요. (저 치통이 심해요.)
- ☐ ☐ 저 **심한 치통**이 있어요. (저 치통이 심해요.)
- ☐ ☐ 저 **심한 치통**이 있어요. (저 치통이 심해요.)

| 에피타이저 | 메인요리 ❶ | 메인요리 ❷ | 메인요리 ❸ | **디저트** |

학습을 마친 후, 얼마나 이해했는지 다시 한번 체크해 보세요!

	그렇다	보통이다	모르겠다
★ 운전면허증을 가지고 있다고 말할 수 있다.	☐	☐	☐
★ 세 살 된 딸이 있다고 소개할 수 있다.	☐	☐	☐
★ 나는 여유 시간이 많다고 말할 수 있다.	☐	☐	☐
★ 나는 오늘 해결해야 할 문제가 많다고 말할 수 있다.	☐	☐	☐
★ 두통이 있다고 증상을 말할 수 있다.	☐	☐	☐
★ 심한 두통이 있다고 증상을 디테일하게 말할 수 있다.	☐	☐	☐

* 스코어 계산법 :
  그렇다=3점, 보통이다=2점, 모르겠다=1점

나의 합계 스코어는 _____ 점

☑ 셀프진단

» **15점 이상 ★★★**
  정말 훌륭합니다! '메인 요리1~3'을 입으로 뱉어 본 후 바로 학습을 종료해 주세요.

» **10~14점 ★★**
  거의 다 왔습니다! 약한 부분만 시간에 맞춰 다시 학습한 후 학습을 종료해 주세요.

» **10점 미만 ★**
  괜찮아요! 다시 한번 차근차근 '메인 요리1~3'을 학습해 봅시다!

"나는 이메일 쓰고 있어"

지금 무엇을 하고 있는지 말하기

원어민 음성듣기

오늘의 후루룩 코스

에피타이저

메인요리 1~3

디저트

후루룩 학습법

 +  =

▶ 25분 학습 ◀   ▶ 5분 휴식 ◀   "1일 1후루룩 했다!"

1분 워밍업
- 에피타이저   학습 전 셀프 체크하기

24분 집중
- 메인 요리1   나는 이메일 쓰고 있어.
- 요리 즐기기   말하기 연습
- 메인 요리2   그는 비디오 게임을 디자인하고 있어.
- 요리 즐기기   말하기 연습
- 메인 요리3   저는 주유소를 찾고 있어요.
- 요리 즐기기   말하기 연습

5분 휴식
- 디저트   학습 후 다시 한번 셀프 진단하기

| 에피타이저 | 메인요리 ❶ | 메인요리 ❷ | 메인요리 ❸ | 디저트 |

학습을 시작하기 전, 내가 얼마나 알고 있는지 셀프 체크를 해 봅시다.

	YES	NO
★ 현재진행형 '~하고 있다'라는 표현을 알고 있다.	☐	☐
★ '나는 쓰고 있어'를 말할 수 있다.	☐	☐
★ '나는 통화 중이야'를 전달할 수 있다.	☐	☐
★ '저는 스페인어를 배우고 있어요'라고 전달할 수 있다.	☐	☐
★ '~을 찾다'라는 표현을 알고 있다.	☐	☐
★ '~을 기다리고 있다'라는 표현을 알고 있다.	☐	☐

☑ 셀프진단

» **Yes가 5개 이상일 경우**
'메인요리1~3'을 빠르게 확인 후 '메인요리 즐기기'에 도전해 보세요!

» **Yes가 5개 이하일 경우**
'메인요리1~3'을 집중해서 확인 후 '메인요리 즐기기'에 도전해 보세요!

| 에피타이저 | **메인요리 ❶** | 메인요리 ❷ | 메인요리 ❸ | 디저트 |

 메인요리 ❶

> 나는 이메일을 쓰고 있어.
> I am _____ a letter.

현재진행형 '동사 + ing'는 지금 이 순간에 일어나고 있는 동작을 설명하는 데 사용됩니다. 오늘은 'I am 동사-ing'를 이용하여 내가 하고 있는 행동을 말해 볼까요?

나는 ~하고 있어.	I am V-ing
나는 쓰고 있어.	I am writing.
나는 이메일을 쓰고 있어.	I am writing an email.

마이크는 ~하고 있어.	Mike is V-ing
마이크는 얘기하고 있어.	Mike is talking.
마이크는 전화로 얘기하고 있어. (=마이크는 통화 중이야.)	Mike is talking on the phone.

 현재진행형에서 사용하는 be동사는 주어에 따라 다르게 변해요.
- I → am
- You/We/They → are
- He/She/It → is

후루룩 말하기

★후루룩 말하기 정답은 요리즐기기 정답 156p에서 확인!

> 나는 수업을 위해 에세이를 쓰고 있어.

- I am writing _____.
  나는 에세이를 쓰고 있어.

- I am writing _____ _____.
  나는 수업을 위해 에세이를 쓰고 있어.

Hint!
- 에세이 – an essay
- 수업을 위해 – for class

| 에피타이저 | **메인요리 ①** | 메인요리 ② | 메인요리 ③ | 디저트 |

 메인요리 즐기기

SCAN ME!

 우리말을 보고 원어민 음성을 들으며 말해 봅시다.

2번 듣고 말하기

☑ ☐ 나는 쓰고 있어.
☐ ☐ 나는 쓰고 있어.
☐ ☐ 나는 쓰고 있어.

☐ ☐ 나는 이메일을 쓰고 있어.
☐ ☐ 나는 이메일을 쓰고 있어.
☐ ☐ 나는 이메일을 쓰고 있어.

☐ ☐ 마이크는 얘기하고 있어.
☐ ☐ 마이크는 얘기하고 있어.
☐ ☐ 마이크는 얘기하고 있어.

☐ ☐ 마이크는 전화로 얘기하고 있어.
☐ ☐ 마이크는 전화로 얘기하고 있어.
☐ ☐ 마이크는 전화로 얘기하고 있어.

☐ ☐ 나는 수업을 위해 에세이를 쓰고 있어.
☐ ☐ 나는 수업을 위해 에세이를 쓰고 있어.
☐ ☐ 나는 수업을 위해 에세이를 쓰고 있어.

| 에피타이저 | 메인요리 ❶ | **메인요리 ❷** | 메인요리 ❸ | 디저트 |

 메인요리 ❷

그는 비디오 게임을 디자인하고 있어.

He is _____ a video game.

지금 이 순간에 일어나고 있는 일이 아니더라도, 요즘 하고 있는 일 등 근황을 전달할 때에도 현재진행형 'I'm 동사-ing'을 사용합니다.

그는 ~하고 있어.	He is V-ing
그는 디자인하고 있어.	He is designing.
그는 비디오 게임을 디자인하고 있어.	He is designing a video game.

그들은 ~하고 있어.	They are V-ing
그들은 개발하고 있어.	They are developing.
그들은 앱을 개발하고 있어.	They are developing an app.

🍯팁

주어와 be동사의 축약형
- I am → I'm
- You are → You're
- They are → They're
- We are → We're
- He is → He's
- She is → She's

🗣 후루룩 말하기

★후루룩 말하기 정답은 요리즐기기 정답 156p에서 확인!

전 스페인어를 배우고 있어요.

- I'm _____.
  전 배우고 있어요.

- I'm _____ _____.
  전 스페인어를 배우고 있어요.

Hint!
- 배우다 – learn
- 스페인어 – Spanish

메인요리 즐기기

 우리말을 보고 원어민 음성을 들으며 말해 봅시다.

2번 듣고 말하기

☑ ☐ 그는 디자인하고 있어.
☐ ☐ 그는 디자인하고 있어.
☐ ☐ 그는 디자인하고 있어.

☐ ☐ 그는 비디오 게임을 디자인하고 있어.
☐ ☐ 그는 비디오 게임을 디자인하고 있어.
☐ ☐ 그는 비디오 게임을 디자인하고 있어.

☐ ☐ 그들은 개발하고 있어.
☐ ☐ 그들은 개발하고 있어.
☐ ☐ 그들은 개발하고 있어.

☐ ☐ 그들은 앱을 개발하고 있어.
☐ ☐ 그들은 앱을 개발하고 있어.
☐ ☐ 그들은 앱을 개발하고 있어.

☐ ☐ 전 스페인어를 배우고 있어요.
☐ ☐ 전 스페인어를 배우고 있어요.
☐ ☐ 전 스페인어를 배우고 있어요.

| 에피타이저 | 메인요리 ❶ | 메인요리 ❷ | **메인요리 ❸** | 디저트 |

메인요리 ❸

저는 주유소를 찾고 있어요.
I'm _____ _____ a gas station.

⏰ 8분

동사 look은 '보다'라는 뜻이지만, look for라고 하면 '~을 찾다'라는 표현이 됩니다. look for를 현재진행형으로 바꿔서 말해 볼까요?

~을 찾다	look for
저는 찾고 있어요.	I'm look**ing** for
저는 주유소를 찾고 있어요.	I'm look**ing** for a gas station.

> 🍯 **팁**
> 과거진행형 '~하는 중이었다'는 be동사를 과거형(was, were)으로 바꿔 넣어 주세요.

~을 기다리다	wait for
저는 기다리고 있어요.	I'm wait**ing** for
저는 여자친구를 기다리고 있어요.	I'm wait**ing** for my girlfriend.

후루룩 말하기

★후루룩 말하기 정답은 요리즐기기 정답 156p에서 확인!

그녀는 새로운 직장을 찾고 있어요.

- She is _____
  그녀는 찾고 있어요.

- She is _____ a _____.
  그녀는 새로운 직장을 찾고 있어요.

Hint!
- 찾고 있다 – looking for
- 새로운 직장 – new job

| 에피타이저 | 메인요리 ❶ | 메인요리 ❷ | **메인요리 ❸** | 디저트 |

 메인요리 즐기기

SCAN ME!

📋 우리말을 보고 원어민 음성을 들으며 말해 봅시다.

 2번 듣고 말하기

- ☑ ☐   저는 **찾**고 있어요.
- ☐ ☐   저는 **찾**고 있어요.
- ☐ ☐   저는 **찾**고 있어요.

- ☐ ☐   저는 **주유소를** **찾**고 있어요.
- ☐ ☐   저는 **주유소를** **찾**고 있어요.
- ☐ ☐   저는 **주유소를** **찾**고 있어요.

- ☐ ☐   저는 **기다리**고 있어요.
- ☐ ☐   저는 **기다리**고 있어요.
- ☐ ☐   저는 **기다리**고 있어요.

- ☐ ☐   저는 **여자친구를** **기다리**고 있어요.
- ☐ ☐   저는 **여자친구를** **기다리**고 있어요.
- ☐ ☐   저는 **여자친구를** **기다리**고 있어요.

- ☐ ☐   그녀는 **새로운 직장을** **찾**고 있어요.
- ☐ ☐   그녀는 **새로운 직장을** **찾**고 있어요.
- ☐ ☐   그녀는 **새로운 직장을** **찾**고 있어요.

디저트

학습을 마친 후, 얼마나 이해했는지 다시 한번 체크해 보세요!

	그렇다	보통이다	모르겠다
★ '나는 통화하고 있어'라고 표현할 수 있다.	☐	☐	☐
★ '마이크는 이메일을 쓰고 있어'라고 전달할 수 있다.	☐	☐	☐
★ '그는 비디오 게임을 디자인하고 있어'라고 말할 수 있다.	☐	☐	☐
★ '그들은 앱을 개발하고 있다'고 전달할 수 있다.	☐	☐	☐
★ '저는 우체국을 찾고 있어요'라고 말할 수 있다.	☐	☐	☐
★ '저는 여자친구를 기다리고 있어요'라고 말할 수 있다.	☐	☐	☐

* 스코어 계산법:
그렇다=3점, 보통이다=2점, 모르겠다=1점

나의 합계 스코어는 _____ 점

✅ 셀프진단

» **15점 이상 ★★★**
정말 훌륭합니다! '메인 요리1~3'을 입으로 뱉어 본 후 바로 학습을 종료해 주세요.

» **10~14점 ★★**
거의 다 왔습니다! 약한 부분만 시간에 맞춰 다시 학습한 후 학습을 종료해 주세요.

» **10점 미만 ★**
괜찮아요! 다시 한번 차근차근 '메인 요리1~3'을 학습해 봅시다!

"나는 새 차를 갖고 싶어"

동사 want/wish/hope로 바라는 것 말하기

원어민 음성듣기

오늘의 후루룩 코스

 에피타이저

 메인요리1~3

 디저트

후루룩 학습법

▶ 25분 학습 ◀   ▶ 5분 휴식 ◀   "1일 1후루룩 했다!"

1분 워밍업
- **에피타이저**   학습 전 셀프 체크하기

24분 집중
- **메인 요리1**   나는 새 차를 갖고 싶어.
- **요리 즐기기**   말하기 연습
- **메인 요리2**   나는 잠시 쉴 수 있었으면 좋겠어.
- **요리 즐기기**   말하기 연습
- **메인 요리3**   나는 널 다시 보게 되길 바라.
- **요리 즐기기**   말하기 연습

5분 휴식
- **디저트**   학습 후 다시 한번 셀프 진단하기

| 에피타이저 | 메인요리 ❶ | 메인요리 ❷ | 메인요리 ❸ | 디저트 |

학습을 시작하기 전, 내가 얼마나 알고 있는지 셀프 체크를 해 봅시다.

	YES	NO
★ 나는 'want'로 내가 원하는 것을 전달할 수 있다.	☐	☐
★ 나는 차를 갖고 싶다고 말할 수 있다.	☐	☐
★ 'wish 가정법'에 대해 설명할 수 있다.	☐	☐
★ '잠시 쉴 수 있었으면 좋겠어'라고 말할 수 있다.	☐	☐
★ 'hope'를 이용해 바라는 것을 말할 수 있다.	☐	☐
★ 언젠가 미국을 방문할 수 있기를 바란다고 말할 수 있다.	☐	☐

> ☑ **셀프진단**
>
> » **Yes가 5개 이상일 경우**
>   '메인요리1~3'을 빠르게 확인 후 '메인요리 즐기기'에 도전해 보세요!
>
> » **Yes가 5개 이하일 경우**
>   '메인요리1~3'을 집중해서 확인 후 '메인요리 즐기기'에 도전해 보세요!

| 에피타이저 | **메인요리 ❶** | 메인요리 ❷ | 메인요리 ❸ | 디저트 |

 메인요리 ❶

나는 새 차를 갖고 싶어.
I _____ a new car.

⏰ 8분

want는 무언가를 희망하거나 소망할 때 사용하는 일반적인 동사입니다. 그럼, want를 사용하여 무엇을 원하고 바라는지 연습해 볼까요?

나는 갖고 싶어.	I want
나는 차를 갖고 싶어.	I want a car.
나는 새 차를 갖고 싶어.	I want a new car.

 꿀팁
- want = 원하다
- want to+동사
  = ~하기를 원하다
- I want to+동사
  = 나는 ~하길 원해

나는 ~을 하고 싶어.	I want to
나는 쇼핑하러 가고 싶어.	I want to go shopping.
나는 너랑 쇼핑하러 가고 싶어.	I want to go shopping with you.

🔴 후루룩 말하기

★후루룩 말하기 정답은 요리즐기기 정답 156p에서 확인!

나는 내일 늦잠을 자고 싶어.

- I want to _____.
  나는 늦잠을 자고 싶어.

- I want to _____ _____.
  나는 내일 늦잠을 자고 싶어.

Hint!
- 늦잠을 자다 – sleep in
- 내일 – tomorrow

메인요리 즐기기

 우리말을 보고 원어민 음성을 들으며 말해 봅시다.

2번 듣고 말하기

- ✓ ☐ 나는 **차를** 갖고 싶어.
- ☐ ☐ 나는 **차를** 갖고 싶어.
- ☐ ☐ 나는 **차를** 갖고 싶어.

- ☐ ☐ 나는 **새** 차를 갖고 싶어.
- ☐ ☐ 나는 **새** 차를 갖고 싶어.
- ☐ ☐ 나는 **새** 차를 갖고 싶어.

- ☐ ☐ 나는 **쇼핑하러** 가고 싶어.
- ☐ ☐ 나는 **쇼핑하러** 가고 싶어.
- ☐ ☐ 나는 **쇼핑하러** 가고 싶어.

- ☐ ☐ 나는 **너랑** 쇼핑하러 가고 싶어.
- ☐ ☐ 나는 **너랑** 쇼핑하러 가고 싶어.
- ☐ ☐ 나는 **너랑** 쇼핑하러 가고 싶어.

- ☐ ☐ 나는 **내일** 늦잠을 자고 싶어.
- ☐ ☐ 나는 **내일** 늦잠을 자고 싶어.
- ☐ ☐ 나는 **내일** 늦잠을 자고 싶어.

| 에피타이저 | 메인요리 ❶ | **메인요리 ❷** | 메인요리 ❸ | 디저트 |

 메인요리 ❷

> 나는 잠시 쉴 수 있었으면 좋겠어.
> **I _____ I could take a break.**

⏰ 8분

이번엔 wish를 사용하여 일상적인 바람을 표현하는 방법을 알려드릴게요. wish는 현실에서 이루기 어렵거나 지금 당장 할 수 없는 소망을 나타냅니다. 자주 쓰이는 표현으로 'I wish + I could~(과거시제 문장)'가 있어요. 연습해 볼까요?

나는 ~을 희망해.	**I wish**
나는 ~할 수 있었으면 좋겠어.	**I wish** I could
나는 잠시 쉴 수 있었으면 좋겠어.	**I wish** I could take a break.

나는 ~할 수 있었으면 좋겠어.	**I wish I could**
나는 이사할 수 있으면 좋겠어.	**I wish I could** move.
나는 LA로 이사할 수 있으면 좋겠어.	**I wish I could** move to LA.

🍯 **꿀팁**
'I wish I could(~할 수 있으면 좋을 텐데)' 문형은 'wish 가정법'이라고 해요. 비현실적인 소망에 쓰인답니다.

후루룩 말하기

★후루룩 말하기 정답은 요리즐기기 정답 156p에서 확인!

> 나는 더 많은 친구를 사귈 수 있었으면 좋겠어.

- I wish I could _____.
  나는 친구를 사귈 수 있었으면 좋겠어.

- I wish I could make _____ friends.
  나는 더 많은 친구를 사귈 수 있었으면 좋겠어.

Hint!
- 친구를 사귀다 – make friends
- 더 많이 – more

메인요리 즐기기

🗨 우리말을 보고 원어민 음성을 들으며 말해 봅시다.

2번 듣고 말하기

☑ ☐ 나는 ~할 수 있었으면 좋겠어.
☐ ☐ 나는 ~할 수 있었으면 좋겠어.
☐ ☐ 나는 ~할 수 있었으면 좋겠어.

☐ ☐ 나는 잠시 쉴 수 있었으면 좋겠어.
☐ ☐ 나는 잠시 쉴 수 있었으면 좋겠어.
☐ ☐ 나는 잠시 쉴 수 있었으면 좋겠어.

☐ ☐ 나는 이사할 수 있었으면 좋겠어.
☐ ☐ 나는 이사할 수 있었으면 좋겠어.
☐ ☐ 나는 이사할 수 있었으면 좋겠어.

☐ ☐ 나는 LA로 이사할 수 있었으면 좋겠어.
☐ ☐ 나는 LA로 이사할 수 있었으면 좋겠어.
☐ ☐ 나는 LA로 이사할 수 있었으면 좋겠어.

☐ ☐ 나는 더 많은 친구를 사귈 수 있었으면 좋겠어.
☐ ☐ 나는 더 많은 친구를 사귈 수 있었으면 좋겠어.
☐ ☐ 나는 더 많은 친구를 사귈 수 있었으면 좋겠어.

메인요리 ❸

나는 널 다시 보게 되길 바라.

I _____ to see you again.

'바라다, 희망하다'라는 뜻을 가지고 있는 hope로도 바라는 것을 표현할 수가 있어요. I hope를 이용하여 원하는 것을 더 디테일하게 말해 볼까요?

나는 바라.	I **hope**.
나는 보게 되길 바라.	I **hope** to see.
나는 널 다시 보게 되길 바라.	I **hope** to see you again.

꿀팁: I hope 뒤에 'to+동사원형'을 접속해서, '~하길 바라'라고 표현할 수 있어요.

나는 희망해.	I **hope**.
나는 여행하길 희망해.	I **hope** to travel.
나는 전세계를 여행하길 희망해.	I **hope** to travel around the world.

후루룩 말하기

★후루룩 말하기 정답은 요리즐기기 정답 156p에서 확인!

제가 언젠가 미국을 방문할 수 있길 바라요.

- I hope to _____.
  제가 미국을 방문할 수 있길 바라요.

- I hope to _____.
  제가 언젠가 미국을 방문할 수 있길 바라요.

Hint!
- 방문하다 – visit
- 언젠가 – someday

 메인요리 즐기기

우리말을 보고 원어민 음성을 들으며 말해 봅시다.

SCAN ME!

2번 듣고 말하기

☑ ☐ 나는 보게 되길 바라.
☐ ☐ 나는 보게 되길 바라.
☐ ☐ 나는 보게 되길 바라.

☐ ☐ 나는 널 다시 보게 되길 바라.
☐ ☐ 나는 널 다시 보게 되길 바라.
☐ ☐ 나는 널 다시 보게 되길 바라.

☐ ☐ 나는 여행하길 희망해.
☐ ☐ 나는 여행하길 희망해.
☐ ☐ 나는 여행하길 희망해.

☐ ☐ 나는 전세계를 여행하길 희망해.
☐ ☐ 나는 전세계를 여행하길 희망해.
☐ ☐ 나는 전세계를 여행하길 희망해.

☐ ☐ 제가 언젠가 미국을 방문할 수 있길 바라요.
☐ ☐ 제가 언젠가 미국을 방문할 수 있길 바라요.
☐ ☐ 제가 언젠가 미국을 방문할 수 있길 바라요.

디저트

학습을 마친 후, 얼마나 이해했는지 다시 한번 체크해 보세요!

	그렇다	보통이다	모르겠다
★ 나는 새 차를 갖고 싶다고 마음을 표현할 수 있다.	☐	☐	☐
★ 나는 내일 늦잠을 자고 싶다고 전달할 수 있다.	☐	☐	☐
★ 나는 LA로 이사할 수 있었으면 좋겠다고 말할 수 있다.	☐	☐	☐
★ 나는 친구를 더 많이 사귈 수 있었으면 좋겠다고 말할 수 있다.	☐	☐	☐
★ 나는 널 다시 보게 되길 바란다고 말할 수 있다.	☐	☐	☐
★ 나는 전세계를 여행하길 원한다고 말할 수 있다.	☐	☐	☐

* 스코어 계산법 :
그렇다=3점, 보통이다=2점, 모르겠다=1점

나의 합계 스코어는 _____ **점**

☑ 셀프진단

» **15점 이상 ★★★**
정말 훌륭합니다! '메인 요리1~3'을 입으로 뱉어 본 후 바로 학습을 종료해 주세요.

» **10~14점 ★★**
거의 다 왔습니다! 약한 부분만 시간에 맞춰 다시 학습한 후 학습을 종료해 주세요.

» **10점 미만 ★**
괜찮아요! 다시 한번 차근차근 '메인 요리1~3'을 학습해 봅시다!

DAY 4

"나는 출근해야 해"

have to/must/need to로 해야 하는 것 말하기

원어민 음성듣기

오늘의 후루룩 코스

에피타이저   메인요리1~3   디저트

후루룩 학습법

▶ 25분 학습 ◀   ▶ 5분 휴식 ◀   "1일 1후루룩 했다!"

1분 워밍업
- **에피타이저** 학습 전 셀프 체크하기

24분 집중
- **메인 요리1** 나는 출근해야 해.
- **요리 즐기기** 말하기 연습
- **메인 요리2** 너는 규칙을 따라야 해.
- **요리 즐기기** 말하기 연습
- **메인 요리3** 너 핸드폰 충전해야겠다.
- **요리 즐기기** 말하기 연습

5분 휴식
- **디저트** 학습 후 다시 한번 셀프 진단하기

에피타이저

메인요리 ❶ 메인요리 ❷ 메인요리 ❸ 디저트

학습을 시작하기 전, 내가 얼마나 알고 있는지 셀프 체크를 해 봅시다.

	YES	NO
★ 'have to'의 의미를 알고 있다.	☐	☐
★ 'must'의 의미를 알고 있다.	☐	☐
★ 'need to'의 의미를 알고 있다.	☐	☐
★ '야근'이라는 표현을 알고 있다.	☐	☐
★ '우리는 이 일을 반드시 끝내야 해'라고 표현할 수 있다.	☐	☐
★ '핸드폰을 충전하다'라는 표현을 알고 있다.	☐	☐

☑ 셀프진단

» **Yes가 5개 이상일 경우**
'메인요리1~3'을 빠르게 확인 후 '메인요리 즐기기'에 도전해 보세요!

» **Yes가 5개 이하일 경우**
'메인요리1~3'을 집중해서 확인 후 '메인요리 즐기기'에 도전해 보세요!

메인요리 ❶

나는 출근해야 해.
I _____ _____ go to work.

오늘은 have to를 사용해서 우리가 꼭 해야 하는 일들을 표현하는 방법을 배워볼 거예요.

나는 해야 해.	I have to.
나는 가야 해.	I have to go.
나는 일하러 가야 해. (=나 출근해야 해.)	I have to go to work.

 주어가 he, she 등 단수일 경우에는 have가 has로 바뀌어요.

그는 해야 한다.	He has to.
그는 야근해야 한다.	He has to work overtime.
그는 오늘 밤 야근해야 한다.	He has to work overtime tonight.

후루룩 말하기

★후루룩 말하기 정답은 요리즐기기 정답 156p에서 확인!

나는 이제 집에 가야 해.

- I have to _____.
  나는 집에 가야 해.

- I have to _____.
  나는 이제 집에 가야 해.

Hint!
- 집에 가다 – go home
- 이제 – now

| 에피타이저 | **메인요리 ❶** | 메인요리 ❷ | 메인요리 ❸ | 디저트 |

 **메인요리 즐기기**

 우리말을 보고 원어민 음성을 들으며 말해 봅시다.

2번 듣고 말하기

☑ ☐ 나는 가야 해.
☐ ☐ 나는 가야 해.
☐ ☐ 나는 가야 해.

☐ ☐ 나는 **일하러** 가야 해.
☐ ☐ 나는 **일하러** 가야 해.
☐ ☐ 나는 **일하러** 가야 해.

☐ ☐ 우리 야근해야 해요.
☐ ☐ 우리 야근해야 해요.
☐ ☐ 우리 야근해야 해요.

☐ ☐ 그는 **오늘 밤** 야근해야 한다.
☐ ☐ 그는 **오늘 밤** 야근해야 한다.
☐ ☐ 그는 **오늘 밤** 야근해야 한다.

☐ ☐ 나는 **이제 집에** 가야 해.
☐ ☐ 나는 **이제 집에** 가야 해.
☐ ☐ 나는 **이제 집에** 가야 해.

DAY 4 49

| 에피타이저 | 메인요리 ❶ | **메인요리 ❷** | 메인요리 ❸ | 디저트 |

너는 규칙을 따라야 해.
You _____ follow the rules.

must도 반드시 해야 하는 일들을 말할 때 사용하는데, have to보다 조금 더 강한 의미로 쓰여요. 규칙을 지켜야 하거나 중요한 일을 해야 할 때 자주 사용돼요. 친구나 동료에게 사용할 때에도 부담스럽지 않게 사용할 수 있어요.

너는 해야 해.	You must.
너는 따라야 해.	You must follow.
너는 규칙을 따라야 해.	You must follow the rules.

> 꿀팁
> must 뒤에는 동사 원형이 와야 해요.

우리는 해야 해.	We must.
우리는 끝내야 해.	We must complete.
우리는 이 일을 끝내야 해.	We must complete this task.

후루룩 말하기

★후루룩 말하기 정답은 요리즐기기 정답 156p에서 확인!

넌 건강에 좋은 음식을 먹어야 해.

- You must _____
  넌 먹어야 해.

- You must _____.
  넌 건강에 좋은 음식을 먹어야 해.

Hint!
- 먹다 – eat
- 건강에 좋은 음식 – healthy food

메인요리 즐기기

 우리말을 보고 원어민 음성을 들으며 말해 봅시다.

2번 듣고 말하기

- ☑ ☐ 너는 따라야 해.
- ☐ ☐ 너는 따라야 해.
- ☐ ☐ 너는 따라야 해.

- ☐ ☐ 너는 규칙을 따라야 해.
- ☐ ☐ 너는 규칙을 따라야 해.
- ☐ ☐ 너는 규칙을 따라야 해.

- ☐ ☐ 우리는 끝내야 해.
- ☐ ☐ 우리는 끝내야 해.
- ☐ ☐ 우리는 끝내야 해.

- ☐ ☐ 우리는 이 일을 끝내야 해.
- ☐ ☐ 우리는 이 일을 끝내야 해.
- ☐ ☐ 우리는 이 일을 끝내야 해.

- ☐ ☐ 넌 건강에 좋은 음식을 먹어야 해.
- ☐ ☐ 넌 건강에 좋은 음식을 먹어야 해.
- ☐ ☐ 넌 건강에 좋은 음식을 먹어야 해.

| 에피타이저 | 메인요리 ❶ | 메인요리 ❷ | **메인요리 ❸** | 디저트 |

 메인요리 ❸

 8분

너 핸드폰 충전해야겠다.
You _____ _____ charge your phone.

have to와 비슷한 의미로, need to가 있습니다. 내가 <u>스스로</u> 결정한 규칙이나 결정을 이야기할 때나 내가 생각하기에 필요성을 느낄 때 사용해요.

너 해야겠다.	You **need to**.
너 충전해야겠다.	You **need to** charge.
너 핸드폰 충전해야겠다.	You **need to** charge your phone.

> 꿀팁
> need to와 have to는 서로 바꿔서 사용할 수 있어요.

전 해야 해요.	I **need to**.
전 알아야 해요.	I **need to** know.
전 세부 사항을 좀 더 알아야 해요.	I **need to** know more details.

후루룩 말하기

★후루룩 말하기 정답은 요리즐기기 정답 156p에서 확인!

우리는 새로운 아파트를 찾아야 해요.

- we need to _____
  우리는 찾아야 해요.

- we need to _____ _____.
  우리는 새로운 아파트를 찾아야 해요.

Hint!
- 찾다 – find
- 아파트 – (a) apartment

| 에피타이저 | 메인요리 ❶ | 메인요리 ❷ | **메인요리 ❸** | 디저트 |

SCAN ME!

☰ 우리말을 보고 원어민 음성을 들으며 말해 봅시다.

2번 듣고 말하기

☑ ☐ 너 충전해야겠다.
☐ ☐ 너 충전해야겠다.
☐ ☐ 너 충전해야겠다.

☐ ☐ 너 핸드폰 충전해야겠다.
☐ ☐ 너 핸드폰 충전해야겠다.
☐ ☐ 너 핸드폰 충전해야겠다.

☐ ☐ 전 알아야 해요.
☐ ☐ 전 알아야 해요.
☐ ☐ 전 알아야 해요.

☐ ☐ 전 세부 사항을 좀 더 알아야 해요.
☐ ☐ 전 세부 사항을 좀 더 알아야 해요.
☐ ☐ 전 세부 사항을 좀 더 알아야 해요.

☐ ☐ 우리는 새로운 아파트를 찾아야 해요.
☐ ☐ 우리는 새로운 아파트를 찾아야 해요.
☐ ☐ 우리는 새로운 아파트를 찾아야 해요.

학습을 마친 후, 얼마나 이해했는지 다시 한번 체크해 보세요!

그렇다 / 보통이다 / 모르겠다

★ have to로 '나는 출근해야 해'를 말할 수 있다. ☐ ☐ ☐

★ have to로 '나는 이제 집에 가야 해'라고 말할 수 있다. ☐ ☐ ☐

★ must로 '너는 반드시 규칙을 따라야 해'라고 말할 수 있다. ☐ ☐ ☐

★ must로 '넌 건강에 좋은 음식을 먹어야 해'라고 표현할 수 있다. ☐ ☐ ☐

★ need to로 '나 너에게 얘기 좀 해야겠어'라고 말할 수 있다. ☐ ☐ ☐

★ need to로 '우리는 새로운 아파트를 찾아야 해'라고 말할 수 있다. ☐ ☐ ☐

* 스코어 계산법 :
  그렇다=3점, 보통이다=2점, 모르겠다=1점

나의 합계 스코어는 _____ 점

☑ 셀프진단

» **15점 이상 ★★★**
  정말 훌륭합니다! '메인 요리1~3'을 입으로 뱉어 본 후 바로 학습을 종료해 주세요.

» **10~14점 ★★**
  거의 다 왔습니다! 약한 부분만 시간에 맞춰 다시 학습한 후 학습을 종료해 주세요.

» **10점 미만 ★**
  괜찮아요! 다시 한번 차근차근 '메인 요리1~3'을 학습해 봅시다!

DAY 5

"나는 라자냐를 만들 수 있어"

동사 can으로 무엇을 할 수 있는지 말하기

원어민 음성듣기

오늘의 후루룩 코스

에피타이저

메인요리1~3

디저트

후루룩 학습법

▶ 25분 학습 ◀　　▶ 5분 휴식 ◀　　"1일 1후루룩 했다!"

1분 워밍업
- **에피타이저**　　학습 전 셀프 체크하기

24분 집중
- **메인 요리1**　　나는 라자냐를 만들 수 있어.
- **요리 즐기기**　　말하기 연습
- **메인 요리2**　　그녀는 3개 국어를 할 수 있어.
- **요리 즐기기**　　말하기 연습
- **메인 요리3**　　너 여기 있어도 돼.
- **요리 즐기기**　　말하기 연습

5분 휴식
- **디저트**　　학습 후 다시 한번 셀프 진단하기

| 에피타이저 | 메인요리 ❶ | 메인요리 ❷ | 메인요리 ❸ | 디저트 |

학습을 시작하기 전, 내가 얼마나 알고 있는지 셀프 체크를 해 봅시다.

	YES	NO
★ '할 수 있다'라는 표현을 알고 있다.	☐	☐
★ 나는 바이올린을 켤 수 있다고 말할 수 있다.	☐	☐
★ '내일까지'를 영어로 말할 수 있다.	☐	☐
★ 우리는 프로젝트를 끝낼 수 있다고 말할 수 있다.	☐	☐
★ '여기에 주차해도 돼요'라고 상대에게 전할 수 있다.	☐	☐
★ '당신 여기 있어도 돼요'라고 상대에게 전할 수 있다.	☐	☐

☑ **셀프진단**

» **Yes가 5개 이상일 경우**
  '메인요리1~3'을 빠르게 확인 후 '메인요리 즐기기'에 도전해 보세요!

» **Yes가 5개 이하일 경우**
  '메인요리1~3'을 집중해서 확인 후 '메인요리 즐기기'에 도전해 보세요!

| 에피타이저 | **메인요리 ❶** | 메인요리 ❷ | 메인요리 ❸ | 디저트 |

 메인요리 ❶

> 나는 라자냐를 만들 수 있어.
> I _____ make lasagna.

⏰ 8분

오늘은 I can으로 할 수 있는 것들을 말해 볼 거예요. I can의 부정형은 I cannot(=can't)이 된답니다. 그럼, 요리·운동·공부 등 우리가 할 수 있는 다양한 행동들을 말해 봅시다.

나는 할 수 있어.	I **can**.
나는 만들 수 있어.	I **can** make.
나는 라자냐를 만들 수 있어.	I **can** make lasagna.

나는 할 줄 알아.	I **can**.
나는 켤 줄 알아.	I **can** play.
나는 바이올린을 켤 줄 알아.	I **can** play the violin.

 꿀팁
play는 '놀다'라는 뜻 외에도 악기 등을 '켜다/연주하다' 등의 의미도 가지고 있어요. can 뒤에는 동사원형이 온다는 것도 기억해 주세요.

후루룩 말하기

★후루룩 말하기 정답은 요리즐기기 정답 157p에서 확인!

나는 너를 위해 시간을 낼 수 있어.

- I can _____.
  나는 시간을 낼 수 있어.

- I can _____ _____.
  나는 너를 위해 시간을 낼 수 있어.

Hint!
- 시간을 내다 – make time
- 너를 위해 – for you

| 에피타이저 | **메인요리 ❶** | 메인요리 ❷ | 메인요리 ❸ | 디저트 |

 메인요리 즐기기

SCAN ME!

📋 우리말을 보고 원어민 음성을 들으며 말해 봅시다.

 2번 듣고 말하기

☑ ☐   나는 <u>만들</u> <u>수 있어</u>.
☐ ☐   나는 <u>만들</u> <u>수 있어</u>.
☐ ☐   나는 <u>만들</u> <u>수 있어</u>.

☐ ☐   나는 **라자냐를** <u>만들</u> <u>수 있어</u>.
☐ ☐   나는 **라자냐를** <u>만들</u> <u>수 있어</u>.
☐ ☐   나는 **라자냐를** <u>만들</u> <u>수 있어</u>.

☐ ☐   나는 <u>켤</u> <u>줄 알아</u>.
☐ ☐   나는 <u>켤</u> <u>줄 알아</u>.
☐ ☐   나는 <u>켤</u> <u>줄 알아</u>.

☐ ☐   나는 **바이올린을** <u>켤</u> <u>줄 알아</u>.
☐ ☐   나는 **바이올린을** <u>켤</u> <u>줄 알아</u>.
☐ ☐   나는 **바이올린을** <u>켤</u> <u>줄 알아</u>.

☐ ☐   나는 **너를 위해** <u>시간을 낼</u> <u>수 있어</u>.
☐ ☐   나는 **너를 위해** <u>시간을 낼</u> <u>수 있어</u>.
☐ ☐   나는 **너를 위해** <u>시간을 낼</u> <u>수 있어</u>.

DAY 5

| 에피타이저 | 메인요리 ❶ | **메인요리 ❷** | 메인요리 ❸ | 디저트 |

메인요리 ❷

8분

> 그녀는 3개 국어를 할 수 있다.
> **She _____ speak three language.**

can은 숨은 재능이나 장기를 표현할 수도 있고, 회사에서 맡은 프로젝트를 기한 내에 끝낼 수 있다거나 스스로 불가능한 것을 해낼 수 있을 때도 사용할 수 있어요.

나는 할 수 있어.	I can.
나는 말할 수 있어.	I can speak.
나는 3개 국어를 말할 수 있어.	I can speak three languages.

💡 팁
'can(할 수 있다)'의 부정형은 cannot(할 수 없다)가 돼요. 줄여서 can't이라고도 합니다.

그는 할 수 있어.	He can.
그는 구축할 수 있어.	He can build.
그는 웹사이트를 구축할 수 있어.	He can build websites.

후루룩 말하기

★후루룩 말하기 정답은 요리즐기기 정답 157p에서 확인!

> 우리는 내일까지 프로젝트를 끝낼 수 있어.

- We can _____ the _____.
  우리는 프로젝트를 끝낼 수 있어.

- We can finish _____.
  우리는 내일까지 프로젝트를 끝낼 수 있어.

Hint!
- 끝내다 – finish
- 프로젝트 – project
- 내일까지 – by tomorrow

| 에피타이저 | 메인요리 ❶ | **메인요리 ❷** | 메인요리 ❸ | 디저트 |

 **메인요리 즐기기**

📋 우리말을 보고 원어민 음성을 들으며 말해 봅시다.

2번 듣고 말하기

☑ ☐ 나는 말할 수 있어.
☐ ☐ 나는 말할 수 있어.
☐ ☐ 나는 말할 수 있어.

☐ ☐ 나는 3개 국어를 말할 수 있어.
☐ ☐ 나는 3개 국어를 말할 수 있어.
☐ ☐ 나는 3개 국어를 말할 수 있어.

☐ ☐ 그는 구축할 수 있어.
☐ ☐ 그는 구축할 수 있어.
☐ ☐ 그는 구축할 수 있어.

☐ ☐ 그는 웹사이트를 구축할 수 있어.
☐ ☐ 그는 웹사이트를 구축할 수 있어.
☐ ☐ 그는 웹사이트를 구축할 수 있어.

☐ ☐ 우리는 내일까지 프로젝트를 끝낼 수 있어.
☐ ☐ 우리는 내일까지 프로젝트를 끝낼 수 있어.
☐ ☐ 우리는 내일까지 프로젝트를 끝낼 수 있어.

메인요리 ❸

너 여기 있어도 돼.

You _____ stay here.

can은 '~할 수 있다' 외에도 '~해도 돼'처럼 허락의 의미로도 사용돼요.

너 해도 돼.	You **can**.
너 있어도 돼.	You **can** stay.
너 여기 있어도 돼.	You **can** stay here.

당신 해도 돼요.	You **can**.
당신 주차해도 돼요.	You **can** park.
당신 여기에 주차해도 돼요.	You **can** park here.

🍯 팁
금지 표현 '여기에 주차하면 안 돼요'는 'You can't park here'이라고 하면 된답니다.

후루룩 말하기

★후루룩 말하기 정답은 요리줄기기 정답 157p에서 확인!

당신은 절 믿으셔도 돼요.

- You can _____
  당신은 믿어도 돼요.

- You can _____ _____.
  당신은 절 믿어도 돼요.

Hint!
- ~을 믿다 – trust
- 나를, 저를 – me

메인요리 즐기기

SCAN ME!

💬 우리말을 보고 원어민 음성을 들으며 말해 봅시다.

☑ ☐ 너 있어도 돼.
☐ ☐ 너 있어도 돼.
☐ ☐ 너 있어도 돼.

☐ ☐ 너 여기 있어도 돼.
☐ ☐ 너 여기 있어도 돼.
☐ ☐ 너 여기 있어도 돼.

☐ ☐ 당신 주차해도 돼요.
☐ ☐ 당신 주차해도 돼요.
☐ ☐ 당신 주차해도 돼요.

☐ ☐ 당신 여기에 주차해도 돼요.
☐ ☐ 당신 여기에 주차해도 돼요.
☐ ☐ 당신 여기에 주차해도 돼요.

☐ ☐ 당신은 절 믿어도 돼요.
☐ ☐ 당신은 절 믿어도 돼요.
☐ ☐ 당신은 절 믿어도 돼요.

| 에피타이저 | 메인요리 ❶ | 메인요리 ❷ | 메인요리 ❸ | **디저트** |

학습을 마친 후, 얼마나 이해했는지 다시 한번 체크해 보세요!

	그렇다	보통이다	모르겠다
★ can의 의미를 두 개 이상 말할 수 있다.	☐	☐	☐
★ 나는 라쟈냐를 만들 수 있다고 말할 수 있다.	☐	☐	☐
★ 나는 3개 국어를 할 수 있다고 말할 수 있다.	☐	☐	☐
★ 우리는 내일까지 프로젝트를 끝낼 수 있다고 말할 수 있다.	☐	☐	☐
★ 우리 회의 시작해도 된다고 동료들에게 전달할 수 있다.	☐	☐	☐
★ 절 믿으셔도 된다고 상대에게 전달할 수 있다.	☐	☐	☐

* 스코어 계산법 :
  그렇다=3점, 보통이다=2점, 모르겠다=1점

나의 합계 스코어는 _____ 점

☑ 셀프진단

» **15점 이상 ★★★**
  정말 훌륭합니다! '메인 요리1~3'을 입으로 뱉어 본 후 바로 학습을 종료해 주세요.

» **10~14점 ★★**
  거의 다 왔습니다! 약한 부분만 시간에 맞춰 다시 학습한 후 학습을 종료해 주세요.

» **10점 미만 ★**
  괜찮아요! 다시 한번 차근차근 '메인 요리1~3'을 학습해 봅시다!

DAY 6

"나는 어제 공원에 갔어"

과거에 무엇을 했는지 말하기

원어민 음성듣기

오늘의 후루룩 코스

 에피타이저　 메인요리 1~3　 디저트

후루룩 학습법

▶ 25분 학습 ◀   ▶ 5분 휴식 ◀   "1일 1후루룩 했다!"

1분 워밍업
- **에피타이저** 학습 전 셀프 체크하기

24분 집중
- **메인 요리1** 나는 어제 공원에 갔어.
- **요리 즐기기** 말하기 연습
- **메인 요리2** 우리는 저녁으로 치폴레를 먹었어.
- **요리 즐기기** 말하기 연습
- **메인 요리3** 난 뉴욕에서 3년 동안 살았어.
- **요리 즐기기** 말하기 연습

5분 휴식
- **디저트** 학습 후 다시 한번 셀프 진단하기

학습을 시작하기 전, 내가 얼마나 알고 있는지 셀프 체크를 해 봅시다.

	YES	NO
★ go의 과거형을 말할 수 있다.	☐	☐
★ watch의 과거형을 말할 수 있다.	☐	☐
★ 나는 치폴레를 먹었다고 말할 수 있다.	☐	☐
★ 나는 아침에 헬스장을 갔다고 표현할 수 있다.	☐	☐
★ '3년 동안'을 영어로 말할 수 있다.	☐	☐
★ '나는 뉴욕에서 살았어'라고 말할 수 있다.	☐	☐

✓ 셀프진단

» **Yes가 5개 이상일 경우**
'메인요리1~3'을 빠르게 확인 후 '메인요리 즐기기'에 도전해 보세요!

» **Yes가 5개 이하일 경우**
'메인요리1~3'을 집중해서 확인 후 '메인요리 즐기기'에 도전해 보세요!

메인요리 ①

나는 어제 공원에 갔어.

I _____ to the park yesterday.

⏰ 8분

우리는 일상생활에서 오늘 아침, 어제, 지난주 등 과거에 대해 자주 이야기해요. 과거를 말할 때는 동사도 과거형으로 바꿔 주어야 하는데, 'go(가다)–went(갔다)'나 'see(보다)–saw(봤다)'처럼 불규칙한 형태로 변하는 과거형 동사들이 있어요. 한번 연습해 볼까요?

나는 갔어.	I went.
나는 공원에 갔어.	I went to the park.
나는 어제 공원에 갔어.	I went to the park yesterday.
나는 봤어.	I saw.
나는 영화를 봤어.	I saw a movie.
나는 친구들이랑 영화를 봤어.	I saw a movie with my friends.

🍯 **꿀팁**

불규칙 동사
- come – came
  오다 – 왔다
- eat – ate
  먹다 – 먹었다
- meet – met
  만나다 – 만났다

후루룩 말하기

★ 후루룩 말하기 정답은 요리즐기기 정답 157p에서 확인!

나는 지난 주말에 쇼핑을 했어.

- I went _____.
  나는 쇼핑을 했어.

- I went _____.
  나는 지난 주말에 쇼핑을 했어.

Hint!
- 쇼핑을 했어
  – went shopping
- 지난 주말 – last weekend

| 에피타이저 | 메인요리 ❶ | 메인요리 ❷ | 메인요리 ❸ | 디저트 |

메인요리 즐기기

SCAN ME!

우리말을 보고 원어민 음성을 들으며 말해 봅시다.

- ☑ ☐ 나는 공원에 갔어.
- ☐ ☐ 나는 공원에 갔어.
- ☐ ☐ 나는 공원에 갔어.

- ☐ ☐ 나는 어제 공원에 갔어.
- ☐ ☐ 나는 어제 공원에 갔어.
- ☐ ☐ 나는 어제 공원에 갔어.

- ☐ ☐ 나는 영화를 봤어.
- ☐ ☐ 나는 영화를 봤어.
- ☐ ☐ 나는 영화를 봤어.

- ☐ ☐ 나는 친구들이랑 영화를 봤어.
- ☐ ☐ 나는 친구들이랑 영화를 봤어.
- ☐ ☐ 나는 친구들이랑 영화를 봤어.

- ☐ ☐ 나는 지난 주말에 쇼핑을 했어.
- ☐ ☐ 나는 지난 주말에 쇼핑을 했어.
- ☐ ☐ 나는 지난 주말에 쇼핑을 했어.

메인요리 ❷

⏰ 8분

우리는 저녁으로 치폴레를 먹었어.

We _____ Chipotle for dinner.

이번에는 이전에 했던 특별한 경험을 표현해 볼 거예요. 친구나 가족과 함께했던 즐거운 경험을 자연스럽게 이야기할 수도 있죠. 외식이나 특별한 활동을 말할 때 자주 사용됩니다. 동사 have는 '가지다' 외에 '먹다'라는 의미로도 쓰이며 과거형은 had가 됩니다.

우리는 먹었어.	We had.
우리는 치폴레를 먹었어.	We had Chipotle.
우리는 저녁으로 치폴레를 먹었어.	We had Chipotle for dinner.
나는 다녀왔어.	I went.
나는 헬스장에 다녀왔어.	I went to the gym.
나는 아침에 헬스장에 다녀왔어.	I went to the gym in the morning.

후루룩 말하기

★후루룩 말하기 정답은 요리즐기기 정답 157p에서 확인!

나는 어제 헤일리의 생일파티에 갔어.

- I went to Hailey's _____.
  나는 헤일리의 생일파티에 갔어.

- I went to Hailey's _____ _____.
  나는 어제 헤일리의 생일파티에 갔어.

Hint!
- 생일파티 – birthday party
- 어제 – yesterday

| 에피타이저 | 메인요리 ❶ | **메인요리 ❷** | 메인요리 ❸ | 디저트 |

 메인요리 즐기기

 우리말을 보고 원어민 음성을 들으며 말해 봅시다.

2번 듣고 말하기

☑ ☐ 우리는 치폴레를 먹었어.
☐ ☐ 우리는 치폴레를 먹었어.
☐ ☐ 우리는 치폴레를 먹었어.

☐ ☐ 우리는 저녁으로 치폴레를 먹었어.
☐ ☐ 우리는 저녁으로 치폴레를 먹었어.
☐ ☐ 우리는 저녁으로 치폴레를 먹었어.

☐ ☐ 나는 헬스장에 다녀왔어.
☐ ☐ 나는 헬스장에 다녀왔어.
☐ ☐ 나는 헬스장에 다녀왔어.

☐ ☐ 나는 아침에 헬스장에 다녀왔어.
☐ ☐ 나는 아침에 헬스장에 다녀왔어.
☐ ☐ 나는 아침에 헬스장에 다녀왔어.

☐ ☐ 나는 어제 헤일리의 생일파티에 갔어.
☐ ☐ 나는 어제 헤일리의 생일파티에 갔어.
☐ ☐ 나는 어제 헤일리의 생일파티에 갔어.

DAY 6

메인요리 ❸

난 3년 동안 뉴욕에서 살았어.
I _____ in New York for three years.

일반 동사 과거형은 보통 뒤에 '동사원형 + ed'의 형태를 취합니다. e로 끝나는 동사는 d만 붙이면 됩니다. 일반 동사들을 이용해 과거에 무엇을 했는지 다양하게 이야기해 봅시다.

난 살았어.	I **lived**
난 뉴욕에서 살았어.	I **lived** in New York.
난 3년 동안 뉴욕에서 살았어.	I **lived** in New York **for three years**.

> **꿀팁**
> For 뒤에 시간 표현을 접속하면 '~동안'이 돼요.
> • For(시간) = (시간) 동안

난 일했어.	I **worked**.
난 거기서 일했어.	I **worked** there.
난 6년간 거기서 일했어.	I **worked** there **for six years**.

후루룩 말하기

★후루룩 말하기 정답은 요리즐기기 정답 157p에서 확인!

> 난 하루 종일 그녀를 기다렸어.

- I waited for _____.
  난 그녀를 기다렸어.

- I waited for _____ _____.
  난 그녀를 하루 종일 기다렸어.

Hint!
• 하루 종일 – all day

우리말을 보고 원어민 음성을 들으며 말해 봅시다.

2번 듣고 말하기

- ☑ ☐ 난 뉴욕에서 살았어.
- ☐ ☐ 난 뉴욕에서 살았어.
- ☐ ☐ 난 뉴욕에서 살았어.

- ☐ ☐ 난 3년 동안 뉴욕에서 살았어.
- ☐ ☐ 난 3년 동안 뉴욕에서 살았어.
- ☐ ☐ 난 3년 동안 뉴욕에서 살았어.

- ☐ ☐ 난 거기서 일했어.
- ☐ ☐ 난 거기서 일했어.
- ☐ ☐ 난 거기서 일했어.

- ☐ ☐ 난 6년간 거기서 일했어.
- ☐ ☐ 난 6년간 거기서 일했어.
- ☐ ☐ 난 6년간 거기서 일했어.

- ☐ ☐ 난 하루 종일 그녀를 기다렸어.
- ☐ ☐ 난 하루 종일 그녀를 기다렸어.
- ☐ ☐ 난 하루 종일 그녀를 기다렸어.

| 에피타이저 | 메인요리 ❶ | 메인요리 ❷ | 메인요리 ❸ | 디저트 |

학습을 마친 후, 얼마나 이해했는지 다시 한번 체크해 보세요!

	그렇다	보통이다	모르겠다
★ 친구들이랑 영화를 봤다고 말할 수 있다.	☐	☐	☐
★ 지난 주말에 쇼핑을 했다고 말할 수 있다.	☐	☐	☐
★ 아침에 헬스장을 다녀왔다고 말할 수 있다.	☐	☐	☐
★ 저녁에 치폴레를 먹었다고 말할 수 있다.	☐	☐	☐
★ 나는 뉴욕에서 3년 동안 살았다고 말할 수 있다.	☐	☐	☐
★ 나는 그녀를 하루 종일 기다렸다고 전달할 수 있다.	☐	☐	☐

* 스코어 계산법 :
  그렇다=3점, 보통이다=2점, 모르겠다=1점

나의 합계 스코어는 _____ 점

✓ 셀프진단

» **15점 이상 ★★★**
  정말 훌륭합니다! '메인 요리1~3'을 입으로 뱉어 본 후 바로 학습을 종료해 주세요.

» **10~14점 ★★**
  거의 다 왔습니다! 약한 부분만 시간에 맞춰 다시 학습한 후 학습을 종료해 주세요.

» **10점 미만 ★**
  괜찮아요! 다시 한번 차근차근 '메인 요리1~3'을 학습해 봅시다!

DAY 7

"나 내년에 프라하를 여행할 거야"

미래에 무엇을 할지 말하기

원어민 음성듣기

오늘의 후루룩 코스

 에피타이저  메인요리 1~3  디저트

후루룩 학습법

▶ 25분 학습 ◀   ▶ 5분 휴식 ◀   "1일 1후루룩 했다!"

1분 워밍업
- 에피타이저 — 학습 전 셀프 체크하기

24분 집중
- 메인 요리1 — 나는 프라하를 여행할 거야.
- 요리 즐기기 — 말하기 연습
- 메인 요리2 — 난 절대 같은 실수를 하지 않을 거야.
- 요리 즐기기 — 말하기 연습
- 메인 요리3 — 우리는 내일 미팅을 할 거야.
- 요리 즐기기 — 말하기 연습

5분 휴식
- 디저트 — 학습 후 다시 한번 셀프 진단하기

| 에피타이저 | 메인요리 ❶ | 메인요리 ❷ | 메인요리 ❸ | 디저트 |

학습을 시작하기 전, 내가 얼마나 알고 있는지 셀프 체크를 해 봅시다.

	YES	NO
★ 나는 미래형에 대해 설명할 수 있다.	☐	☐
★ '나는 내일 친구를 만날 거야'라고 말할 수 있다.	☐	☐
★ '절대 ~하지 않을 거야'라는 표현을 알고 있다.	☐	☐
★ '같은 실수를 하다'를 말할 수 있다.	☐	☐
★ '나는 내일 휴가를 쓸 거야'라고 계획을 전달할 수 있다.	☐	☐
★ '파티를 열다'라는 표현을 알고 있다.	☐	☐

✓ 셀프진단

» **Yes가 5개 이상일 경우**
'메인요리1~3'을 빠르게 확인 후 '메인요리 즐기기'에 도전해 보세요!

» **Yes가 5개 이하일 경우**
'메인요리1~3'을 집중해서 확인 후 '메인요리 즐기기'에 도전해 보세요!

| 에피타이저 | **메인요리 ①** | 메인요리 ② | 메인요리 ③ | 디저트 |

메인요리 ①

나는 프라하를 여행할 거야.
I _____ travel to Prague.

오늘은 will을 활용해 미래의 계획이나 의지를 표현해 볼 거예요. will은 주로 즉각적인 결정이나 강한 의지를 전달하고자 할 때 사용해요.

나는 할 거야.	I will.
나는 여행할 거야.	I will travel.
나는 프라하를 여행할 거야.	I will travel to Prague.

> **꿀팁**
> will은 'It will rain tomorrow(내일 비가 내릴 거야)'처럼 예측할 때도 쓰입니다.

제시카는 할 거야.	Jessica will.
제시카는 이사할 거야.	Jessica will move.
제시카는 캘리포니아로 이사할 거야.	Jessica will move to California.

후루룩 말하기

★후루룩 말하기 정답은 요리줄기기 정답 157p에서 확인!

나는 내일 엠마를 만날 거야.

- I will _____ _____.
  나는 엠마를 만날 거야.

- I will _____ _____ _____.
  나는 내일 엠마를 만날 거야.

Hint!
- 내일 – tomorrow
- 만나다 – meet

2번 듣고 말하기

- ☑ ☐ 나는 <u>여행</u>할 거야.
- ☐ ☐ 나는 <u>여행</u>할 거야.
- ☐ ☐ 나는 <u>여행</u>할 거야.

- ☐ ☐ 나는 프라하를 <u>여행</u>할 거야.
- ☐ ☐ 나는 프라하를 <u>여행</u>할 거야.
- ☐ ☐ 나는 프라하를 <u>여행</u>할 거야.

- ☐ ☐ 제시카는 <u>이사</u>할 거야.
- ☐ ☐ 제시카는 <u>이사</u>할 거야.
- ☐ ☐ 제시카는 <u>이사</u>할 거야.

- ☐ ☐ 제시카는 캘리포니아로 <u>이사</u>할 거야.
- ☐ ☐ 제시카는 캘리포니아로 <u>이사</u>할 거야.
- ☐ ☐ 제시카는 캘리포니아로 <u>이사</u>할 거야.

- ☐ ☐ 나는 내일 엠마를 <u>만날</u> 거야.
- ☐ ☐ 나는 내일 엠마를 <u>만날</u> 거야.
- ☐ ☐ 나는 내일 엠마를 <u>만날</u> 거야.

| 에피타이저 | 메인요리 ❶ | **메인요리 ❷** | 메인요리 ❸ | 디저트 |

🍗 메인요리 ❷

8분

> 난 절대 같은 실수를 하지 않을 거야.
> I _____ _____ make the same mistake.

never은 '절대 ~하지 않다'라는 의미로, will 뒤에 붙여 '절대 ~하지 않을 거야'라고 나의 의지를 상대방에게 전달할 수 있어요. 한번 연습해 볼까요?

난 절대 ~하지 않을 거야.	I'll never
난 절대 만들지 않을 거야.	I'll never make
난 절대 같은 실수를 하지 않을 거야.	I'll never make the same mistake.

꿀팁
I will은 줄여서 I'll이라고 말해요.

나는 절대 ~하지 않을 거야.	I'll never.
나는 절대 잊지 않을 거야.	I'll never forget.
나는 너를 절대 잊지 않을 거야.	I'll never forget you.

후루룩 말하기

★후루룩 말하기 정답은 요리즐기기 정답 157p에서 확인!

> 나는 다시는 사랑하지 않을 거야.

- I'll _____ _____ .
  나는 사랑하지 않을 거야.

- I'll _____ _____ _____ .
  나는 다시는 사랑하지 않을 거야.

Hint!
- 사랑하다 – love
- 다시 – again

메인요리 즐기기

 우리말을 보고 원어민 음성을 들으며 말해 봅시다.

2번 듣고 말하기

- ☑ ☐ 난 절대 만들지 않을 거야.
- ☐ ☐ 난 절대 만들지 않을 거야.
- ☐ ☐ 난 절대 만들지 않을 거야.

- ☐ ☐ 난 절대 같은 실수를 하지 않을 거야.
- ☐ ☐ 난 절대 같은 실수를 하지 않을 거야.
- ☐ ☐ 난 절대 같은 실수를 하지 않을 거야.

- ☐ ☐ 나는 절대 잊지 못할 거야.
- ☐ ☐ 나는 절대 잊지 못할 거야.
- ☐ ☐ 나는 절대 잊지 못할 거야.

- ☐ ☐ 나는 너를 절대 잊지 않을 거야.
- ☐ ☐ 나는 너를 절대 잊지 않을 거야.
- ☐ ☐ 나는 너를 절대 잊지 않을 거야.

- ☐ ☐ 나는 다시는 사랑하지 않을 거야.
- ☐ ☐ 나는 다시는 사랑하지 않을 거야.
- ☐ ☐ 나는 다시는 사랑하지 않을 거야.

| 에피타이저 | 메인요리 ❶ | 메인요리 ❷ | **메인요리 ❸** | 디저트 |

 메인요리 ❸

⏰ 8분

우리는 내일 미팅을 할 거야.

We _____ _____ to have a meeting.

will 이외에도 'be동사 + going + to + 동사원형'의 형태로도 미래의 예정된 일을 말할 수 있어요. 이 표현은 이미 계획된 미래를 설명하거나 마음먹은 일을 설명할 때 자주 사용해요. 참고로 아래 예문의 PTO는 'Paid Time Off'의 줄임말로 유급휴가를 말하며, PTO 대신 time off(휴가)를 사용해도 됩니다.

우리는 할 거야.	We are going to.
우리는 미팅을 할 거야.	We are going to have a meeting.
우리는 내일 미팅을 할 거야.	We are going to have a meeting tomorrow.

나는 할 거야.	I'm going to.
나는 휴가를 쓸 거야.	I'm going to use my PTO.
나는 다음 주에 휴가를 쓸 거야.	I'm going to use my PTO next week.

후루룩 말하기

★후루룩 말하기 정답은 요리줄기기 정답 157p에서 확인!

우린 오늘 밤 파티를 열 계획이야.

- We are going to _____.
  우린 파티를 열 계획이야.

- We are going to _____.
  우린 오늘 밤 파티를 열 계획이야.

Hint!
- 파티를 열다 – have a party
- 오늘밤 – tonight

메인요리 즐기기

 우리말을 보고 원어민 음성을 들으며 말해 봅시다.

2번 듣고 말하기

- ☑ ☐ 우리는 **미팅을** 할 거야.
- ☐ ☐ 우리는 **미팅을** 할 거야.
- ☐ ☐ 우리는 **미팅을** 할 거야.

- ☐ ☐ 우리는 **내일 미팅을** 할 거야.
- ☐ ☐ 우리는 **내일 미팅을** 할 거야.
- ☐ ☐ 우리는 **내일 미팅을** 할 거야.

- ☐ ☐ 나는 **휴가를** 쓸 거야.
- ☐ ☐ 나는 **휴가를** 쓸 거야.
- ☐ ☐ 나는 **휴가를** 쓸 거야.

- ☐ ☐ 나는 **다음 주에 휴가를** 쓸 거야.
- ☐ ☐ 나는 **다음 주에 휴가를** 쓸 거야.
- ☐ ☐ 나는 **다음 주에 휴가를** 쓸 거야.

- ☐ ☐ 우린 **오늘 밤 파티를** 열 계획이야.
- ☐ ☐ 우린 **오늘 밤 파티를** 열 계획이야.
- ☐ ☐ 우린 **오늘 밤 파티를** 열 계획이야.

학습을 마친 후, 얼마나 이해했는지 다시 한번 체크해 보세요!

	그렇다	보통이다	모르겠다
★ 미래형에 대해 간략하게 설명할 수 있다.	☐	☐	☐
★ 제시카는 캘리포니아로 이사할 거라고 전달할 수 있다.	☐	☐	☐
★ 절대 너를 잊지 못할 거라고 마음을 표현할 수 있다.	☐	☐	☐
★ 나는 다시는 사랑하지 않을 거라고 말할 수 있다.	☐	☐	☐
★ 오늘 밤 파티를 열 계획이라고 바로 말할 수 있다.	☐	☐	☐
★ 다음 주에 휴가를 쓸 거라고 바로 말할 수 있다.	☐	☐	☐

* 스코어 계산법 :
그렇다=3점, 보통이다=2점, 모르겠다=1점

나의 합계 스코어는 _____ 점

☑ 셀프진단

» **15점 이상 ★★★**
정말 훌륭합니다! '메인 요리1~3'을 입으로 뱉어 본 후 바로 학습을 종료해 주세요.

» **10~14점 ★★**
거의 다 왔습니다! 약한 부분만 시간에 맞춰 다시 학습한 후 학습을 종료해 주세요.

» **10점 미만 ★**
괜찮아요! 다시 한번 차근차근 '메인 요리1~3'을 학습해 봅시다!

DAY 8

"냉장고에 커피가 있어요"

어디에 무엇이 있는지 말하기

원어민 음성듣기

오늘의 후루룩 코스

에피타이저

메인요리1~3

디저트

후루룩 학습법

 +  =

▶ 25분 학습 ◀   ▶ 5분 휴식 ◀   "1일 1후루룩 했다!"

1분 워밍업
- 에피타이저   학습 전 셀프 체크하기

24분 집중
- 메인 요리1   냉장고에 커피가 있어요.
- 요리 즐기기   말하기 연습
- 메인 요리2   길 아래에 주유소가 있어요.
- 요리 즐기기   말하기 연습
- 메인 요리3   오늘 백화점에서 세일이 있어.
- 요리 즐기기   말하기 연습

5분 휴식
- 디저트   학습 후 다시 한번 셀프 진단하기

| 에피타이저 | 메인요리 ❶ | 메인요리 ❷ | 메인요리 ❸ | 디저트 |

학습을 시작하기 전, 내가 얼마나 알고 있는지 셀프 체크를 해 봅시다.

	YES	NO
★ '~이 있다'라는 존재 표현을 알고 있다.	☐	☐
★ 냉장고 안에 커피가 있다고 말할 수 있다.	☐	☐
★ '길 아래'라는 위치 표현을 알고 있다.	☐	☐
★ '주변에'라는 표현을 알고 있다.	☐	☐
★ '회의가 있어요'라고 상대에게 전달할 수 있다.	☐	☐
★ '얼룩'이라는 표현을 알고 있다.	☐	☐

☑ 셀프진단

» **Yes가 5개 이상일 경우**
'메인요리1~3'을 빠르게 확인 후 '메인요리 즐기기'에 도전해 보세요!

» **Yes가 5개 이하일 경우**
'메인요리1~3'을 집중해서 확인 후 '메인요리 즐기기'에 도전해 보세요!

메인요리 ❶

냉장고에 커피가 있어요.
_____ _____ coffee in the fridge.

우리 주변에는 다양한 것들이 있죠? 오늘은 there is와 there are를 사용해서 무언가가 어디에 있는지 설명하는 방법을 배워볼 거예요. 이 표현은 일상 대화에서 정말 자주 쓰이니 꼭 기억해 두세요!

~이 있어요.	There is
커피가 있어요.	There is coffee.
냉장고 안에 커피가 있어요.	There is coffee in the fridge.

 There is는 단수(1개)인 사물이 있다고 할 때 쓰고, There are는 복수(2개 이상)인 사물이 있다고 할 때 씁니다.

~이 있어요.	There are
벌레가 있어요.	There are bugs.
제 아파트에 벌레가 있어요.	There are bugs in my apartment.

후루룩 말하기

★후루룩 말하기 정답은 요리즐기기 정답 157p에서 확인!

싱크대 안에 접시들이 있어.

- There are _____.
  접시들이 있어.

- There are _____ _____.
  싱크대 안에 접시들이 있어.

Hint!
- 싱크대 – sink
- 접시들 – dishes

| 에피타이저 | **메인요리 ❶** | 메인요리 ❷ | 메인요리 ❸ | 디저트 |

우리말을 보고 원어민 음성을 들으며 말해 봅시다.
SCAN ME!

2번 듣고 말하기

- ☑ ☐ 커피가 있어요.
- ☐ ☐ 커피가 있어요.
- ☐ ☐ 커피가 있어요.

- ☐ ☐ 냉장고 안에 커피가 있어요.
- ☐ ☐ 냉장고 안에 커피가 있어요.
- ☐ ☐ 냉장고 안에 커피가 있어요.

- ☐ ☐ 벌레가 있어요.
- ☐ ☐ 벌레가 있어요.
- ☐ ☐ 벌레가 있어요.

- ☐ ☐ 제 아파트에 벌레가 있어요.
- ☐ ☐ 제 아파트에 벌레가 있어요.
- ☐ ☐ 제 아파트에 벌레가 있어요.

- ☐ ☐ 싱크대 안에 접시들이 있어.
- ☐ ☐ 싱크대 안에 접시들이 있어.
- ☐ ☐ 싱크대 안에 접시들이 있어.

DAY 8

| 에피타이저 | 메인요리 ❶ | **메인요리 ❷** | 메인요리 ❸ | 디저트 |

 메인요리 ❷

> 길 아래에 주유소가 있어요.
>
> _____ _____ a gas station down the road.

이번에는 '아래'나 '앞', '주변'과 같은 다양한 위치 표현들을 넣어 말해 보고, 상대에게 질문하는 법도 알아봅시다.

~이 있어요.	There's
주유소가 있어요.	There's a gas station.
길 아래에 주유소가 있어요.	There's a gas station down the road.

~이 있어요.	There's
스타벅스가 있어요.	There's a Starbucks.
집 앞에 스타벅스가 있어요.	There's a Starbucks in front of my house.

> 💡 **팁**
> 상대에게 찾고자 하는 것이 어디에 있는지 물을 때는 Is there~?, Are there~? 처럼 어순을 바꿔서 말하면 돼요.

후루룩 말하기

★후루룩 말하기 정답은 요리즐기기 정답 157p에서 확인!

주변에 마켓이 있나요?

- Is there a _____?
  마켓이 있나요?

- Is there a _____?
  주변에 마켓이 있나요?

Hint!
- 시장, 마켓 – market
- 여기 주변에 – around here

메인요리 즐기기

 우리말을 보고 원어민 음성을 들으며 말해 봅시다.

2번 듣고 말하기

- ☑ ☐ 주유소가 있어요.
- ☐ ☐ 주유소가 있어요.
- ☐ ☐ 주유소가 있어요.

- ☐ ☐ 길 아래에 주유소가 있어요.
- ☐ ☐ 길 아래에 주유소가 있어요.
- ☐ ☐ 길 아래에 주유소가 있어요.

- ☐ ☐ 스타벅스가 있어요.
- ☐ ☐ 스타벅스가 있어요.
- ☐ ☐ 스타벅스가 있어요.

- ☐ ☐ 집 앞에 스타벅스가 있어요.
- ☐ ☐ 집 앞에 스타벅스가 있어요.
- ☐ ☐ 집 앞에 스타벅스가 있어요.

- ☐ ☐ 주변에 마켓이 있나요?
- ☐ ☐ 주변에 마켓이 있나요?
- ☐ ☐ 주변에 마켓이 있나요?

메인요리 ❸

⏰ 8분

오늘 백화점에서 세일이 있어.

_____ _____ a sale at the department store today.

There is/are은 세일이나 회의가 있을 때 혹은 셔츠에 얼룩이 있을 때도 사용할 수 있어요. 연습해 보고, 일상 회화에서 꼭 활용해 보세요.

~이 있어.	There is
세일이 있어.	There is a sale.
오늘 백화점에서 세일이 있어.	There is a sale at the department store today.

~이 있어요.	There is
회의가 있어요.	There is a meeting.
오늘 오후에 컨퍼런스 룸에서 회의가 있어요.	There is a meeting in the conference room this afternoon.

후루룩 말하기

★후루룩 말하기 정답은 요리줄기기 정답 157p에서 확인!

내 셔츠에 얼룩이 있어요.

- There is a _____.
  얼룩이 있어요.

- There is a _____.
  내 셔츠에 얼룩이 있어요.

Hint!
- 얼룩 – stain
- 내 셔츠에 – on my shirt

메인요리 즐기기

 우리말을 보고 원어민 음성을 들으며 말해 봅시다.

2번 듣고 말하기

- ☑ ☐ 세일이 있어.
- ☐ ☐ 세일이 있어.
- ☐ ☐ 세일이 있어.

- ☐ ☐ 오늘 백화점에서 세일이 있어.
- ☐ ☐ 오늘 백화점에서 세일이 있어.
- ☐ ☐ 오늘 백화점에서 세일이 있어.

- ☐ ☐ 회의가 있어요.
- ☐ ☐ 회의가 있어요.
- ☐ ☐ 회의가 있어요.

- ☐ ☐ 오늘 오후에 컨퍼런스 룸에서 회의가 있어요.
- ☐ ☐ 오늘 오후에 컨퍼런스 룸에서 회의가 있어요.
- ☐ ☐ 오늘 오후에 컨퍼런스 룸에서 회의가 있어요.

- ☐ ☐ 내 셔츠에 얼룩이 있어요.
- ☐ ☐ 내 셔츠에 얼룩이 있어요.
- ☐ ☐ 내 셔츠에 얼룩이 있어요.

DAY 8

에피타이저 | 메인요리 ❶ | 메인요리 ❷ | 메인요리 ❸ | **디저트**

5분 휴식

학습을 마친 후, 얼마나 이해했는지 다시 한번 체크해 보세요!

| | 그렇다 | 보통이다 | 모르겠다 |

★ '벌레가 있다'고 말할 수 있다. ☐ ☐ ☐

★ '길 아래 주유소가 있다'고 전달할 수 있다. ☐ ☐ ☐

★ '집 앞에 스타벅스가 있다'고 전달할 수 있다. ☐ ☐ ☐

★ '주변에 마켓이 있다'고 말할 수 있다. ☐ ☐ ☐

★ '오늘 백화점에서 세일을 해'라고 전달할 수 있다. ☐ ☐ ☐

★ '내 셔츠에 얼룩이 있다'고 말할 수 있다. ☐ ☐ ☐

* 스코어 계산법 :
  그렇다=3점, 보통이다=2점, 모르겠다=1점

나의 합계 스코어는 ☐ 점

✓ 셀프진단

» **15점 이상 ★★★**
정말 훌륭합니다! '메인 요리1~3'을 입으로 뱉어 본 후 바로 학습을 종료해 주세요.

» **10~14점 ★★**
거의 다 왔습니다! 약한 부분만 시간에 맞춰 다시 학습한 후 학습을 종료해 주세요.

» **10점 미만 ★**
괜찮아요! 다시 한번 차근차근 '메인 요리1~3'을 학습해 봅시다!

DAY 9

"곧 비가 올 것 같아"

생각한 것, 들은 것, 확신하는 것 말하기

원어민 음성듣기

오늘의 후루룩 코스

 에피타이저
 메인요리 1~3
 디저트

후루룩 학습법

▶ 25분 학습 ◀   ▶ 5분 휴식 ◀   "1일 1후루룩 했다!"

1분 워밍업
- **에피타이저**   학습 전 셀프 체크하기

24분 집중
- **메인 요리1**   난 네가 틀렸다고 생각해.
- **요리 즐기기**   말하기 연습
- **메인 요리2**   우리 회사가 다시 채용한다고 들었어요.
- **요리 즐기기**   말하기 연습
- **메인 요리3**   나는 그가 지금 집에 있다고 확신해.
- **요리 즐기기**   말하기 연습

5분 휴식
- **디저트**   학습 후 다시 한번 셀프 진단하기

| 에피타이저 | 메인요리 ❶ | 메인요리 ❷ | 메인요리 ❸ | 디저트 |

학습을 시작하기 전, 내가 얼마나 알고 있는지 셀프 체크를 해 봅시다.

	YES	NO
★ '내 생각에는~'이라고 나의 생각을 전달할 수 있다.	☐	☐
★ '나는 내일 친구를 만날 거야'라고 말할 수 있다.	☐	☐
★ 누군가에게 들은 내용을 말할 때 쓰는 표현을 알고 있다.	☐	☐
★ '첼시가 결혼한다고 들었어'를 말할 수 있다.	☐	☐
★ 무언가 확신할 때 쓰는 표현을 알고 있다.	☐	☐
★ '그녀가 페스티벌에 올 거라고 확신해'라고 전달할 수 있다.	☐	☐

☑ 셀프진단

» **Yes가 5개 이상일 경우**
'메인요리1~3'을 빠르게 확인 후 '메인요리 즐기기'에 도전해 보세요!

» **Yes가 5개 이하일 경우**
'메인요리1~3'을 집중해서 확인 후 '메인요리 즐기기'에 도전해 보세요!

메인요리 ①

난 네가 틀렸다고 생각해.

_____   _____ you are wrong.

여러분은 어떤 일이 일어날 것 같을 때, 어떻게 표현하나요? I think는 '내 생각에는~, 난 ~라고 봐, 난 ~인 것 같아'라는 의미로, 나의 생각이나 의견 등을 전달할 때 가장 많이 쓰는 표현이에요.

난 생각해.	I think
난 네가 ~라고 생각해.	I think you are
난 네가 틀렸다고 생각해.	I think you are wrong.

꿀팁
be going to는 '~일 거야'라는 의미로 미래에 일어날 일을 예측하는 표현이에요.

~일 것 같아.	I think
비가 올 것 같아.	I think it's going to rain.
곧 비가 올 것 같아.	I think it's going to rain soon.

후루룩 말하기

★후루룩 말하기 정답은 요리즐기기 정답 158p에서 확인!

난 그가 거짓말쟁이라고 봐.

- He is a _____.
  그는 거짓말쟁이야.

- I think he is a _____.
  난 그가 거짓말쟁이라고 봐.

Hint!
- 거짓말쟁이 – liar

메인요리 즐기기

 우리말을 보고 원어민 음성을 들으며 말해 봅시다.

2번 듣고 말하기

☑ ☐ 난 네가 ~라고 생각해.
☐ ☐ 난 네가 ~라고 생각해.
☐ ☐ 난 네가 ~라고 생각해.

☐ ☐ 난 네가 틀렸다고 생각해.
☐ ☐ 난 네가 틀렸다고 생각해.
☐ ☐ 난 네가 틀렸다고 생각해.

☐ ☐ 비가 올 것 같아.
☐ ☐ 비가 올 것 같아.
☐ ☐ 비가 올 것 같아.

☐ ☐ 곧 비가 올 것 같아.
☐ ☐ 곧 비가 올 것 같아.
☐ ☐ 곧 비가 올 것 같아.

☐ ☐ 난 그가 거짓말쟁이라고 봐.
☐ ☐ 난 그가 거짓말쟁이라고 봐.
☐ ☐ 난 그가 거짓말쟁이라고 봐.

| 에피타이저 | 메인요리 ❶ | **메인요리 ❷** | 메인요리 ❸ | 디저트 |

메인요리 ❷

우리 회사가 다시 채용을 한다고 들었어요.

_____ _____ our company is hiring again!

heard(들었어)는 hear(듣다)의 과거형으로, 'I heard~(~라고 들었어)'라고 말하면 소문이나 누군가에게 들은 내용을 말할 때 사용할 수 있어요.

저는 **들었어요**.	I **heard**
우리 회사가 ~한다고 **들었어요**.	I **heard** our company is
우리 회사가 **다시 채용을 한다**고 **들었어요**.	I **heard** our company is **hiring again**.

꿀팁
'hiring 채용하다', 'getting married 결혼하다' 등의 어휘도 잘 익혀 둡시다.

나는 **들었어**.	I **heard**
나는 **첼시가** ~한다고 **들었어**.	I **heard** Chelsea is
나는 **첼시가 결혼한다**고 **들었어**.	I **heard** Chelsea is **getting married**.

🗣 후루룩 말하기

★후루룩 말하기 정답은 요리즐기기 정답 158p에서 확인!

나는 리아가 시카고로 이사를 간다고 들었어.

- I heard Lia is _____.
  나는 리아가 이사를 간다고 들었어.

- I heard Lia is _____.
  나는 리아가 시카고로 이사를 간다고 들었어.

Hint!
- 이사를 가다 – moving
- 시카고로 – to Chicago

| 에피타이저 | 메인요리 ❶ | **메인요리 ❷** | 메인요리 ❸ | 디저트 |

 **메인요리 즐기기**

SCAN ME!

 우리말을 보고 원어민 음성을 들으며 말해 봅시다.

2번 듣고 말하기

☑ ☐ 우리 회사가 ~한다고 들었어요.
☐ ☐ 우리 회사가 ~한다고 들었어요.
☐ ☐ 우리 회사가 ~한다고 들었어요.

☐ ☐ 우리 회사가 다시 채용을 한다고 들었어요.
☐ ☐ 우리 회사가 다시 채용을 한다고 들었어요.
☐ ☐ 우리 회사가 다시 채용을 한다고 들었어요.

☐ ☐ 나는 첼시가 ~한다고 들었어.
☐ ☐ 나는 첼시가 ~한다고 들었어.
☐ ☐ 나는 첼시가 ~한다고 들었어.

☐ ☐ 나는 첼시가 결혼한다고 들었어.
☐ ☐ 나는 첼시가 결혼한다고 들었어.
☐ ☐ 나는 첼시가 결혼한다고 들었어.

☐ ☐ 나는 리아가 시카고로 이사를 간다고 들었어.
☐ ☐ 나는 리아가 시카고로 이사를 간다고 들었어.
☐ ☐ 나는 리아가 시카고로 이사를 간다고 들었어.

메인요리 ③

나는 그가 지금 집에 있다고 확신해.

_____ _____ he is home right now.

어떤 사실에 대해 확신이 들 때는 'I'm sure(나는 확신해)'이라는 표현을 사용할 수 있습니다. 이 표현은 강한 믿음이나 확신을 나타낼 때 많이 쓰여요.

나는 확신해.	I'm sure.
나는 그가 집에 있다고 확신해.	I'm sure he is home.
나는 지금 그가 집에 있다고 확신해.	I'm sure he is home right now.

나는 확신해.	I'm sure.
나는 그레이스가 올 거라고 확신해.	I'm sure Grace is coming
나는 페스티벌에 그레이스가 올 거라고 확신해.	I'm sure Grace is coming to the festival.

후루룩 말하기

★후루룩 말하기 정답은 요리즐기기 정답 158p에서 확인!

우리는 맥스가 진실을 말하고 있다고 확신해.

- We are sure Max _____.
  우리는 맥스가 말하고 있다고 확신해.

- We are sure Max _____ _____.
  우리는 맥스가 진실을 말하고 있다고 확신해.

Hint!
- 말하고 있다 – is telling
- 진실 – the truth

102 후루룩 영어 왕초보

메인요리 ❸

메인요리 즐기기

💬 우리말을 보고 원어민 음성을 들으며 말해 봅시다.

2번 듣고 말하기

- ☑ ☐ 나는 그가 집에 있다고 확신해.
- ☐ ☐ 나는 그가 집에 있다고 확신해.
- ☐ ☐ 나는 그가 집에 있다고 확신해.

- ☐ ☐ 나는 지금 그가 집에 있다고 확신해.
- ☐ ☐ 나는 지금 그가 집에 있다고 확신해.
- ☐ ☐ 나는 지금 그가 집에 있다고 확신해.

- ☐ ☐ 나는 그레이스가 올 거라고 확신해.
- ☐ ☐ 나는 그레이스가 올 거라고 확신해.
- ☐ ☐ 나는 그레이스가 올 거라고 확신해.

- ☐ ☐ 나는 페스티벌에 그레이스가 올 거라고 확신해.
- ☐ ☐ 나는 페스티벌에 그레이스가 올 거라고 확신해.
- ☐ ☐ 나는 페스티벌에 그레이스가 올 거라고 확신해.

- ☐ ☐ 우리는 맥스가 진실을 말하고 있다고 확신해.
- ☐ ☐ 우리는 맥스가 진실을 말하고 있다고 확신해.
- ☐ ☐ 우리는 맥스가 진실을 말하고 있다고 확신해.

| 에피타이저 | 메인요리 ❶ | 메인요리 ❷ | 메인요리 ❸ | **디저트** |

5분 휴식

학습을 마친 후, 얼마나 이해했는지 다시 한번 체크해 보세요!

	그렇다	보통이다	모르겠다
★ '곧 비가 올 것 같다'고 내가 추측한 것을 말할 수 있다.	☐	☐	☐
★ '난 그가 거짓말쟁이라고 봐'라고 내 생각을 전달할 수 있다.	☐	☐	☐
★ '우리 회사가 다시 채용한다고 들었어요'라고 말할 수 있다.	☐	☐	☐
★ '리아가 시카고로 이사를 간다고 들었어'라고 전달할 수 있다.	☐	☐	☐
★ '난 그가 지금 집에 있다고 확신해'라고 전달할 수 있다.	☐	☐	☐
★ '맥스가 진실을 말하고 있다고 확신해'라고 말할 수 있다.	☐	☐	☐

* 스코어 계산법:
　그렇다=3점, 보통이다=2점, 모르겠다=1점

나의 합계 스코어는 _____ 점

☑ **셀프진단**

» **15점 이상 ★★★**
정말 훌륭합니다! '메인 요리1~3'을 입으로 뱉어 본 후 바로 학습을 종료해 주세요.

» **10~14점 ★★**
거의 다 왔습니다! 약한 부분만 시간에 맞춰 다시 학습한 후 학습을 종료해 주세요.

» **10점 미만 ★**
괜찮아요! 다시 한번 차근차근 '메인 요리1~3'을 학습해 봅시다!

DAY 10

"여기서 2년 동안 일해 왔어"

지금까지 해 오던 일/경험 말하기

원어민 음성듣기

오늘의 후루룩 코스

 에피타이저    메인요리 1~3    디저트

후루룩 학습법

 +  =

▶ 25분 학습 ◀　　　▶ 5분 휴식 ◀　　　"1일 1후루룩 했다!"

1분 워밍업
- **에피타이저**　학습 전 셀프 체크하기

24분 집중
- **메인 요리1**　난 20년 동안 그녀를 알고 있어.
- **요리 즐기기**　말하기 연습
- **메인 요리2**　나는 여기서 2년 동안 일해 왔어.
- **요리 즐기기**　말하기 연습
- **메인 요리3**　난 미국에 한 번 가 본 적 있어.
- **요리 즐기기**　말하기 연습

5분 휴식
- **디저트**　학습 후 다시 한번 셀프 진단하기

| 에피타이저 | 메인요리 ❶ | 메인요리 ❷ | 메인요리 ❸ | 디저트 |

학습을 시작하기 전, 내가 얼마나 알고 있는지 셀프 체크를 해 봅시다.

	YES	NO
★ 'have + 과거분사'의 쓰임새를 설명할 수 있다.	☐	☐
★ 'know(알다)'의 과거분사를 알고 있다.	☐	☐
★ 'have been V-ing'이라는 표현을 알고 있다.	☐	☐
★ '1년 동안'을 말할 수 있다.	☐	☐
★ '~한 적 있다'라는 경험의 표현을 알고 있다.	☐	☐
★ '미국에 한 번 가 본 적이 있다'고 전달할 수 있다.	☐	☐

☑ 셀프진단

» **Yes가 5개 이상일 경우**
'메인요리1~3'을 빠르게 확인 후 '메인요리 즐기기'에 도전해 보세요!

» **Yes가 5개 이하일 경우**
'메인요리1~3'을 집중해서 확인 후 '메인요리 즐기기'에 도전해 보세요!

에피타이저　**메인요리 ❶**　메인요리 ❷　메인요리 ❸　디저트

> 난 20년 동안 그녀를 알고 있어.
> I ___ ___ her for twenty years.

'have + 과거분사'는 과거에 시작해 지금까지 쭉 이어서 진행되어 온 일을 말할 때 씁니다.

난 알고 있어.	I've known
난 그녀를 알고 있어.	I've known her.
난 20년 동안 그녀를 알고 있어.	I've known her for twenty years.

 know(알다)의 과거분사는 known이며, live(살다)의 과거분사는 lived예요.

우린 쭉 살고 있어.	We've lived
우린 여기서 쭉 살고 있어.	We've lived here.
우린 8년 동안 여기서 쭉 살고 있어.	We've lived here for eight years.

후루룩 말하기

★후루룩 말하기 정답은 요리즐기기 정답 158p에서 확인!

> 짐은 23년 동안 같은 회사에서 근무했어요.

- Jim has _____ .
  짐은 같은 회사에서 근무했어요.

- Jim has worked _____ .
  짐은 23년 동안 같은 회사에서 근무했어요.

Hint!
- 같은 회사에서 – at the same company
- 23년 동안 – for 23 years

| 에피타이저 | **메인요리 ❶** | 메인요리 ❷ | 메인요리 ❸ | 디저트 |

🍽 메인요리 즐기기

SCAN ME!

💬 우리말을 보고 원어민 음성을 들으며 말해 봅시다.

2번 듣고 말하기

- ✅ ☐ 난 그녀를 알고 있어.
- ☐ ☐ 난 그녀를 알고 있어.
- ☐ ☐ 난 그녀를 알고 있어.

- ☐ ☐ 난 20년 동안 그녀를 알고 있어.
- ☐ ☐ 난 20년 동안 그녀를 알고 있어.
- ☐ ☐ 난 20년 동안 그녀를 알고 있어.

- ☐ ☐ 우린 여기서 쭉 살고 있어.
- ☐ ☐ 우린 여기서 쭉 살고 있어.
- ☐ ☐ 우린 여기서 쭉 살고 있어.

- ☐ ☐ 우린 8년 동안 여기서 쭉 살고 있어.
- ☐ ☐ 우린 8년 동안 여기서 쭉 살고 있어.
- ☐ ☐ 우린 8년 동안 여기서 쭉 살고 있어.

- ☐ ☐ 짐은 23년 동안 같은 회사에서 근무했어요.
- ☐ ☐ 짐은 23년 동안 같은 회사에서 근무했어요.
- ☐ ☐ 짐은 23년 동안 같은 회사에서 근무했어요.

DAY 10

메인요리 ❷

> 나는 여기서 2년 동안 일해 왔어.
> I _____ _____ working here for two years.

어떤 일을 오랫동안 해 온 것을 말하고 싶을 때는 'have been V-ing' 패턴을 사용하면 된답니다. 'have been V-ing'는 과거에 시작되어 지금까지도 진행 중이거나 바로 지금 전 까지 지속됐던 일을 말할 때 쓰는 표현입니다.

나는 일해 왔어.	I've been working.
나는 여기서 일해 왔어.	I've been working here.
나는 2년 동안 여기서 일해 왔어.	I've been working here for two years.
에스더는 공부해 왔어.	Esther has been studying.
에스더는 영어를 공부해 왔어.	Esther has been studying English.
에스더는 6개월 동안 영어를 공부해 왔어.	Esther has been studying English for six months.

후루룩 말하기

★후루룩 말하기 정답은 요리즐기기 정답 158p에서 확인!

나는 1년 동안 이 프로젝트를 해 왔어.

- I've been _____.
  나는 이 프로젝트를 해 왔어.

- I've been working _____.
  나는 1년 동안 이 프로젝트를 해 왔어.

Hint!
- 일하다 – working
- 이 프로젝트를 – on this project
- 1년 동안 – for a year

 **메인요리 즐기기**

 우리말을 보고 원어민 음성을 들으며 말해 봅시다.

2번 듣고 말하기

☑ ☐ 나는 여기서 일해 왔어.
☐ ☐ 나는 여기서 일해 왔어.
☐ ☐ 나는 여기서 일해 왔어.

☐ ☐ 나는 2년 동안 여기서 일해 왔어.
☐ ☐ 나는 2년 동안 여기서 일해 왔어.
☐ ☐ 나는 2년 동안 여기서 일해 왔어.

☐ ☐ 에스더는 영어를 공부해 왔어.
☐ ☐ 에스더는 영어를 공부해 왔어.
☐ ☐ 에스더는 영어를 공부해 왔어.

☐ ☐ 에스더는 6개월 동안 영어를 공부해 왔어.
☐ ☐ 에스더는 6개월 동안 영어를 공부해 왔어.
☐ ☐ 에스더는 6개월 동안 영어를 공부해 왔어.

☐ ☐ 나는 1년 동안 이 프로젝트를 해 왔어.
☐ ☐ 나는 1년 동안 이 프로젝트를 해 왔어.
☐ ☐ 나는 1년 동안 이 프로젝트를 해 왔어.

| 에피타이저 | 메인요리 ❶ | 메인요리 ❷ | **메인요리 ❸** | 디저트 |

 메인요리 ❸

> 난 미국에 한 번 가 본 적 있어.
> I _____ _____ to the States once.

⏰ 8분

'~한 적이 있어'라고 지금까지 경험해 봤던 것을 말할 때는 'have + 과거분사' 패턴을 사용합니다. 친구에게 나의 경험을 공유해 보세요.

난 가 본 적 있어.	I've been
난 미국에 가 본 적 있어.	I've been to the States.
난 한 번 미국에 가 본 적 있어.	I've been to the States once.

난 와 본 적 없어.	I've never been
난 여기 와 본 적 없어.	I've never been here.
난 전에 여기 와 본 적 없어.	I've never been here before.

꿀팁
be의 과거분사(p.p)는 been이며, '난 ~에 와 본 적 없어'라고 말하고 싶을 때는 'I've never been to~' 패턴을 사용해 보세요.

후루룩 말하기

★후루룩 말하기 정답은 요리줄기기 정답 158p에서 확인!

> 난 전에 그 사람 만난 적 없어.

- I've never _____ _____.
  난 그 사람 만난 적 없어.

- I've never met _____ _____.
  난 전에 그 사람 만난 적 없어.

Hint!
- meet(만나다)의 과거분사 – met
- 전에 – before

112 후루룩 영어 왕초보

메인요리 즐기기

 우리말을 보고 원어민 음성을 들으며 말해 봅시다.

2번 듣고 말하기

☑ ☐ 난 미국에 가 본 적 있어.
☐ ☐ 난 미국에 가 본 적 있어.
☐ ☐ 난 미국에 가 본 적 있어.

☐ ☐ 난 한 번 미국에 가 본 적 있어.
☐ ☐ 난 한 번 미국에 가 본 적 있어.
☐ ☐ 난 한 번 미국에 가 본 적 있어.

☐ ☐ 난 여기 와 본 적 없어.
☐ ☐ 난 여기 와 본 적 없어.
☐ ☐ 난 여기 와 본 적 없어.

☐ ☐ 난 전에 여기 와 본 적 없어.
☐ ☐ 난 전에 여기 와 본 적 없어.
☐ ☐ 난 전에 여기 와 본 적 없어.

☐ ☐ 난 전에 그 사람 만난 적 없어.
☐ ☐ 난 전에 그 사람 만난 적 없어.
☐ ☐ 난 전에 그 사람 만난 적 없어.

| 에피타이저 | 메인요리 ❶ | 메인요리 ❷ | 메인요리 ❸ | 디저트 |

디저트

5분 휴식

학습을 마친 후, 얼마나 이해했는지 다시 한번 체크해 보세요!

	그렇다	보통이다	모르겠다
★ '난 20년 동안 그녀를 알고 있어'라고 말할 수 있다.	☐	☐	☐
★ '우리 8년 동안 여기서 쭉 살고 있어'라고 전할 수 있다.	☐	☐	☐
★ '나는 여기서 2년 동안 일해 왔어'라고 말할 수 있다.	☐	☐	☐
★ '그녀는 6개월 동안 영어를 공부해 왔어'라고 말할 수 있다.	☐	☐	☐
★ '나 전에 여기 와 본 적 있어'라고 전달할 수 있다.	☐	☐	☐
★ '나 전에 그 사람 만난 적 없어'라고 말할 수 있다.	☐	☐	☐

* 스코어 계산법 :
  그렇다=3점, 보통이다=2점, 모르겠다=1점

나의 합계 스코어는 _____ 점

☑ 셀프진단

» **15점 이상 ★★★**
  정말 훌륭합니다! '메인 요리1~3'을 입으로 뱉어 본 후 바로 학습을 종료해 주세요.

» **10~14점 ★★**
  거의 다 왔습니다! 약한 부분만 시간에 맞춰 다시 학습한 후 학습을 종료해 주세요.

» **10점 미만 ★**
  괜찮아요! 다시 한번 차근차근 '메인 요리1~3'을 학습해 봅시다!

DAY 11

"만약 내일 눈이 오면 집에 있을 거야"

상황을 가정해서 말하기

원어민 음성듣기

오늘의 후루룩 코스

에피타이저

메인요리 1~3

디저트

후루룩 학습법

▸ 25분 학습 ◂   ▸ 5분 휴식 ◂   "1일 1후루룩 했다!"

1분 워밍업
- **에피타이저**   학습 전 셀프 체크하기

24분 집중
- **메인 요리 1**   만약 내일 눈이 오면 나는 집에 있을 거야.
- **요리 즐기기**   말하기 연습
- **메인 요리 2**   만약 시간이 더 많았으면 운동을 더 자주 했을 텐데.
- **요리 즐기기**   말하기 연습
- **메인 요리 3**   내가 너라면, 잠시 쉬었을 거야.
- **요리 즐기기**   말하기 연습

5분 휴식
- **디저트**   학습 후 다시 한번 셀프 진단하기

| 에피타이저 | 메인요리 ❶ | 메인요리 ❷ | 메인요리 ❸ | 디저트 |

학습을 시작하기 전, 내가 얼마나 알고 있는지 셀프 체크를 해 봅시다.

	YES	NO
★ 가정법을 알고 있다.	☐	☐
★ '만약 내일 눈에 오면'을 말할 수 있다.	☐	☐
★ 후회의 감정을 전달할 때, 무슨 표현을 사용하는지 알고 있다.	☐	☐
★ '만약 돈이 더 많았다면 새 차를 샀을 텐데'라고 말할 수 있다.	☐	☐
★ 누군가에게 조언을 해 줄 때 사용하는 표현을 알고 있다.	☐	☐
★ '내가 너라면'이라는 표현을 알고 있다.	☐	☐

☑ 셀프진단

» **Yes가 5개 이상일 경우**
'메인요리1~3'을 빠르게 확인 후 '메인요리 즐기기'에 도전해 보세요!

» **Yes가 5개 이하일 경우**
'메인요리1~3'을 집중해서 확인 후 '메인요리 즐기기'에 도전해 보세요!

메인요리 ❶

만약 내일 눈이 오면 나는 집에 있을 거야.

_____ it snows tomorrow, I will stay home.

여러분은 날씨나 상황에 따라 계획을 바꿀 때 어떻게 표현하시나요? 가정 상황을 이야기할 때 If를 사용하면 미래나 현재의 조건에 따라 무엇을 할지 자연스럽게 표현할 수 있어요.

만약 내일 눈이 오면	**If** it snows tomorrow
만약 내일 눈이 오면 나는 ~할 거야.	**If** it snows tomorrow, **I will**
만약 내일 눈이 오면 나는 집에 있을 거야.	**If** it snows tomorrow, **I will** stay home.

만약 내일 날씨가 좋으면	**If** the weather is nice tomorrow
만약 내일 날씨가 좋으면, 나는 ~할 거야.	**If** the weather is nice tomorrow, **I will**
만약 내일 날씨가 좋으면, 나는 나가서 런닝을 할 거야.	**If** the weather is nice tomorrow, **I will** go for a run.

후루룩 말하기

★후루룩 말하기 정답은 요리줄기기 정답 158p에서 확인!

만약 내일 늦잠을 자면, 수업에 늦을 거야.

- If I _____
  만약 내일 늦잠을 자면

- If I _____, I will _____.
  만약 내일 늦잠을 자면, 수업에 늦을 거야.

Hint!
- 늦잠을 자다 – oversleep
- 수업에 늦다 – be late for class

메인요리 즐기기

 우리말을 보고 원어민 음성을 들으며 말해 봅시다.

2번 듣고 말하기

- ☑ ☐ 만약 내일 눈이 오면 나는 ~할 거야.
- ☐ ☐ 만약 내일 눈이 오면 나는 ~할 거야.
- ☐ ☐ 만약 내일 눈이 오면 나는 ~할 거야.

- ☐ ☐ 만약 내일 눈이 오면 나는 집에 있을 거야.
- ☐ ☐ 만약 내일 눈이 오면 나는 집에 있을 거야.
- ☐ ☐ 만약 내일 눈이 오면 나는 집에 있을 거야.

- ☐ ☐ 만약 내일 날씨가 좋으면, 나는 ~할 거야.
- ☐ ☐ 만약 내일 날씨가 좋으면, 나는 ~할 거야.
- ☐ ☐ 만약 내일 날씨가 좋으면, 나는 ~할 거야.

- ☐ ☐ 만약 내일 날씨가 좋으면, 나는 나가서 런닝을 할 거야.
- ☐ ☐ 만약 내일 날씨가 좋으면, 나는 나가서 런닝을 할 거야.
- ☐ ☐ 만약 내일 날씨가 좋으면, 나는 나가서 런닝을 할 거야.

- ☐ ☐ 만약 내일 늦잠을 자면, 수업에 늦을 거야.
- ☐ ☐ 만약 내일 늦잠을 자면, 수업에 늦을 거야.
- ☐ ☐ 만약 내일 늦잠을 자면, 수업에 늦을 거야.

| 에피타이저 | 메인요리 ❶ | **메인요리 ❷** | 메인요리 ❸ | 디저트 |

 **메인요리 ❷**

 8분

만약 시간이 더 많았으면 운동을 더 자주 했을 텐데.

_____ _____ _____ more time, I would exercise more.

바빠서 운동을 못 하고 있을 때, '만약 시간이 더 많았다면, 운동을 더 자주 했을 텐데'라고 말하지 않나요? 이처럼 현재와 반대되는 상황을 가정해서 말할 땐, If + 주어 + 동사의 과거형을 사용해 표현할 수 있어요.

만약 ~했으면, 난 ~했을 텐데.	If I had, I would
만약 시간이 더 많았으면 ~했을 텐데.	If I had more time, I would
만약 시간이 더 많았으면 운동을 더 자주 했을 텐데.	If I had more time, I would exercise more.

만약 ~했으면, 난 ~했을 텐데.	If I had, I would
만약 돈이 더 많았으면 ~했을 텐데.	If I had more money, I would
만약 돈이 더 많았으면 새 차를 샀을 텐데.	If I had more money, I would buy a new car.

후루룩 말하기

★후루룩 말하기 정답은 요리즐기기 정답 158p에서 확인!

만약 릴리가 여기 있었으면 우리를 도와줄 텐데.

- If Lilly were _____, she would .
  만약 릴리가 여기 있었으면 ~했을 텐데.

- If Lilly were _____, she would _____.
  만약 릴리가 여기 있었으면 우리를 도와줄 텐데.

Hint!
- 여기 – here
- 우리를 도와주다 – help us

| 에피타이저 | 메인요리 ❶ | **메인요리 ❷** | 메인요리 ❸ | 디저트 |

SCAN ME!

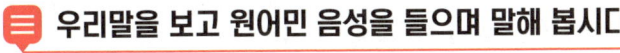

2번 듣고 말하기

- ☑ ☐ 만약 시간이 더 많았으면 ~했을 텐데.
- ☐ ☐ 만약 시간이 더 많았으면 ~했을 텐데.
- ☐ ☐ 만약 시간이 더 많았으면 ~했을 텐데.

- ☐ ☐ 만약 시간이 더 많았으면 운동을 더 자주 했을 텐데.
- ☐ ☐ 만약 시간이 더 많았으면 운동을 더 자주 했을 텐데.
- ☐ ☐ 만약 시간이 더 많았으면 운동을 더 자주 했을 텐데.

- ☐ ☐ 만약 돈이 더 많았으면 ~했을 텐데.
- ☐ ☐ 만약 돈이 더 많았으면 ~했을 텐데.
- ☐ ☐ 만약 돈이 더 많았으면 ~했을 텐데.

- ☐ ☐ 만약 돈이 더 많았으면 새 차를 샀을 텐데.
- ☐ ☐ 만약 돈이 더 많았으면 새 차를 샀을 텐데.
- ☐ ☐ 만약 돈이 더 많았으면 새 차를 샀을 텐데.

- ☐ ☐ 만약 릴리가 여기 있었으면 우리를 도와줄 텐데.
- ☐ ☐ 만약 릴리가 여기 있었으면 우리를 도와줄 텐데.
- ☐ ☐ 만약 릴리가 여기 있었으면 우리를 도와줄 텐데.

| 에피타이저 | 메인요리 ❶ | 메인요리 ❷ | **메인요리 ❸** | 디저트 |

 메인요리 ❸

 8분

내가 너라면, 잠시 쉬었을 거야.

_____ _____ _____ you, I would take a break.

우리가 종종 상대방에게 조언을 해 주죠? 조언을 할 때 If I were you(내가 만약 너라면)라는 표현을 사용할 수 있어요. '내가 만약 ~라는 존재라면'이라고 가정하고, 상대방에게 조언해 보세요.

내가 ~라면, ~했을 거야.	If I were, I would	
내가 너라면, ~했을 거야.	If I were you, I would	
내가 너라면, 잠시 쉬었을 거야.	If I were you, I would take a break.	

 조언할 때 패턴!
If I were A, I would V
= 내가 A라면, 난 ~할 거야.

만약 ~라면, ~하겠어?	If you were, would you ~?
네가 나라면, ~하겠어?	If you were me, would you ~?
네가 나라면, 그만두겠어?	If you were me, would you quit?

후루룩 말하기

★후루룩 말하기 정답은 요리줄기기 정답 158p에서 확인!

내가 그들이라면, 그 제안을 받아들였을 거야.

- If I were _____, I would _____.
  내가 그들이라면, 받아들였을 거야.

- If I were them, I would _____.
  내가 그들이라면, 그 제안을 받아들였을 거야.

Hint!
- 그 제안 – the proposal
- 받아들이다 – accept

 메인요리 ❸

메인요리 즐기기

SCAN ME!

 우리말을 보고 원어민 음성을 들으며 말해 봅시다.

2번 듣고 말하기

- ☑ ☐ 내가 너라면, ~했을 거야.
- ☐ ☐ 내가 너라면, ~했을 거야.
- ☐ ☐ 내가 너라면, ~했을 거야.

- ☐ ☐ 내가 너라면, 잠시 쉬었을 거야.
- ☐ ☐ 내가 너라면, 잠시 쉬었을 거야.
- ☐ ☐ 내가 너라면, 잠시 쉬었을 거야.

- ☐ ☐ 네가 나라면, ~하겠어?
- ☐ ☐ 네가 나라면, ~하겠어?
- ☐ ☐ 네가 나라면, ~하겠어?

- ☐ ☐ 네가 나라면, 그만두겠어?
- ☐ ☐ 네가 나라면, 그만두겠어?
- ☐ ☐ 네가 나라면, 그만두겠어?

- ☐ ☐ 내가 그들이라면, 그 제안을 받아들였을 거야.
- ☐ ☐ 내가 그들이라면, 그 제안을 받아들였을 거야.
- ☐ ☐ 내가 그들이라면, 그 제안을 받아들였을 거야.

| 에피타이저 | 메인요리 ❶ | 메인요리 ❷ | 메인요리 ❸ | **디저트** |

디저트

5분 휴식

학습을 마친 후, 얼마나 이해했는지 다시 한번 체크해 보세요!

	그렇다	보통이다	모르겠다
★ '만약 내일 눈이 오면 난 집에 있을 거야'라고 말할 수 있다.	☐	☐	☐
★ '만약 내일 늦잠을 자면 수업에 늦을 거야'라고 말할 수 있다.	☐	☐	☐
★ '내가 ~하면, 난 ~할 텐데' 후회 표현을 알고 있다.	☐	☐	☐
★ '만약 돈이 더 많았으면 새 차를 샀을 텐데'라고 말할 수 있다.	☐	☐	☐
★ 조언할 때의 패턴을 설명할 수 있다.	☐	☐	☐
★ '네가 나라면, 그만두겠어?'라고 전달할 수 있다.	☐	☐	☐

* 스코어 계산법 :
그렇다=3점, 보통이다=2점, 모르겠다=1점

나의 합계 스코어는 _____ 점

☑ **셀프진단**

» **15점 이상 ★★★**
정말 훌륭합니다! '메인 요리1~3'을 입으로 뱉어 본 후 바로 학습을 종료해 주세요.

» **10~14점 ★★**
거의 다 왔습니다! 약한 부분만 시간에 맞춰 다시 학습한 후 학습을 종료해 주세요.

» **10점 미만 ★**
괜찮아요! 다시 한번 차근차근 '메인 요리1~3'을 학습해 봅시다!

DAY 12

"당신은 주문할 준비되셨나요?"

Yes/no로 답하는 질문하기

원어민 음성듣기

오늘의 후루룩 코스

 에피타이저
 메인요리 1~3
 디저트

후루룩 학습법

 +  =

▶ 25분 학습 ◀ ▶ 5분 휴식 ◀ "1일 1후루룩 했다!"

1분 워밍업

- **에피타이저**   학습 전 셀프 체크하기

24분 집중

- **메인 요리1**   당신은 주문할 준비되셨나요?
- **요리 즐기기**   말하기 연습
- **메인 요리2**   너 이번 주말에 계획 있어?
- **요리 즐기기**   말하기 연습
- **메인 요리3**   제 핸드폰 고치는 거 좀 도와줄 수 있어요?
- **요리 즐기기**   말하기 연습

5분 휴식

- **디저트**   학습 후 다시 한번 셀프 진단하기

| 에피타이저 | 메인요리 ❶ | 메인요리 ❷ | 메인요리 ❸ | 디저트 |

학습을 시작하기 전, 내가 얼마나 알고 있는지 셀프 체크를 해 봅시다.

	YES	NO
★ '당신은 ~예요?'라는 표현을 알고 있다.	☐	☐
★ '결혼 기념일' 표현을 알고 있다.	☐	☐
★ '당신은 ~해요?'와 '당신은 ~예요?'를 비교할 수 있다.	☐	☐
★ '너 이번 주말에 계획 있어?'라고 상대에게 전할 수 있다.	☐	☐
★ '~해 줄 수 있어?'라는 표현을 알고 있다.	☐	☐
★ '너 내 자리 좀 맡아 줄 수 있어?'라고 말할 수 있다.	☐	☐

☑ 셀프진단

» **Yes가 5개 이상일 경우**
'메인요리1~3'을 빠르게 확인 후 '메인요리 즐기기'에 도전해 보세요!

» **Yes가 5개 이하일 경우**
'메인요리1~3'을 집중해서 확인 후 '메인요리 즐기기'에 도전해 보세요!

| 에피타이저 | **메인요리 ❶** | 메인요리 ❷ | 메인요리 ❸ | 디저트 |

 메인요리 ❶

 8분

당신은 주문할 준비되셨나요?

☐ ☐ ready to order?

'Are you~?'는 '당신은 ~예요?'라는 의미로, 예상되는 상황에 대해 상대방에게 맞는지 아닌지 물어볼 때 사용합니다. be동사가 들어간 의문문일 경우, Yes 혹은 No라고 대답해요.

당신은 ~됐나요?	Are you~?
당신은 준비되셨나요?	Are you ready?
당신은 주문할 준비되셨나요?	Are you ready to order?

혹시 우리 ~인가요?	Are we~?
혹시 우리 괜찮나요?	Are we okay?
혹시 우리 말해도 괜찮나요?	Are we okay to talk?

> 꿀팁
> 'be 동사'가 들어간 문장은 '주어'와 'be 동사'의 위치를 바꾸면 질문이 돼요.
> You are~.
> → Are you~?

후루룩 말하기

★후루룩 말하기 정답은 요리즐기기 정답 158p에서 확인!

혹시 오늘이 당신의 결혼기념일인가요?

- Is today _____?
  혹시 오늘이 당신의 기념일인가요?

- Is today your _____?
  혹시 오늘이 당신의 결혼기념일인가요?

> Hint!
> • 기념일 – anniversary
> • 결혼기념일
>   – wedding anniversary

 메인요리 ❶

메인요리 즐기기

SCAN ME!

💬 우리말을 보고 원어민 음성을 들으며 말해 봅시다.

2번 듣고 말하기

☑ ☐ 당신은 <u>준비</u>되<u>셨나요</u>?
☐ ☐ 당신은 <u>준비</u>되<u>셨나요</u>?
☐ ☐ 당신은 <u>준비</u>되<u>셨나요</u>?

☐ ☐ 당신은 **주문할** <u>준비</u>되<u>셨나요</u>?
☐ ☐ 당신은 **주문할** <u>준비</u>되<u>셨나요</u>?
☐ ☐ 당신은 **주문할** <u>준비</u>되<u>셨나요</u>?

☐ ☐ 혹시 우리 <u>괜찮</u>나요?
☐ ☐ 혹시 우리 <u>괜찮</u>나요?
☐ ☐ 혹시 우리 <u>괜찮</u>나요?

☐ ☐ 혹시 우리 **말해도** <u>괜찮</u>나요?
☐ ☐ 혹시 우리 **말해도** <u>괜찮</u>나요?
☐ ☐ 혹시 우리 **말해도** <u>괜찮</u>나요?

☐ ☐ 혹시 오늘이 당신 **결혼**<u>기념일인가요</u>?
☐ ☐ 혹시 오늘이 당신 **결혼**<u>기념일인가요</u>?
☐ ☐ 혹시 오늘이 당신 **결혼**<u>기념일인가요</u>?

DAY 12

| 에피타이저 | 메인요리 ❶ | **메인요리 ❷** | 메인요리 ❸ | 디저트 |

 메인요리 ❷

너 이번 주말에 계획 있어?
_____ _____ have plans this weekend?

 8분

Do you~?는 '당신은 ~해요?'라는 의미로, 보통 일반 동사가 들어간 문장의 의문문은 Do를 앞에 붙입니다. 이 경우에도 Yes 혹은 No라고 대답할 수 있어요.

너 ~있어?	Do you have~?
너 계획 있어?	Do you have plans?
너 이번 주말에 계획 있어?	Do you have plans this weekend?

 꿀팁

Did you get~?처럼 Do의 과거형 Did로 물어보더라도 **주어 뒤의 동사는 반드시 원형이** 들어가야 해요. 과거형을 넣지 않도록 주의해요.

너 ~했어?	Did you~?
너 ~받았어?	Did you get~?
너 내 메시지 받았어?	Did you get my message?

후루룩 말하기

★후루룩 말하기 정답은 요리즐기기 정답 158p에서 확인!

그녀가 네 전화번호는 알아?

- Does she _____ ~?
  그녀가 알아?

- Does she _____ _____ ?
  그녀가 네 전화번호는 알아?

Hint!
- 알다 – know
- 전화번호 – (phone) number

메인요리 즐기기

 우리말을 보고 원어민 음성을 들으며 말해 봅시다.

2번 듣고 말하기

- ☑ ☐ 너 계획 있어?
- ☐ ☐ 너 계획 있어?
- ☐ ☐ 너 계획 있어?

- ☐ ☐ 너 이번 주말에 계획 있어?
- ☐ ☐ 너 이번 주말에 계획 있어?
- ☐ ☐ 너 이번 주말에 계획 있어?

- ☐ ☐ 너 ~받았어?
- ☐ ☐ 너 ~받았어?
- ☐ ☐ 너 ~받았어?

- ☐ ☐ 너 내 메시지 받았어?
- ☐ ☐ 너 내 메시지 받았어?
- ☐ ☐ 너 내 메시지 받았어?

- ☐ ☐ 그녀가 네 전화번호는 알아?
- ☐ ☐ 그녀가 네 전화번호는 알아?
- ☐ ☐ 그녀가 네 전화번호는 알아?

DAY 12

| 에피타이저 | 메인요리 ❶ | 메인요리 ❷ | **메인요리 ❸** | 디저트 |

메인요리 ❸

제 핸드폰 고치는 거 좀 도와줄 수 있어요?
_____ _____ help me fix my phone?

혼자 사는 세상이 아닌 만큼 상대방에게 부탁을 할 때가 오죠? Can you~?(~해 줄 수 있어?)라는 표현을 사용하면 다양한 부탁을 할 수 있어요. can과 같은 조동사가 있는 의문문일 경우에도 Yes 혹은 No라고 답하면 된답니다. 공손하게 표현하고 싶을 땐, can 대신 could를 사용해 보세요.

저 도와줄 수 있어요?	Can you help me~?
저 고치는 거 도와줄 수 있어요?	Can you help me fix~?
제 핸드폰 고치는 거 도와줄 수 있어요?	Can you help me fix my phone?

너 ~해 줄 수 있어?	Can you~?
너 맡아줄 수 있어?	Can you save?
너 내 자리 맡아줄 수 있어?	Can you save my spot?

후루룩 말하기

★후루룩 말하기 정답은 요리즐기기 정답 158p에서 확인!

메모를 나랑 공유해 줄 수 있어?

- Can you _____?
  공유해 줄 수 있어?

- Can you share _____?
  메모를 나랑 공유해 줄 수 있어?

Hint!
- 공유하다 – share
- 메모 – notes
- 나랑 – with me

132 후루룩 영어 왕초보

| 에피타이저 | 메인요리 ❶ | 메인요리 ❷ | **메인요리 ❸** | 디저트 |

🍴 메인요리 즐기기

💬 우리말을 보고 원어민 음성을 들으며 말해 봅시다.

2번 듣고 말하기

☑ ☐   저 고치는 거 도와줄 수 있어요?
☐ ☐   저 고치는 거 도와줄 수 있어요?
☐ ☐   저 고치는 거 도와줄 수 있어요?

☐ ☐   제 핸드폰 고치는 거 도와줄 수 있어요?
☐ ☐   제 핸드폰 고치는 거 도와줄 수 있어요?
☐ ☐   제 핸드폰 고치는 거 도와줄 수 있어요?

☐ ☐   너 맡아줄 수 있어?
☐ ☐   너 맡아줄 수 있어?
☐ ☐   너 맡아줄 수 있어?

☐ ☐   너 내 자리 맡아줄 수 있어?
☐ ☐   너 내 자리 맡아줄 수 있어?
☐ ☐   너 내 자리 맡아줄 수 있어?

☐ ☐   메모를 나랑 공유해 줄 수 있어?
☐ ☐   메모를 나랑 공유해 줄 수 있어?
☐ ☐   메모를 나랑 공유해 줄 수 있어?

| 에피타이저 | 메인요리 ❶ | 메인요리 ❷ | 메인요리 ❸ | **디저트** |

학습을 마친 후, 얼마나 이해했는지 다시 한번 체크해 보세요!

　　　　　　　　　　　　　　　　　　　　　　　　　그렇다　보통이다　모르겠다

★ '당신은 주문할 준비되셨나요?'라고 질문할 수 있다.　☐　☐　☐

★ '혹시 오늘이 너의 결혼기념일이야?' 라고 질문할 수 있다.　☐　☐　☐

★ '너 이번 주말에 계획 있어?'라고 물어볼 수 있다.　☐　☐　☐

★ '너 내 메시지 받았어?' 라고 물어볼 수 있다.　☐　☐　☐

★ '좀 도와줄 수 있어요?'라고 공손하게 말할 수 있다.　☐　☐　☐

★ '메모를 저와 공유해 줄 수 있나요?'라고 말할 수 있다.　☐　☐　☐

* 스코어 계산법 :
  그렇다=3점, 보통이다=2점, 모르겠다=1점

나의 합계 스코어는 _____ 점

☑ 셀프진단

» **15점 이상 ★★★**
  정말 훌륭합니다! '메인 요리1~3'을 입으로 뱉어 본 후 바로 학습을 종료해 주세요.

» **10~14점 ★★**
  거의 다 왔습니다! 약한 부분만 시간에 맞춰 다시 학습한 후 학습을 종료해 주세요.

» **10점 미만 ★**
  괜찮아요! 다시 한번 차근차근 '메인 요리1~3'을 학습해 봅시다!

DAY 13

"누가 파티에 와?"

who/when/why로 질문하기

원어민 음성듣기

오늘의 후루룩 코스

에피타이저

메인요리1~3

디저트

후루룩 학습법

▸ 25분 학습 ◂　　　▸ 5분 휴식 ◂　　　"1일 1후루룩 했다!"

1분 워밍업
- 에피타이저　　학습 전 셀프 체크하기

24분 집중
- 메인 요리1　　누가 파티에 와?
- 요리 즐기기　　말하기 연습
- 메인 요리2　　회의 시작은 언제예요?
- 요리 즐기기　　말하기 연습
- 메인 요리3　　왜 계획을 바꿨어?
- 요리 즐기기　　말하기 연습

5분 휴식
- 디저트　　학습 후 다시 한번 셀프 진단하기

| 에피타이저 | 메인요리 ❶ | 메인요리 ❷ | 메인요리 ❸ | 디저트 |

학습을 시작하기 전, 내가 얼마나 알고 있는지 셀프 체크를 해 봅시다.

	YES	NO
★ '누가'라는 표현을 알고 있다.	☐	☐
★ '언제'라는 표현을 알고 있다.	☐	☐
★ '왜'라는 표현을 알고 있다.	☐	☐
★ '누가 파티에 와?'라고 말할 수 있다.	☐	☐
★ '언제 회의 시작해요?'라고 말할 수 있다.	☐	☐
★ '왜 계획을 바꿨어'라고 말할 수 있다.	☐	☐

☑ 셀프진단

» Yes가 5개 이상일 경우
'메인요리1~3'을 빠르게 확인 후 '메인요리 즐기기'에 도전해 보세요!

» Yes가 5개 이하일 경우
'메인요리1~3'을 집중해서 확인 후 '메인요리 즐기기'에 도전해 보세요!

| 에피타이저 | **메인요리 ❶** | 메인요리 ❷ | 메인요리 ❸ | 디저트 |

메인요리 ❶

누가 파티에 와?

_____ _____ coming to the party.

문장에서 주어를 Who(누가)로 바꾸면 '누가 ~인가요?' 혹은 '누가 ~하나요?'라는 의미가 됩니다. who가 문장의 주어 역할을 하여 특정 사람이나 존재, 그 사람의 행위에 대해 물어볼 수 있어요.

누가 ~야?	Who~?
누가 와?	Who is coming?
누가 파티에 와?	Who is coming to the party?

누가 ~해?	Who~?
누가 작성했어?	Who wrote~?
누가 이 보고서 작성했어?	Who wrote this report?

 'Who ~?' 질문은 누가 어떤 사람인지를 묻는 것 외에도, 누가 어떤 것에 책임이 있고 누가 뭘 원하는지 등도 물을 수 있습니다.

후루룩 말하기

★후루룩 말하기 정답은 요리즐기기 정답 159p에서 확인!

누가 이 프로젝트를 맡고 있나요?

- Who is _____?
  누가 맡고 있나요?

- Who is _____ of _____?
  누가 이 프로젝트를 맡고 있나요?

Hint!
- 담당하다 – in charge
- 이 프로젝트 – this project

| 에피타이저 | **메인요리 ①** | 메인요리 ② | 메인요리 ③ | 디저트 |

🍴 메인요리 즐기기

💬 우리말을 보고 원어민 음성을 들으며 말해 봅시다.

SCAN ME!

2번 듣고 말하기

- ☑ ☐ 누가 와?
- ☐ ☐ 누가 와?
- ☐ ☐ 누가 와?

- ☐ ☐ 누가 파티에 와?
- ☐ ☐ 누가 파티에 와?
- ☐ ☐ 누가 파티에 와?

- ☐ ☐ 누가 작성했어?
- ☐ ☐ 누가 작성했어?
- ☐ ☐ 누가 작성했어?

- ☐ ☐ 누가 이 보고서 작성했어?
- ☐ ☐ 누가 이 보고서 작성했어?
- ☐ ☐ 누가 이 보고서 작성했어?

- ☐ ☐ 누가 이 프로젝트를 맡고 있나요?
- ☐ ☐ 누가 이 프로젝트를 맡고 있나요?
- ☐ ☐ 누가 이 프로젝트를 맡고 있나요?

메인요리 ❷

8분

회의 시작은 언제예요?

⬜⬜⬜ ⬜⬜ the meeting starting?

그럼 우리가 계획이나 일정에 대해 물어볼 때는 어떤 표현을 사용해야 할까요? 바로 'When(언제)'입니다. 만약 정확한 시간이 궁금할 때는 'What time ~'을 활용해서 질문해 보세요.

~은 언제예요?	When is ~?
회의는 언제예요?	When is the meeting ~?
회의 시작은 언제예요?	When is the meeting starting?

🍯 **팁**
When is/was 명사? 는 '~가 언제야/언제였어?'라는 뜻입니다.

언제 ~해요?	When does ~?
~은 언제 출발해요?	When does ~leave?
항공편은 언제 출발해요?	When does your flight leave?

후루룩 말하기

★후루룩 말하기 정답은 요리즐기기 정답 159p에서 확인!

가장 행복한 순간은 언제였나요?

- When _____ ~?
  ~은 언제였나요?

- When was your _____ ?
  가장 행복한 순간은 언제였나요?

Hint!
- 가장 행복한 – happiest
- 순간 – moment

🍽 메인요리 즐기기

SCAN ME!

📝 우리말을 보고 원어민 음성을 들으며 말해 봅시다.

 2번 듣고 말하기

- ☑ ☐ 회의는 언제예요?
- ☐ ☐ 회의는 언제예요?
- ☐ ☐ 회의는 언제예요?

- ☐ ☐ 회의 시작은 언제예요?
- ☐ ☐ 회의 시작은 언제예요?
- ☐ ☐ 회의 시작은 언제예요?

- ☐ ☐ 언제 출발해요?
- ☐ ☐ 언제 출발해요?
- ☐ ☐ 언제 출발해요?

- ☐ ☐ 항공편은 언제 출발해요?
- ☐ ☐ 항공편은 언제 출발해요?
- ☐ ☐ 항공편은 언제 출발해요?

- ☐ ☐ 가장 행복한 순간은 언제였나요?
- ☐ ☐ 가장 행복한 순간은 언제였나요?
- ☐ ☐ 가장 행복한 순간은 언제였나요?

| 에피타이저 | 메인요리 ❶ | 메인요리 ❷ | **메인요리 ❸** | 디저트 |

 **메인요리 ❸**

 8분

왜 계획을 바꿨어?

▢▢ you change the plan?

저는 누군가와 친해지기 위해선 무엇보다 '왜(why)'라는 질문을 가장 많이 해야 한다고 생각해요. 상대방의 의도를 이해할 수 있기 때문이죠. 'Why did/didn't~?'는 '왜 ~했어/안 했어?'라는 의미가 됩니다. 한번 연습해 볼까요?

왜 ~했어?	Why did~?
왜 너 바꿨어?	Why did you change?
왜 너 계획을 바꿨어?	Why did you change the plan?

왜 ~하지 않았어?	Why didn't~?
왜 앤드류는 오지 않았어?	Why didn't Andrew come?
왜 앤드류는 이벤트에 오지 않았어?	Why didn't Andrew come to the event?

후루룩 말하기

★후루룩 말하기 정답은 요리줄기기 정답 159p에서 확인!

왜 너 사실대로 말하지 않았어?

- Why didn't you _____ ?
  왜 너 말하지 않았어?

- Why didn't you _____ ?
  왜 너 사실대로 말하지 않았어?

Hint!
- 말하다 – tell
- 진실 – the truth

메인요리 즐기기

우리말을 보고 원어민 음성을 들으며 말해 봅시다.

2번 듣고 말하기

- ☑ ☐ 왜 너 바꿨어?
- ☐ ☐ 왜 너 바꿨어?
- ☐ ☐ 왜 너 바꿨어?

- ☐ ☐ 왜 너 계획을 바꿨어?
- ☐ ☐ 왜 너 계획을 바꿨어?
- ☐ ☐ 왜 너 계획을 바꿨어?

- ☐ ☐ 왜 앤드류는 오지 않았어?
- ☐ ☐ 왜 앤드류는 오지 않았어?
- ☐ ☐ 왜 앤드류는 오지 않았어?

- ☐ ☐ 왜 앤드류는 이벤트에 오지 않았어?
- ☐ ☐ 왜 앤드류는 이벤트에 오지 않았어?
- ☐ ☐ 왜 앤드류는 이벤트에 오지 않았어?

- ☐ ☐ 왜 너 사실대로 말하지 않았어?
- ☐ ☐ 왜 너 사실대로 말하지 않았어?
- ☐ ☐ 왜 너 사실대로 말하지 않았어?

| 에피타이저 | 메인요리 ❶ | 메인요리 ❷ | 메인요리 ❸ | **디저트** |

학습을 마친 후, 얼마나 이해했는지 다시 한번 체크해 보세요!

	그렇다	보통이다	모르겠다
★ '누가 이 보고서를 작성했나요?'라고 질문할 수 있다.	☐	☐	☐
★ '누가 이 프로젝트를 맡고 있나요?'라고 질문할 수 있다.	☐	☐	☐
★ '항공편은 언제 출발해요?'라고 질문할 수 있다.	☐	☐	☐
★ '가장 행복한 순간은 언제였나요?'라고 질문할 수 있다.	☐	☐	☐
★ '왜 계획을 바꿨어?'라고 질문할 수 있다.	☐	☐	☐
★ '왜 사실대로 말하지 않았어?'라고 질문할 수 있다.	☐	☐	☐

* 스코어 계산법:
  그렇다=3점, 보통이다=2점, 모르겠다=1점

나의 합계 스코어는 ☐ 점

✅ 셀프진단

» **15점 이상 ★★★**
  정말 훌륭합니다! '메인 요리1~3'을 입으로 뱉어 본 후 바로 학습을 종료해 주세요.

» **10~14점 ★★**
  거의 다 왔습니다! 약한 부분만 시간에 맞춰 다시 학습한 후 학습을 종료해 주세요.

» **10점 미만 ★**
  괜찮아요! 다시 한번 차근차근 '메인 요리1~3'을 학습해 봅시다!

DAY 14

"너 오늘 밤에 뭘 하길 원해?"

What/how/where로 질문하기

원어민 음성듣기

오늘의 후루룩 코스

에피타이저

메인요리 1~3

디저트

후루룩 학습법

 +  =

▶ 25분 학습 ◀   ▶ 5분 휴식 ◀   "1일 1후루룩 했다!"

1분 워밍업
- 에피타이저   학습 전 셀프 체크하기

24분 집중
- 메인 요리1   너 오늘 밤에 뭘 하길 원해?
- 요리 즐기기   말하기 연습
- 메인 요리2   너 휴가는 어떻게 보냈어?
- 요리 즐기기   말하기 연습
- 메인 요리3   가장 가까운 은행은 어디인가요?
- 요리 즐기기   말하기 연습

5분 휴식
- 디저트   학습 후 다시 한번 셀프 진단하기

| 에피타이저 | 메인요리 ❶ | 메인요리 ❷ | 메인요리 ❸ | 디저트 |

학습을 시작하기 전, 내가 얼마나 알고 있는지 셀프 체크를 해 봅시다.

	YES	NO
★ '무엇'이라는 표현을 알고 있다.	☐	☐
★ '어떻게'라는 표현을 알고 있다.	☐	☐
★ '어디'라는 표현을 알고 있다.	☐	☐
★ '뭘 ~해/했어?' 표현을 설명할 수 있다.	☐	☐
★ '어떻게 ~해/했어?' 표현을 설명할 수 있다.	☐	☐
★ '~가 어디야/어디였어?' 표현을 설명할 수 있다.	☐	☐

> ☑ 셀프진단
>
> » **Yes가 5개 이상일 경우**
> '메인요리1~3'을 빠르게 확인 후 '메인요리 즐기기'에 도전해 보세요!
>
> » **Yes가 5개 이하일 경우**
> '메인요리1~3'을 집중해서 확인 후 '메인요리 즐기기'에 도전해 보세요!

| 에피타이저 | **메인요리 ❶** | 메인요리 ❷ | 메인요리 ❸ | 디저트 |

 ## 메인요리 ❶

 8분

너 오늘 밤에 뭘 하길 원해?
_____ _____ you want to do tonight?

'What do/did~?'는 '뭘 ~해/했어?'라는 의미로 상대방이 했던 일이나 계획에 대해 질문할 때 가장 많이 쓰이는 표현 중 하나예요. 한번 살펴볼까요?

너 뭘~?	What do you~?
너 뭘 하길 원해?	What do you want to do?
너 오늘 밤에 뭘 하길 원해?	What do you want to do tonight?

> 꿀팁
> over the break는 '방학 동안, 휴가 동안'이라는 의미로 during the break로도 바꾸어 쓸 수 있습니다.

너 뭐 했어?	What did you~?
너 뭐 먹었어?	What did you eat?
너 휴가 동안 뭐 먹었어?	What did you eat over the break?

후루룩 말하기

★후루룩 말하기 정답은 요리즐기기 정답 159p에서 확인!

너네 뭐 먹을 거야?

- What are you guys _____?
  너네 뭐 할 거야?

- What are you guys _____ _____?
  너네 뭐 먹을 거야?

Hint!
- 너네 – you guys
- ~할 예정이다 – be going to
- 먹다 – eat

메인요리 즐기기

SCAN ME!

💬 우리말을 보고 원어민 음성을 들으며 말해 봅시다.

2번 듣고 말하기

☑ ☐ 너 뭘 하길 원해?
☐ ☐ 너 뭘 하길 원해?
☐ ☐ 너 뭘 하길 원해?

☐ ☐ 너 오늘 밤에 뭘 하길 원해?
☐ ☐ 너 오늘 밤에 뭘 하길 원해?
☐ ☐ 너 오늘 밤에 뭘 하길 원해?

☐ ☐ 너 뭐 먹었어?
☐ ☐ 너 뭐 먹었어?
☐ ☐ 너 뭐 먹었어?

☐ ☐ 너 휴가 동안 뭐 먹었어?
☐ ☐ 너 휴가 동안 뭐 먹었어?
☐ ☐ 너 휴가 동안 뭐 먹었어?

☐ ☐ 너네 뭐 먹을 거야?
☐ ☐ 너네 뭐 먹을 거야?
☐ ☐ 너네 뭐 먹을 거야?

DAY 14   149

| 에피타이저 | 메인요리 ❶ | **메인요리 ❷** | 메인요리 ❸ | 디저트 |

 **메인요리 ❷**

> 너 휴가는 어떻게 보냈어?
> _____ _____ you spend your vacation?

 8분

'How do/did ~?'는 '어떻게 ~해/했어?'라는 의미로 어떠한 일의 수단이나 방법을 묻고 싶을 때 사용합니다. 한번 연습해 볼까요?

너 어떻게 했어?	How did you~?
너 어떻게 보냈어?	How did you spend~?
너 휴가는 어떻게 보냈어?	How did you spend your vacation?

너 어떻게 했어?	How did you~?
너 어떻게 고쳤어?	How did you fix~?
너 수면 스케줄을 어떻게 고쳤어?	How did you fix your sleep schedule?

꿀팁
How often은 '얼마나 자주'라는 의미로 빈도를 물어볼 때 사용하며, How long은 '얼마나 오래'라는 뜻으로 쓰이니 활용해 보세요.

후루룩 말하기

★후루룩 말하기 정답은 요리즐기기 정답 159p에서 확인!

> 케이트는 매일 어떻게 출근해?

- How does Kate _____?
  케이트는 어떻게 출근해?

- How does Kate _____?
  케이트는 매일 어떻게 출근해?

Hint!
- 출근하다 – get to work
- 매일 – every day

150 후루룩 영어 왕초보

우리말을 보고 원어민 음성을 들으며 말해 봅시다.

2번 듣고 말하기

☑ ☐ 너 어떻게 보냈어?
☐ ☐ 너 어떻게 보냈어?
☐ ☐ 너 어떻게 보냈어?

☐ ☐ 너 휴가는 어떻게 보냈어?
☐ ☐ 너 휴가는 어떻게 보냈어?
☐ ☐ 너 휴가는 어떻게 보냈어?

☐ ☐ 너 어떻게 고쳤어?
☐ ☐ 너 어떻게 고쳤어?
☐ ☐ 너 어떻게 고쳤어?

☐ ☐ 너 수면 스케줄을 어떻게 고쳤어?
☐ ☐ 너 수면 스케줄을 어떻게 고쳤어?
☐ ☐ 너 수면 스케줄을 어떻게 고쳤어?

☐ ☐ 케이트는 매일 어떻게 출근해?
☐ ☐ 케이트는 매일 어떻게 출근해?
☐ ☐ 케이트는 매일 어떻게 출근해?

| 에피타이저 | 메인요리 ❶ | 메인요리 ❷ | **메인요리 ❸** | 디저트 |

메인요리 ❸

⏰ 8분

가장 가까운 은행은 어디인가요?

____ ____ the nearest bank?

'Where is/was + 명사?'는 '~가 어디야/어디였어?'라는 뜻이에요. 여행 가서 제일 유용하게 쓰이는 표현이니 자신있게 사용해 보세요.

~은 어디에 있나요?	**Where is** ~?
은행은 어디에 있나요?	**Where is** the bank?
가장 가까운 은행은 어디에 있나요?	**Where is** the nearest bank?

🍯 팁
Where do/did ~?는 '어디서 ~해/했어?' 라는 뜻이에요.

너 어디서 ~했어?	**Where did** ~?
너 어디서 구매했어?	**Where did** you get ~?
너 네 노트북 어디서 구매했어?	**Where did** you get your laptop?

후루룩 말하기

★후루룩 말하기 정답은 요리즐기기 정답 159p에서 확인!

넌 저녁 먹으러 어디로 가고 싶어?

- Where do you _____ ?
  넌 어디로 가고 싶어?

- Where do you _____ ?
  넌 저녁 먹으러 어디로 가고 싶어?

Hint!
- 가고 싶다 – want to go
- 저녁 먹으러 – for dinner

| 에피타이저 | 메인요리 ❶ | 메인요리 ❷ | **메인요리 ❸** | 디저트 |

 메인요리 즐기기

 우리말을 보고 원어민 음성을 들으며 말해 봅시다.

2번 듣고 말하기

☑ ☐ 은행은 어디에 있나요?
☐ ☐ 은행은 어디에 있나요?
☐ ☐ 은행은 어디에 있나요?

☐ ☐ 가장 가까운 은행은 어디에 있나요?
☐ ☐ 가장 가까운 은행은 어디에 있나요?
☐ ☐ 가장 가까운 은행은 어디에 있나요?

☐ ☐ 너 어디서 구매했어?
☐ ☐ 너 어디서 구매했어?
☐ ☐ 너 어디서 구매했어?

☐ ☐ 너 네 노트북 어디서 구매했어?
☐ ☐ 너 네 노트북 어디서 구매했어?
☐ ☐ 너 네 노트북 어디서 구매했어?

☐ ☐ 넌 저녁 먹으러 어디로 가고 싶어?
☐ ☐ 넌 저녁 먹으러 어디로 가고 싶어?
☐ ☐ 넌 저녁 먹으러 어디로 가고 싶어?

| 에피타이저 | 메인요리 ❶ | 메인요리 ❷ | 메인요리 ❸ | 디저트 |

디저트

5분 휴식

학습을 마친 후, 얼마나 이해했는지 다시 한번 체크해 보세요!

	그렇다	보통이다	모르겠다
★ '너 오늘 밤에 뭐 하고 싶어?'라고 전달할 수 있다.	☐	☐	☐
★ '너 휴가 동안 뭐 했어?'라고 전달할 수 있다.	☐	☐	☐
★ '너 휴가는 어떻게 보냈어?'라고 질문할 수 있다.	☐	☐	☐
★ '케이트는 매일 어떻게 출근해?'라고 질문할 수 있다.	☐	☐	☐
★ '가장 가까운 은행은 어디인가요?'라고 질문할 수 있다.	☐	☐	☐
★ '너 노트북 어디서 구했어?'라고 질문할 수 있다.	☐	☐	☐

* 스코어 계산법 :
 그렇다=3점, 보통이다=2점, 모르겠다=1점

나의 합계 스코어는 _____ 점

☑ 셀프진단

» **15점 이상 ★★★**
 정말 훌륭합니다! '메인 요리1~3'을 입으로 뱉어 본 후 바로 학습을 종료해 주세요.

» **10~14점 ★★**
 거의 다 왔습니다! 약한 부분만 시간에 맞춰 다시 학습한 후 학습을 종료해 주세요.

» **10점 미만 ★**
 괜찮아요! 다시 한번 차근차근 '메인 요리1~3'을 학습해 봅시다!

부록

후루룩 영어

패턴&말하기

- ☑ 메인요리 후루룩 말하기 정답
- ☑ 후루룩 단어 모음집

메인요리 후루룩 말하기 정답

DAY 1

메인요리 ❶ - 메인요리 즐기기   p.18

제겐 세 살 된 딸이 하나 있습니다.
- I have a `daughter`.
- I have a `three-year-old` `daughter`.

메인요리 ❷ - 후루룩 말하기   p.20

난 해결해야 할 문제가 많이 있어.
- I have a lot of `problems`.
- I have a lot of `problems` `to solve`.

메인요리 ❸ - 후루룩 말하기   p.22

저 치통이 심해요.
- I have a `toothache`.
- I have a `severe` `toothache`.

DAY 2

메인요리 ❶ - 후루룩 말하기   p.28

아는 수업을 위해 에세이를 쓰고 있어.
- I am writing `an essay`.
- I am writing `an essay` `for class`.

메인요리 ❷ - 후루룩 말하기   p.30

전 스페인어를 배우고 있어요.
- I'm `learning`.
- I'm `learning` `Spanish`.

메인요리 ❸ - 후루룩 말하기   p.32

그녀는 새로운 직장을 찾고 있어요.
- She is `looking for`.
- She is `looking for` a `new job`.

DAY 3

메인요리 ❶ - 후루룩 말하기   p.38

나 내일 늦잠을 자고 싶어.
- I want to `sleep in`.
- I want to `sleep in` `tomorow`.

메인요리 ❷ - 후루룩 말하기   p.40

나는 더 많은 친구를 사귈 수 있었으면 좋겠어.
- I wish I could `make friends`.
- I wish I could make `more` `friends`.

메인요리 ❸ - 후루룩 말하기   p.42

제가 언젠가 미국을 방문할 수 있길 바라요.
- I hope to `visit America`.
- I hope to `visit America` `someday`.

DAY 4

메인요리 ❶ - 후루룩 말하기   p.48

나는 이제 집에 가야 해.
- I have to `go home`.
- I have to `go home` `now`.

메인요리 ❷ - 후루룩 말하기   p.50

넌 건강에 좋은 음식을 먹어야 해.
- You must `eat`.
- You must `eat` `healthy food`.

메인요리 ❸ - 후루룩 말하기   p.52

우리는 새로운 아파트를 찾아야 해요.
- we need to `find`.
- we need to `find` a `new` `apartment`.

DAY 5

메인요리 ❶ - 후루룩 말하기 p.58

나는 너를 위해 시간을 낼 수 있어.
- I can make time.
- I can make time for you.

메인요리 ❷ - 후루룩 말하기 p.60

우리는 내일까지 프로젝트를 끝낼 수 있어.
- We can finish the project.
- We can finish the project by tomorrow.

메인요리 ❸ - 후루룩 말하기 p.62

당신은 절 믿으셔도 돼요.
- You can trust.
- You can trust me.

 DAY 6

메인요리 ❶ - 후루룩 말하기 p.68

나는 지난 주말에 쇼핑을 했어.
- I went shopping.
- I went shopping last weekend.

메인요리 ❷ - 후루룩 말하기 p.70

나는 어제 헤일리의 생일파티에 갔어.
- I went to Hailey's Birthday party.
- I went to Hailey's Birthday party yesterday.

메인요리 ❸ - 후루룩 말하기 p.72

난 하루 종일 그녀를 기다렸어.
- I waited for her.
- I waited for her all day.

 DAY 7

메인요리 ❶ - 후루룩 말하기 p.78

나는 내일 엠마를 만날 거야.
- I will meet Emma.
- I will meet Emma tomorrow.

메인요리 ❷ - 후루룩 말하기 p.80

나는 다시는 사랑하지 않을 거야.
- I'll never love.
- I'll never love again.

메인요리 ❸ - 후루룩 말하기 p.82

우린 오늘밤 파티를 열 계획이야.
- We are going to have a party.
- We are going to have a party tonight.

DAY 8

메인요리 ❶ - 후루룩 말하기 p.88

싱크대 안에 접시들이 있어.
- There are dishes.
- There are dishes in the sink.

메인요리 ❷ - 후루룩 말하기 p.90

주변에 마켓이 있나요?
- Is there a market?
- Is there a market around here?

메인요리 ❸ - 후루룩 말하기 p.92

내 셔츠에 얼룩이 있어요.
- There is a stain.
- There is a stain on my shirt.

메인요리 즐기기 정답 **157**

DAY 9

메인요리 ❶ - 후루룩 말하기　　p.98

난 그가 거짓말쟁이라고 봐.
- He is a liar.
- I think he is a liar.

메인요리 ❷ - 후루룩 말하기　　p.100

나는 리아가 시카고로 이사를 간다고 들었어.
- I heard Lia is moving.
- I heard Lia is moving to Chicago.

메인요리 ❸ - 후루룩 말하기　　p.102

우리는 맥스가 진실을 말하고 있다고 확신해.
- We are sure Max is telling.
- We are sure Max is telling the truth.

 DAY 10

메인요리 ❶ - 후루룩 말하기　　p.108

짐은 23년 동안 같은 회사에서 근무했어요.
- Jim has worked at the same company.
- Jim has worked at the same company for 23 years.

메인요리 ❷ - 후루룩 말하기　　p.110

나는 이 프로젝트를 1년동안 해 왔어.
- I have been working on the project.
- I have been working on the project for a year.

메인요리 ❸ - 후루룩 말하기　　p.112

난 전에 그 사람 만난 적 없어.
- I've never met him.
- I've never met him before.

DAY 11

메인요리 ❶ - 후루룩 말하기　　p.118

만약 내일 늦잠을 자면, 수업에 늦을 거야.
- If I oversleep tomorrow
- If I oversleep tomorrow, I will be late for class.

메인요리 ❷ - 후루룩 말하기　　p.120

만약 릴리가 여기 있었으면 우리를 도와줄 텐데.
- If Lilly were here, she would
- If Lilly were here, she would help us.

메인요리 ❸ - 후루룩 말하기　　p.122

내가 그들이라면, 그 제안을 받아들였을 거야.
- If I were them, I would accept.
- If I were them, I would accept the proposal.

DAY 12

메인요리 ❶ - 후루룩 말하기　　p.128

혹시 오늘이 당신의 결혼기념일인가요?
- Is today your anniversary?
- Is today your wedding anniversary?

메인요리 ❷ - 후루룩 말하기　　p.130

그녀가 네 전화번호는 알아?
- Does she know ~?
- Does she know your phone number?

메인요리 ❸ - 후루룩 말하기　　p.132

메모를 나랑 공유해 줄 수 있어?
- Can you share?
- Can you share your notes with me?

메인요리 후루룩 말하기 정답

 DAY 13

메인요리 ❶ - 후루룩 말하기　　　　p.138

누가 이 프로젝트를 맡고 있나요?
- Who is in charge ?
- Who is in charge of this project ?

메인요리 ❷ - 후루룩 말하기　　　　p.140

가장 행복한 순간은 언제였나요?
- When was ~?
- When was your happiest moment ?

메인요리 ❸ - 후루룩 말하기　　　　p.142

왜 너 사실대로 말하지 않았어?
- Why didn't you tell ?
- Why didn't you tell the truth ?

 DAY 14

메인요리 ❶ - 후루룩 말하기　　　　p.148

너네 뭐 먹을 거야.
- What are you guys going to ?
- What are you guys going to eat ?

메인요리 ❷ - 후루룩 말하기　　　　p.150

케이트는 매일 어떻게 출근해?
- How does Kate get to work ?
- How does Kate get to work every day ?

메인요리 ❸ - 후루룩 말하기　　　　p.152

넌 저녁 먹으러 어디로 가고 싶어?
- Where do you want to go ?
- Where do you want to go for dinner ?

후루룩 단어 모음집
✓ 단어를 다시 한 번 확인해 봅시다.

DAY 1

● have	가지다, 있다, 먹다
● license	면허증
● driver's license	운전면허증
● daughter	딸
● two daughters	두 명의 딸
● three-year-old	3살된
● a lot of	많은
● work	일
● to do	해야 할
● free time	여유 시간

메인요리1 ● 메인요리2 ● 메인요리3 ●

● problems	문제들
● solve	해결하다
● to solve	해결해야 할
● headache	두통
● severe	심한
● fever	열
● severe fever	심한 열
● toothache	치통
● runny nose	콧물이 나는 코
● sore throat	아픈 목, 따가운 목

DAY 2

● write	쓰다
● an email	이메일
● talk	이야기하다
● on my phone	내 휴대폰으로
● an essay	에세이
● for class	수업을 위해
● design	디자인
● video	비디오
● game	게임
● develop	개발하다

후루룩 단어 모음집

메인요리1 ● 메인요리2 ● 메인요리3 ●

한번 ☑ 두번 ☐ 세번 ☐

● an app	앱
● learn	배우다
● Spanish	스페인어
● look	보다
● look for	찾다
● gas station	주유소
● wait for	기다리다
● my girlfriend	내 여자친구
● new	새로운
● job	직장

DAY 3

● want	원하다, 바라다
● new car	새 차
● go shopping	쇼핑 가다
● with you	너랑
● sleep in	늦잠을 자다
● tomorrow	내일
● wish	희망하다, 원하다
● take a break	쉬다
● move	이사하다
● to LA	LA로

메인요리1 ● 메인요리2 ● 메인요리3 ●

● make friends	친구들을 사귀다
● more	더 많이
● I wish I could	~할 수 있으면 좋을 텐데
● hope	바라다, 희망하다
● to see	보길
● again	다시
● to travel	여행하길
● around the world	전세계
● to visit	방문하길
● someday	언젠가

DAY 4

● have to	~해야 한다
● to work	일하러
● work overtime	야근하다
● tonight	오늘 밤
● home	집
● now	이제
● must	~해야 한다
● follow	따르다
● rule	룰, 규칙
● complete	끝내다

후루룩 단어 모음집

메인요리1 🟢 메인요리2 🟠 메인요리3 🔴

🟢 this task	이 일
🟢 eat	먹다
🟢 healthy food	건강에 좋은 음식
🔴 need to	~을 할 필요가 있다
🔴 charge	충전하다
🔴 your phone	너의 휴대폰
🔴 know	알다
🔴 details	세부 사항
🔴 find	찾다
🔴 apartment	아파트

DAY 5

● can	할 수 있다, 할 줄 안다
● make	만들다
● lasagna	라자냐(납작하고 큰 파스타)
● play	놀다, 하다, 치다, 켜다
● play the violin	바이올린을 켜다
● make time	시간을 내다
● speak	말하다
● three languages	3개 국어
● build	구축하다
● build websites	웹사이트를 구축하다

후루룩 단어 모음집

메인요리1 ● 메인요리2 ● 메인요리3 ●

● finish	끝내다
● project	프로젝트
● by tomorrow	내일까지
● stay	머물다
● here	여기
● stay here	여기 있다(머물다)
● park	주차하다
● park here	여기에 주차하다
● count on	~을 믿다
● me	나를

DAY 6

● went	go(가다)의 과거형, 갔다
● to the park	공원에
● yesterday	어제
● saw	see(보다)의 과거형, 봤다
● movie	영화
● last weekend	지난 주말
● went shopping	쇼핑을 갔다
● had	have(먹다)의 과거형, 먹었다
● Chipotle	치폴레(멕시칸그릴)
● for dinner	저녁으로

후루룩 단어 모음집

메인요리1 ● 메인요리2 ● 메인요리3 ●

한번 ☑ 두번 ☐ 세번 ☐

● to the gym	헬스장에
● in the morning	아침에
● birthday party	생일파티
● lived	live(살다)의 과거형, 살았다
● in New York	뉴욕에서
● for three years	3년 동안
● worked	Work(일하다)의 과거형, 일했다
● for six years	6년 동안
● waited	Wait(기다리다)의 과거형, 기다렸다
● all day	하루 종일

DAY 7

● will	~일(할) 것이다
● travel	여행하다
● to Prague	프라하로
● move	움직이다, 이사하다
● to California	캘리포니아로
● tomorrow	내일
● meet	만나다
● will never	절대 ~하지 않을 거야
● make	만들다
● the same mistake	같은 실수

후루룩 단어 모음집

메인요리1 ● 메인요리2 ● 메인요리3 ●

한번 ☑ 두번 ☐ 세번 ☐

● **forget**	잊다
● **forget you**	너를 잊다
● **again**	다시
● **have a meeting**	회의하다
● **tomorrow**	내일
● **use**	사용하다
● **PTO**	'Paid Time Off'의 줄임말, 유급휴가
● **next week**	다음 주
● **have a party**	파티를 열다
● **tonight**	오늘 밤

후루룩 단어 모음집 **173**

DAY 8

● There is/are	있다(단수)/있다(복수)
● coffee	커피
● in the fridge	냉장고 안에
● bug	벌레
● in my apartment	나의 아파트에
● sink	싱크대
● dishes	접시들
● gas station	주유소
● down the road	길 아래
● in front of	~앞에

후루룩 단어 모음집

메인요리1 ● 　메인요리2 ● 　메인요리3 ●

● my house	내 집
● around here	여기 주변에
● market	시장, 마켓
● sale	세일, 할인
● at the department store	백화점에서
● meeting	회의
● in the conference room	컨퍼런스 룸에서
● this afternoon	오늘 오후
● stain	얼룩
● on my shirt	내 셔츠 (위)에

후루룩 단어 모음집　175

DAY 9

● I think	내 생각에는~
● wrong	틀린, 잘못한
● rain	비, 비가 오다
● soon	곧
● liar	거짓말쟁이
● I heard	~라고 들었어
● our company	우리 회사
● hiring	채용(하다)
● again	다시
● getting married	결혼하다

후루룩 단어 모음집

메인요리1 ● 메인요리2 ● 메인요리3 ●

● Chicago	시카고
● be moving to	~로 이사로 이사하다
● I'm sure	~라고 확신하다
● I'm not sure	~일지 잘 모르겠어
● home	집
● right now	지금 당장
● come	오다
● festival	페스티벌
● the truth	진실
● is telling	말하고 있다

DAY 10

● known	know(알다)의 과거분사, 알아 왔다
● for twenty years	20년 동안
● lived	live(살다)의 과거분사, 살았다
● for eight years	8년 동안
● worked	Work(일하다)의 과거분사, 일했다
● at the same company	같은 회사에서
● have been working	일해 오다
● here	여기, 여기서
● for two years	2년 동안
● have been studying	공부해 오다

후루룩 단어 모음집

메인요리1 ● 　메인요리2 ● 　메인요리3 ●

● English	영어
● for six months	6개월 동안
● this project	이 프로젝트
● for a year	1년 동안
● I've been	가 본 적 있다
● to America	미국에
● once	한 번
● before	전에
● met	meet(만나다)의 과거분사, 만났다
● I've never been to	~에 가 본 적 없다

DAY 11

● snow	눈, 눈이 내리다
● stay home	집에 머물다
● the weather	날씨
● nice	좋다
● go for a run	뛰다
● oversleep	늦잠을 자다
● be late for class	수업에 늦다
● If I 과거동사, I would V	내가 ~하면, 난 (아마) ~할 텐데
● exercise	운동(하다)
● money	돈

후루룩 단어 모음집

메인요리1 ● 메인요리2 ● 메인요리3 ●

한번 ✓ 두번 ☐ 세번 ☐

● buy	사다
● new car	새 차
● here	여기
● help	돕다
● If I were A, I would V	내가 A라면, 난 ~할 거야
● take a break	쉬다, 휴식하다
● quit	그만두다
● them	그들
● proposal	제안
● accept	받아들이다

DAY 12

● ready	준비가 된
● to order	주문할
● cancel	취소하다
● Are we~?	혹시 우리 ~인가요?
● okay	괜찮은
● talk	말하다, 이야기하다
● wedding anniversary	결혼 기념일
● plan	계획
● this weekend	이번 주말
● get	받다, 구하다

후루룩 단어 모음집

메인요리1 ● 메인요리2 ● 메인요리3 ●

한번 ☑ 두번 ☐ 세번 ☐

● my message	나의 메시지(문자)
● know	알다
● phone number	전화번호
● Can you	~해 줄 수 있어?
● fix	고치다
● my phone	내 폰
● save	맡다, 맡아 주다
● my spot	내 자리
● share	공유하다
● notes	메모

DAY 13

● Who	누구
● Who is	누가 ~인가요?
● to the party	파티에
● wrote	Write(쓰다)의 과거형, 작성했다
● this report	이 보고서
● this project	이 프로젝트
● in charge	담당하는
● When do/did	언제 ~해/했어?
● When is/was	~가 언제야/언제였어?
● start	시작하다

후루룩 단어 모음집

메인요리1 🟢　메인요리2 🟠　메인요리3 🔴

한번 ✅　두번 ☐　세번 ☐

🟢 leave	출발하다, 떠나다
🟢 flight	항공편
🟢 happiest	가장 행복한
🟢 moment	순간
🔴 Why did/didn't~?	왜 ~했어/안 했어?
🔴 change	바꾸다
🔴 the plan	그 계획
🔴 event	이벤트
🔴 tell	말하다
🔴 the truth	진실

DAY 14

● What	무엇
● What do/did?	뭘~해/했어?
● What is/was?	~는 뭐야/뭐였나요?
● want	원하다
● tonight	오늘밤
● over the break	방학 때, 휴가 때
● going to eat	먹을 예정이다
● How do/did	어떻게 ~해/했어?
● spend	보내다, 쓰다
● vacation	휴가

후루룩 단어 모음집

메인요리1 ● 　메인요리2 ●　 메인요리3 ●

한번 ☑　두번 ☐　세번 ☐

● fix	고치다
● sleep schedule	수면 스케줄(수면 시간 관리)
● get to work	출근하다
● every day	매일
● Where is~?	~은 어디에 있나요?
● the nearest bank	가장 가까운 은행
● get	구하다
● laptop	노트북
● want to go	가고 싶다
● for dinner	저녁 먹으러

후루룩 영어 왕초보 패턴&말하기

초 판 발 행	2025년 2월 15일 (인쇄 2024년 12월 11일)
발 행 인	박영일
책 임 편 집	이해욱
저 자	에디리
기 획 편 집	이동준 · 신명숙
표지디자인	김지수
편집디자인	임아람 · 김휘주
일 러 스 트	기도연
발 행 처	시대에듀
공 급 처	(주)시대고시기획
출 판 등 록	제 10-1521호
주 소	서울시 마포구 큰우물로 75 [도화동 538 성지 B/D] 9F
전 화	1600-3600
팩 스	02-701-8823
홈 페 이 지	www.sdedu.co.kr
I S B N	919-11-383-8273-1
정 가	25,000원

※ 이 책은 저작권법에 의해 보호를 받는 저작물이므로, 동영상 제작 및 무단전재와 복제, 상업적 이용을 금합니다.
※ 이 책의 전부 또는 일부 내용을 이용하려면 반드시 저작권자와 (주)시대고시기획 · 시대에듀의 동의를 받아야 합니다.
※ 잘못된 책은 구입하신 서점에서 바꾸어 드립니다.
※ '후루룩외국어'는 종합교육그룹 '㈜시대고시기획 · 시대교육'의 외국어 브랜드입니다.

REFRESH 1week
SNS일상어휘

이렇게 쉽고 맛있는 영어는 없었다!

REFRESH 1week
SNS일상어휘

왕초보 학습자분들을 위해
가장 맛있고 간편한 영어 요리를 준비했어요!

"어디서부터 시작할까?"

아직도 기억합니다. 영어를 처음 접했던 유치원 시절, 화장실 가고 싶다는 말을 못 해 끙끙대며 한참을 참았던 제 모습을. 그때의 따뜻했던 기억은 19년이 지난 지금도 잊혀지지가 않습니다. 그때 적어도 하고 싶은 말은 할 줄 알아야 된다는 깨달음 때문에 영어를 잘해야겠다고 결심하게 되었던 것 같습니다.

이 책은 그런 막막함에서 시작된 여정을 담았습니다. 영어는 처음엔 두려움이었고, 피하고 싶은 대상이었습니다. 하지만 하나씩 배우고 익히다 보니, 영어는 단순한 언어를 넘어 새로운 문화를 만나고 다른 세상과 이어지는 열쇠가 되었습니다. 그 열쇠가 여러분의 손에 쥐어지기를 바라는 마음으로 책을 썼습니다.

PREFACE | STRUCTURES | CONTENTS

이 책은 단순한 영어 교재가 아닙니다. 처음 시작하는 분들에게는 영어와 친해질 수 있게 재미를, 이미 시작한 분들에게는 영어를 잘 활용할 수 있는 실용적인 가이드입니다.

"Dream big, start small, but most of all, start."
꿈은 크게, 시작은 작게, 하지만 무엇보다도 시작하세요.

요리는 작은 재료로 시작해 한 접시의 멋진 요리가 완성되는 과정입니다. 단어라는 재료, 문법이라는 양념에 패턴이라는 조리법이 더해져 비로소 완성된 문장이 탄생합니다. 처음엔 서툴고 복잡하게 느껴질 수 있지만, 파인 다이닝 셰프처럼 작고 단순한 것에서 특별함을 창조할 수 있는 여정이 바로 여기에서 시작됩니다.

이 책은 여러분의 첫 요리책입니다. 레시피를 따라 차례차례 만들어가다 보면 어느새 영어라는 요리가 자연스럽게 손에 익을 겁니다. 후루룩 한 그릇의 성취감을 맛 볼 그날까지, 제가 여러분의 메인 셰프가 되어 함께 하겠습니다.

'후루룩 영어 왕초보' 메인 셰프
Eddie Lee

◀ 에디쌤의 유튜브 채널
'에디 리 영어'에 놀러 오세요!

책의 구성&활용법 SNS일상어휘

'후루룩 영어 왕초보'는 메인 셰프 에디가 영어 학습으로 어려움을 겪는 왕초보 학습자 여러분들을 위해 다양한 학습 노하우를 맛있고 간편하게 요리한 영어 첫걸음서입니다. 본 책은 〈문법&작문〉, 〈패턴&말하기〉, 〈SNS일상어휘〉, 〈여행영어〉 4개의 파트가 각각 낱권으로 수록되어 있습니다. 총 6주 커리큘럼에 맞춰 영어 왕초보 탈출에 필요한 요리들을 쉽고 즐겁게 맛보세요.

후루룩 외국어는 **자신에게 맞는 속도의 외국어를 추구합니다.**
나에게 필요한 파트부터 후루룩 뽑아 학습을 시작해 보세요.

워밍업

❶ 오늘의 요리 테마 맛보기
오늘 학습할 내용을 미리 확인하고 추측해 보세요.

❷ 원어민 음성 듣기 QR
본문에 수록된 모든 문장을 원어민의 발음으로 들어볼 수 있어요. 학습에 활용해 보세요.
➕ MP3파일은 홈페이지에서도 다운로드 받으실 수 있어요!

❸ 오늘의 후루룩 코스
에디 셰프의 영어 요리를 어떤 순서로 맛보게 되는지 코스 구성을 미리 확인할 수 있어요.

MP3 다운로드 방법

❶ www.sdedu.co.kr로 접속
❷ 홈페이지 상단 〈학습자료실〉에서 'MP3' 항목 클릭
❸ 검색창에 '후루룩 영어 왕초보' 검색하여 MP3 다운로드

PREFACE **STRUCTURES** CONTENTS

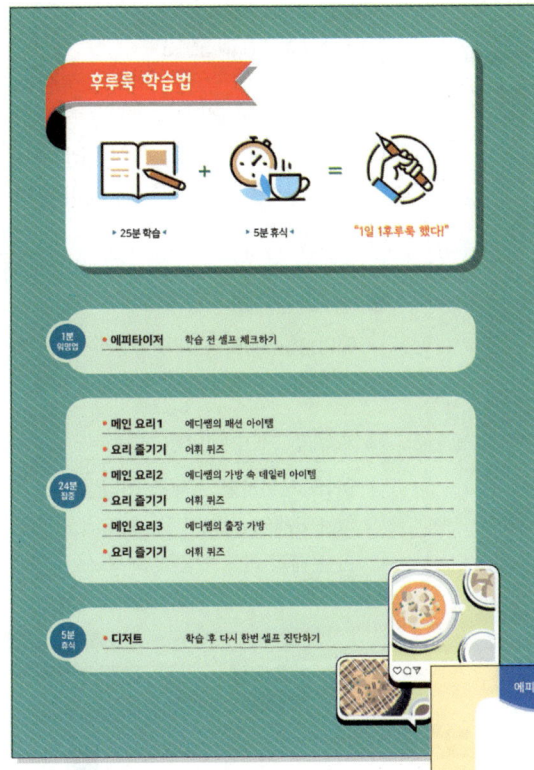

후루룩 학습법

- **후루룩 학습법 체크하기**

  '후루룩 영어 왕초보'는 '후루룩 타이머 (25분 학습+5분 휴식)'에 맞춰 학습하도록 구성되어 있어요. 본격적인 학습에 앞서 각 코스 요리의 학습목표와 주어진 시간을 미리 체크해 보세요.

  ➕ '후루룩 학습법'에 대한 자세한 설명은 10p 〈후루룩 학습법〉을 참고해 주세요!

코스1. 에피타이저

후루룩 코스 첫 번째는 〈에피타이저〉예요. 학습 시작 전에 오늘의 학습 내용에 대해 얼마나 알고 있는지 셀프 체크해 보세요.

❶ 학습 전 셀프 체크

오늘의 학습 내용과 관련된 간단한 6개의 질문에 YES 혹은 NO로 답하며 현재 나의 상태를 체크해 보세요.

❷ 셀프 진단

체크리스트를 마친 후 셀프 진단에 따라 학습 방향 및 계획을 설정해 보세요.

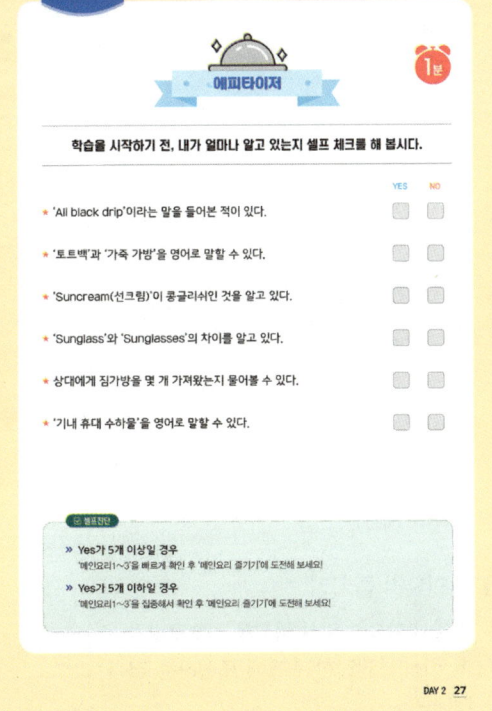

코스2. 메인요리

후루룩 코스 두 번째는 〈메인요리〉예요. 본격적으로 학습을 시작하는 코너로 각 Day 마다 3개씩 학습 테마를 배치했어요.

❶ SNS 살펴보기

에디쌤의 SNS 속 이미지와 게시글을 보며 학습할 어휘를 미리 추측해 보세요.

❷ 후루룩 단어 체크하기

SNS 게시물을 주제로 에디쌤이 소개하는 8개의 리얼한 일상 어휘를 친절한 꿀팁과 함께 학습해 보세요.

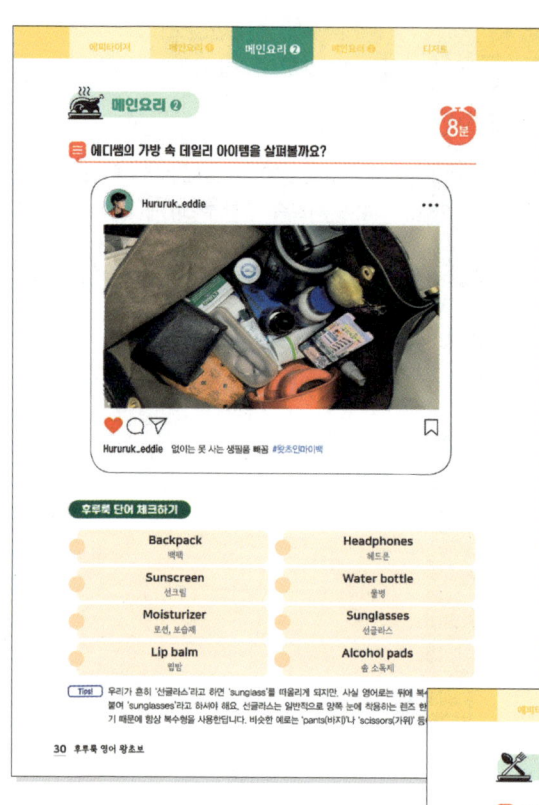

❸ 메인요리 즐기기

앞에서 학습한 일상 어휘를 가지고 2가지 형식의 간단한 퀴즈에 도전하는 코너예요.

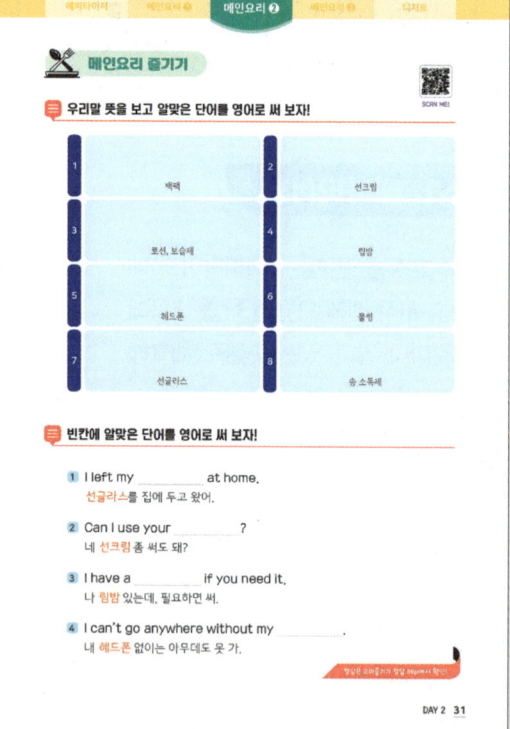

| PREFACE | **STRUCTURES** | CONTENTS |

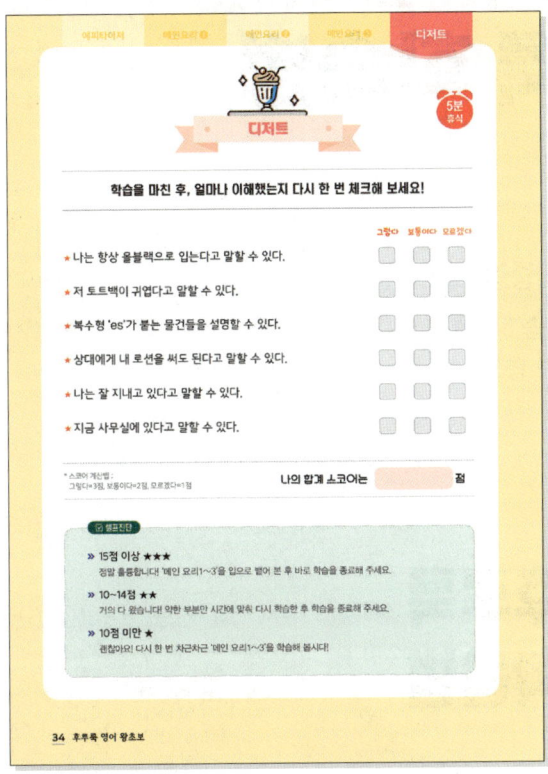

코스3. 디저트

후루룩 코스의 마지막은 〈디저트〉예요. 학습을 모두 마친 후 오늘의 학습 내용에 대해 얼마나 이해했는지 다시 한번 체크해 볼 수 있어요.

❶ 학습 후 실력 점검
앞에서 학습한 내용에 대한 디테일한 질문 6개에 '그렇다/보통이다/모르겠다' 3단계로 답하고 합계 스코어를 계산하여 나의 실력을 최종 점검해 보세요.

❷ 마무리 진단
정밀 진단에 따라 약한 부분을 복습할지 혹은 학습을 종료할지 스스로 컨트롤할 수 있어요.

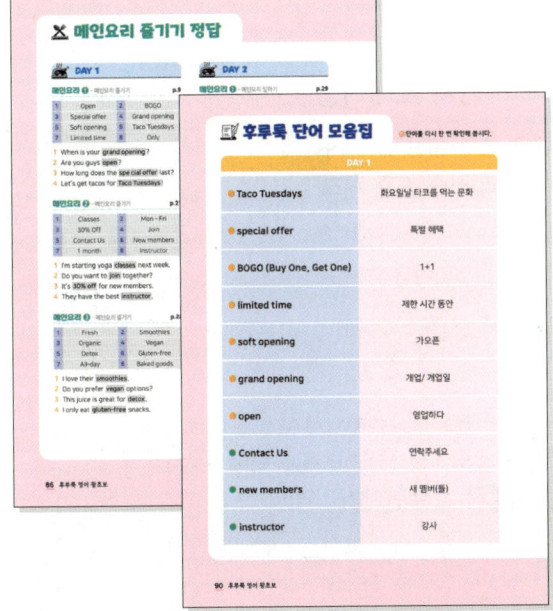

부록

- **후루룩 말하기 정답**
  〈후루룩 말하기〉 코너 연습 문제의 정답을 한눈에 볼 수 있도록 정답지를 부록에 수록했어요.

- **후루룩 단어 모음집**
  본문에 수록된 중요 단어를 정리, 복습할 수 있도록 각 Day별 단어 리스트를 부록에 수록했어요.

집중력을 잃어 가는 현대인들을 위한 솔루션

외국어 학습에 최적화된
후루룩 학습법

뽀모도로 집중력 트레이닝
25분 집중 학습 5분 휴식
몰입과 집중력 향상!

후루룩 학습법

메타인지 트레이닝
학습 전후 셀프테스트로
나의 학습 수준 체크!

총 25분으로 구성된 커리큘럼에 맞춰 학습한 후
앞서 25분간 달린 것에 대한 보상으로 5분 동안 휴식을 취해 주세요!
이 루틴을 반복했다면 〈1 후루룩〉 달성 완료!

※ 1 후루룩 달성 횟수가 많아질수록 집중력 향상에 도움이 됩니다.

후루룩 외국어 연구소

차례

PREFACE STRUCTURES **CONTENTS**

DAY 1 "타코 튜스데이에 타코 먹자"
현지 광고 표지판 어휘 살펴보기

에피타이저 학습 전 셀프 체크	17
메인요리 ❶ 타코 가게 광고 표지판	18
메인요리 ❷ 요가 수업 광고 표지판	20
메인요리 ❸ 카페 광고 표지판	22
디저트 학습 후 실력 점검	24

DAY 2 "난 항상 올블랙으로 입어"
에디의 소지품 어휘 살펴보기

에피타이저 학습 전 셀프 체크	27
메인요리 ❶ 에디쌤의 패션 아이템	28
메인요리 ❷ 에디쌤의 가방 속 데일리 아이템	30
메인요리 ❸ 에디쌤의 출장 가방	32
디저트 학습 후 실력 점검	34

DAY 3 "버거 하나 추가할 수 있나요?"
식당 메뉴 속 어휘 살펴보기

에피타이저 학습 전 셀프 체크	37
메인요리 ❶ 현지 해산물 맛집 메뉴	38
메인요리 ❷ 현지 카페 메뉴	40
메인요리 ❸ 현지 햄버거 가게 메뉴	42
디저트 학습 후 실력 점검	44

DAY 4 "너 턱걸이 몇 개 할 수 있어?"
헬스장 어휘 살펴보기

에피타이저 학습 전 셀프 체크	47
메인요리 ❶ 헬스장1	48
메인요리 ❷ 헬스장2	50
메인요리 ❸ 헬스장3	52
디저트 학습 후 실력 점검	54

DAY 5	"나는 계란 반숙을 좋아해"
	요리 레시피 속 어휘 살펴보기

1후루룩 완료!

에피타이저	학습 전 셀프 체크	57
메인요리 ❶	에디쌤의 맛있는 요리 레시피1	58
메인요리 ❷	에디쌤의 맛있는 요리 레시피2	60
메인요리 ❸	에디쌤의 맛있는 요리 레시피3	62
디저트	학습 후 실력 점검	64

DAY 6	"청청 패션은 소화하기 어려워"
	현지 옷 쇼핑 어휘 살펴보기

1후루룩 완료!

에피타이저	학습 전 셀프 체크	67
메인요리 ❶	옷 쇼핑1	68
메인요리 ❷	옷 쇼핑2	70
메인요리 ❸	옷 쇼핑3	72
디저트	학습 후 실력 점검	74

DAY 7	"오늘 내로 이거 끝내줄 수 있어?"
	비즈니스 메일 어휘 살펴보기

1후루룩 완료!

에피타이저	학습 전 셀프 체크	77
메인요리 ❶	에디쌤의 비즈니스 메일1	78
메인요리 ❷	에디쌤의 비즈니스 메일2	80
메인요리 ❸	에디쌤의 비즈니스 메일3	82
디저트	학습 후 실력 점검	84

특별부록	메인요리 즐기기 정답	86
	후루룩 단어 모음집	90

Tips! '1일 1후루룩'을 달성했다면 박스에 체크 표시 ✔를 해 보세요!

1주 동안 다양한 영어 요리를 맛보며 왕초보 탈출에 도전해 보세요!

DAY 1

"타코 튜스데이에 타코 먹자!"

현지 광고 표지판 어휘 살펴보기

원어민 음성듣기

오늘의 후루룩 코스

에피타이저

메인요리1~3

디저트

후루룩 학습법

▸ 25분 학습 ◂　　　▸ 5분 휴식 ◂　　　"1일 1후루룩 했다!"

1분 워밍업
- 에피타이저　학습 전 셀프 체크하기

24분 집중
- 메인 요리1　타코 가게 광고 표지판
- 요리 즐기기　어휘 퀴즈
- 메인 요리2　요가 수업 광고 표지판
- 요리 즐기기　어휘 퀴즈
- 메인 요리3　카페 광고 표지판
- 요리 즐기기　어휘 퀴즈

5분 휴식
- 디저트　학습 후 다시 한번 셀프 진단하기

| 에피타이저 | 메인요리 ❶ | 메인요리 ❷ | 메인요리 ❸ | 디저트 |

1분

학습을 시작하기 전, 내가 얼마나 알고 있는지 셀프 체크를 해 봅시다.

	YES	NO
★ 'BOGO'라는 단어의 의미를 알고 있다.	☐	☐
★ 매장에서 특별 혜택이 언제까지인지 물어볼 수 있다.	☐	☐
★ 상대에게 요가 수업에 같이 가자고 제안할 수 있다.	☐	☐
★ '30% 할인'을 영어로 말할 수 있다.	☐	☐
★ 상대에게 비건 메뉴가 좋은지 물어볼 수 있다.	☐	☐
★ 글루텐 프리 스낵만 먹는다고 말할 수 있다.	☐	☐

☑ 셀프진단

» **Yes가 5개 이상일 경우**
'메인요리1~3'을 빠르게 확인 후 '메인요리 즐기기'에 도전해 보세요!

» **Yes가 5개 이하일 경우**
'메인요리1~3'을 집중해서 확인 후 '메인요리 즐기기'에 도전해 보세요!

에피타이저 | **메인요리 ①** | 메인요리 ② | 메인요리 ③ | 디저트

메인요리 ①

타코 가게 광고 표지판을 살펴볼까요?

Hururuk_eddie

Hururuk_eddie 마음에 쏙 드는 타코 가게 이름일세 #타코마스터에디

후루룩 단어 체크하기

Open 영업하다	**Soft opening** 가오픈
BOGO (Buy One, Get One) 1+1	**Taco Tuesdays** 화요일날 타코를 먹는 문화
Special offer 특별 혜택	**Limited time** 제한 시간 동안
Grand opening 개업, 개업식	**Only** 오직

Tips! 미국에서 1+1은 'One Plus One'이 아니라, 'Buy one, get one'을 줄여서 'BOGO'라고 하며, 특히 음식점과 의류 매장에서 자주 볼 수 있어요.

| 에피타이저 | **메인요리 ❶** | 메인요리 ❷ | 메인요리 ❸ | 디저트 |

메인요리 즐기기

우리말 뜻을 보고 알맞은 단어를 영어로 써 보자!

1	영업하다	2	1+1
3	특별 혜택	4	개업, 개업식
5	가오픈	6	화요일날 타코를 먹는 문화
7	제한 시간 동안	8	오직

빈칸에 알맞은 단어를 영어로 써 보자!

1. When is your _____?
   너네 **개업**이 언제야?

2. Are you guys _____?
   혹시 지금 **영업**하시나요?

3. How long does the _____ last?
   이 **특별 혜택**은 얼마나 오랫동안 진행되나요?

4. Let's get tacos for _____!
   타코 튜스데이에 타코 먹자!

DAY 1

 메인요리 ❷

요가 수업 광고 표지판을 살펴볼까요?

후루룩 단어 체크하기

Classes 수업들	Contact Us 연락주세요
Mon - Fri 월요일부터 금요일까지	New members 새 맴버(들)
30% Off 30% 할인	1 month 한 달
Join 가입하다	Instructor 강사

Tips! 'Hot yoga'는 높은 온도에서 하는 요가로, 일반적으로 실내 온도가 35~40도까지 올라가요. 이 수업은 땀을 많이 흘리며 유연성과 체력 향상에 도움이 돼요.

메인요리 즐기기

🗨 우리말 뜻을 보고 알맞은 단어를 영어로 써 보자!

1	수업들	2	월요일부터 금요일까지
3	30% 할인	4	가입하다
5	연락주세요	6	새 맴버(들)
7	한 달	8	강사

🗨 빈칸에 알맞은 단어를 영어로 써 보자!

1 I'm starting yoga _____ next week.
   다음주부터 요가 수업 들으러 가.

2 Do you want to _____ together?
   나랑 신청할래?

3 It's _____ for new members.
   새 맴버들에겐 30% 할인이래.

4 They have the best _____.
   가장 좋은 강사진들이 있대.

DAY 1 21

 메인요리 ❸

 8분

 카페 광고 표지판을 살펴볼까요?

후루룩 단어 체크하기

Fresh 신선한	**Detox** 디톡스
Smoothies 스무디	**Gluten-free** 글루텐 프리
Organic 유기농	**All-day** 하루 종일 가능한
Vegan 비건	**Baked goods** 빵류

Tips! 제가 LA에서 가장 좋아하는 카페인 'Project Bloom'은 'Melrose Avenue(멜로즈 에비뉴)'에 위치해 있어요! 만약 방문할 기회가 있다면 에그 샌드위치는 꼭 드셔 보세요. James 사장님이 반갑게 맞이해 주실 거예요.

| 에피타이저 | 메인요리 ❶ | 메인요리 ❷ | **메인요리 ❸** | 디저트 |

 메인요리 즐기기

SCAN ME!

📋 우리말 뜻을 보고 알맞은 단어를 영어로 써 보자!

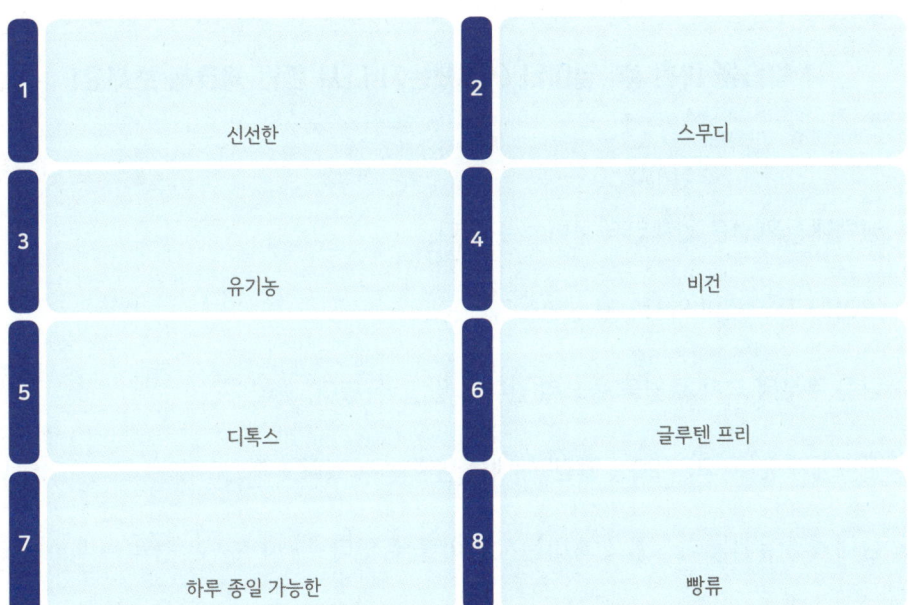

1	신선한	2	스무디
3	유기농	4	비건
5	디톡스	6	글루텐 프리
7	하루 종일 가능한	8	빵류

📋 빈칸에 알맞은 단어를 영어로 써 보자!

1. I love their _____.
   나는 그 가게의 **스무디**를 굉장히 좋아해.

2. Do you prefer _____ options?
   비건 옵션을 선호하니?

3. This juice is great for _____.
   이 주스는 **디톡스**하기에 좋아.

4. I only eat _____ snacks.
   나는 **글루텐 프리** 스낵만 먹어.

정답은 요리즐기기 정답 86p에서 확인!

DAY 1 23

| 에피타이저 | 메인요리 ❶ | 메인요리 ❷ | 메인요리 ❸ | 디저트 |

5분 휴식

학습을 마친 후, 얼마나 이해했는지 다시 한번 체크해 보세요!

	그렇다	보통이다	모르겠다
★ 상대에게 개업은 언제인지 물어볼 수 있다.	☐	☐	☐
★ 'BOGO'가 무엇의 약자인지 설명할 수 있다.	☐	☐	☐
★ 다음 주부터 요가 수업을 들으러 간다고 말할 수 있다.	☐	☐	☐
★ 상대에게 '신규 고객 20% 할인' 혜택을 설명할 수 있다.	☐	☐	☐
★ 상대에게 유기농 메뉴를 선호하는지 물어볼 수 있다.	☐	☐	☐
★ 이 주스가 디톡스에 좋다고 말할 수 있다.	☐	☐	☐

* 스코어 계산법 :
그렇다=3점, 보통이다=2점, 모르겠다=1점

나의 합계 스코어는 _____ 점

☑ 셀프진단

» **15점 이상 ★★★**
정말 훌륭합니다! '메인 요리1~3'을 입으로 뱉어 본 후 바로 학습을 종료해 주세요.

» **10~14점 ★★**
거의 다 왔습니다! 약한 부분만 시간에 맞춰 다시 학습한 후 학습을 종료해 주세요.

» **10점 미만 ★**
괜찮아요! 다시 한번 차근차근 '메인 요리1~3'을 학습해 봅시다!

DAY 2

"난 항상 올블랙으로 입어!"

에디의 소지품 어휘 살펴보기

원어민 음성듣기

오늘의 후루룩 코스

 에피타이저    메인요리1~3    디저트

후루룩 학습법

 +  =

▶ 25분 학습 ◀   ▶ 5분 휴식 ◀   "1일 1후루룩 했다!"

1분 워밍업
- **에피타이저**   학습 전 셀프 체크하기

24분 집중
- **메인 요리1**   에디쌤의 패션 아이템
- **요리 즐기기**   어휘 퀴즈
- **메인 요리2**   에디쌤의 가방 속 데일리 아이템
- **요리 즐기기**   어휘 퀴즈
- **메인 요리3**   에디쌤의 출장 가방
- **요리 즐기기**   어휘 퀴즈

5분 휴식
- **디저트**   학습 후 다시 한번 셀프 진단하기

| 에피타이저 | 메인요리 ❶ | 메인요리 ❷ | 메인요리 ❸ | 디저트 |

에피타이저

학습을 시작하기 전, 내가 얼마나 알고 있는지 셀프 체크를 해 봅시다.

	YES	NO
★ 'All black drip'이라는 말을 들어본 적이 있다.	☐	☐
★ '토트백'과 '가죽 가방'을 영어로 말할 수 있다.	☐	☐
★ 'Suncream(선크림)'이 콩글리쉬인 것을 알고 있다.	☐	☐
★ 'Sunglass'와 'Sunglasses'의 차이를 알고 있다.	☐	☐
★ 상대에게 짐가방을 몇 개 가져왔는지 물어볼 수 있다.	☐	☐
★ '기내 휴대 수하물'을 영어로 말할 수 있다.	☐	☐

☑ 셀프진단

» **Yes가 5개 이상일 경우**
'메인요리1~3'을 빠르게 확인 후 '메인요리 즐기기'에 도전해 보세요!

» **Yes가 5개 이하일 경우**
'메인요리1~3'을 집중해서 확인 후 '메인요리 즐기기'에 도전해 보세요!

메인요리 ❶

📋 에디쌤의 패션 아이템을 살펴볼까요?

Hururuk_eddie All black drip 오늘은 올블랙! #OOTD

후루룩 단어 체크하기

Fabric 천	Pocket 주머니
Leather 가죽	Tote bag 토트백
Zipper 지퍼	All black 올블랙
Strap 끈	Clutch 클러치

> **Tips!** 'Drip'은 미국에서 패션에 대한 속어로 '멋진 스타일'을 의미해요. 주로 옷이나 액세서리의 조합이 세련되거나 멋질 때 사용돼요. 예를 들어, 'All black drip'은 올블랙 패션을 멋지게 표현할 때 쓸 수 있답니다.

메인요리 즐기기

■ 우리말 뜻을 보고 알맞은 단어를 영어로 써 보자!

1 천	2 가죽
3 지퍼	4 끈
5 주머니	6 토트백
7 올블랙	8 클러치

■ 빈칸에 알맞은 단어를 영어로 써 보자!

1. I need a new _____ bag.
   새 가죽 백을 사야 해.

2. The _____ on this bag are broken.
   이 가방에 있는 지퍼들이 고장났어.

3. That's a cute _____.
   저 토트백 귀엽다.

4. I always wear an _____ outfit.
   나는 항상 올블랙으로 입어.

정답은 요리즐기기 정답 86p에서 확인!

DAY 2 29

| 에피타이저 | 메인요리 ❶ | **메인요리 ❷** | 메인요리 ❸ | 디저트 |

8분

💬 에디쌤의 가방 속 데일리 아이템을 살펴볼까요?

Hururuk_eddie

Hururuk_eddie 없이는 못 사는 생필품 빼꼼 #왓츠인마이백

후루룩 단어 체크하기

Backpack 백팩	**Headphones** 헤드폰
Sunscreen 선크림	**Water bottle** 물병
Moisturizer 로션, 보습제	**Sunglasses** 선글라스
Lip balm 립밤	**Alcohol pads** 솜 소독제

Tips! 우리가 흔히 '선글라스'라고 하면 'sunglass'를 떠올리게 되지만, 사실 영어로는 뒤에 복수형인 'es'를 붙여 'sunglasses'라고 하셔야 해요. 선글라스는 일반적으로 양쪽 눈에 착용하는 렌즈 한 쌍을 의미하기 때문에 항상 복수형을 사용한답니다. 비슷한 예로는 'pants(바지)'나 'scissors(가위)' 등이 있어요.

메인요리 즐기기

SCAN ME!

우리말 뜻을 보고 알맞은 단어를 영어로 써 보자!

1 백팩	2 선크림
3 로션, 보습제	4 립밤
5 헤드폰	6 물병
7 선글라스	8 손 소독제

빈칸에 알맞은 단어를 영어로 써 보자!

1. I left my _____ at home.
   선글라스를 집에 두고 왔어.

2. Can I use your _____ ?
   네 선크림 좀 써도 돼?

3. I have a _____ if you need it.
   나 립밤 있는데, 필요하면 써.

4. I can't go anywhere without my _____ .
   내 헤드폰 없이는 아무데도 못 가.

정답은 요리즐기기 정답 86p에서 확인!

DAY 2

메인요리 ❸

출장을 떠나는 에디쌤의 가방을 살펴볼까요?

Hururuk_eddie 출장 갈 준비 완료! #해외출장

후루룩 단어 체크하기

Luggage 짐가방	**Pack** 짐을 싸다
Suitcase 여행용 가방	**Carry-on** 기내 휴대 수하물
Travel size 여행용 사이즈	**Duffel bag** 더플백
Briefcase 서류 가방	**Laptop** 노트북 컴퓨터

Tips! 미국에서 여행할 때 우리가 흔히 말하는 '캐리어'는 'carrier'가 아니예요! 대신, 'suitcase'라고 해 주시면 됩니다.

메인요리 즐기기

우리말 뜻을 보고 알맞은 단어를 영어로 써 보자!

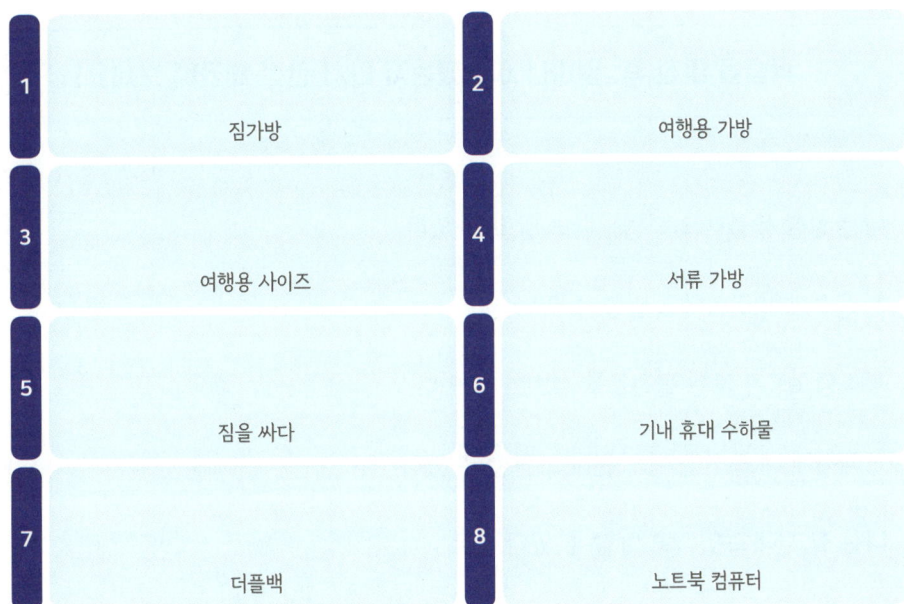

1 짐가방	2 여행용 가방
3 여행용 사이즈	4 서류 가방
5 짐을 싸다	6 기내 휴대 수하물
7 더플백	8 노트북 컴퓨터

빈칸에 알맞은 단어를 영어로 써 보자!

1. Have you finished _____ for your trip?
   여행을 위한 짐은 다 쌌어?

2. How many _____ did you bring?
   짐가방 몇 개 가져왔어?

3. I bought a new _____ case.
   새로운 노트북 컴퓨터 케이스를 샀어.

4. This is a _____ toothpaste.
   이것은 여행용 치약이야.

학습을 마친 후, 얼마나 이해했는지 다시 한번 체크해 보세요!

	그렇다	보통이다	모르겠다
★ 나는 항상 올블랙으로 입는다고 말할 수 있다.	☐	☐	☐
★ 저 토트백이 귀엽다고 말할 수 있다.	☐	☐	☐
★ 복수형 'es'가 붙는 물건들을 설명할 수 있다.	☐	☐	☐
★ 상대에게 내 로션을 써도 된다고 말할 수 있다.	☐	☐	☐
★ 나는 잘 지내고 있다고 말할 수 있다.	☐	☐	☐
★ 지금 사무실에 있다고 말할 수 있다.	☐	☐	☐

* 스코어 계산법 :
  그렇다=3점, 보통이다=2점, 모르겠다=1점

나의 합계 스코어는 _____ 점

☑ 셀프진단

» **15점 이상 ★★★**
  정말 훌륭합니다! '메인 요리1~3'을 입으로 뱉어 본 후 바로 학습을 종료해 주세요.

» **10~14점 ★★**
  거의 다 왔습니다! 약한 부분만 시간에 맞춰 다시 학습한 후 학습을 종료해 주세요.

» **10점 미만 ★**
  괜찮아요! 다시 한번 차근차근 '메인 요리1~3'을 학습해 봅시다!

DAY 3

"버거 하나 추가할 수 있나요"

식당 메뉴 속 어휘 살펴보기

원어민 음성듣기

오늘의 후루룩 코스

에피타이저

메인요리1~3

디저트

후루룩 학습법

▸ 25분 학습 ◂   ▸ 5분 휴식 ◂   "1일 1후루룩 했다!"

1분 워밍업
- **에피타이저**   학습 전 셀프 체크하기

24분 집중
- **메인 요리1**   현지 해산물 맛집 메뉴
- **요리 즐기기**   어휘 퀴즈
- **메인 요리2**   현지 카페 메뉴
- **요리 즐기기**   어휘 퀴즈
- **메인 요리3**   현지 햄버거 가게 메뉴
- **요리 즐기기**   어휘 퀴즈

5분 휴식
- **디저트**   학습 후 다시 한번 셀프 진단하기

| 에피타이저 | 메인요리 ❶ | 메인요리 ❷ | 메인요리 ❸ | 디저트 |

에피타이저

학습을 시작하기 전, 내가 얼마나 알고 있는지 셀프 체크를 해 봅시다.

	YES	NO
★ '메인 요리'를 뜻하는 단어 2가지를 알고 있다.	☐	☐
★ 고기보다 생선을 좋아한다고 말할 수 있다.	☐	☐
★ 'Ice Americano(아이스 아메리카노)'가 틀린 표현인 것을 알고 있다.	☐	☐
★ 카페라떼 한 잔을 주문할 수 있다.	☐	☐
★ 버거 주문할 때 싫어하는 재료를 빼 달라고 부탁할 수 있다.	☐	☐
★ 사이드 메뉴로 감자튀김을 요청할 수 있다.	☐	☐

✓ 셀프진단

» **Yes가 5개 이상일 경우**
'메인요리1~3'을 빠르게 확인 후 '메인요리 즐기기'에 도전해 보세요!

» **Yes가 5개 이하일 경우**
'메인요리1~3'을 집중해서 확인 후 '메인요리 즐기기'에 도전해 보세요!

| 에피타이저 | **메인요리 ❶** | 메인요리 ❷ | 메인요리 ❸ | 디저트 |

 메인요리 ❶

 8분

📋 현지 해산물 맛집 메뉴를 살펴볼까요?

Hururuk_eddie

Hururuk_eddie   LA 해산물 맛집 뿌시기! #맛집스타그램

후루룩 단어 체크하기

Appetizer 에피타이저, 전채 요리	**Side dish** 사이드 메뉴
Entree 메인 요리	**Beverage** 음료
Beef 소고기, 고기	**Starter** 전채 요리
Pork 돼지고기	**Dessert** 디저트

> **Tips!** 메인 요리는 'main dish'라고도 해요. 주 메인 요리로는 'Beef Steak(비프 스테이크)'나 'Lobster(랍스터)' 등이 있어요.

| 에피타이저 | **메인요리 ❶** | 메인요리 ❷ | 메인요리 ❸ | 디저트 |

메인요리 즐기기

우리말 뜻을 보고 알맞은 단어를 영어로 써 보자!

1	에피타이저, 전채 요리	2	메인 요리
3	소고기	4	돼지고기
5	사이드 메뉴	6	음료
7	전채 요리	8	디저트

빈칸에 알맞은 단어를 영어로 써 보자!

1. Could you recommend a popular _____.
   잘 팔리는 디저트 추천해 주시겠어요?

2. I'll have the _____, please.
   소고기로 주세요.

3. I'll do the salad for the _____.
   에피타이저로 샐러드 주세요.

4. I prefer _____ over beef.
   저는 소고기 보다 돼지고기를 좋아해요.

정답은 요리즐기기 정답 87p에서 확인!

DAY 3 39

 메인요리 ❷

현지 카페 메뉴를 살펴볼까요?

 8분

Hururuk_eddie

Hururuk_eddie '얼죽아'는 영어로? #보고싶은뉴욕

후루룩 단어 체크하기

| Whipped cream | Add a shot |
| 휘핑크림 | 샷 추가(하다) |

| For here | To go |
| 매장에서 식사하다 | 테이크 아웃, 포장 |

| Extra sweet | Fat-free milk |
| 더 달게 | 무지방 우유 |

| Pre-order | Iced Americano |
| 사전 주문하다 | 아이스 아메리카노 |

Tips! '아이스'를 주문할 때는 ice가 아닌 'iced'라고 하셔야 해요. 그리고 주문할 때 사이즈, 아이스/핫, 메뉴 순으로 말하면 무리 없이 통한답니다.

40 후루룩 영어 왕초보

메인요리 즐기기

📋 우리말 뜻을 보고 알맞은 단어를 영어로 써 보자!

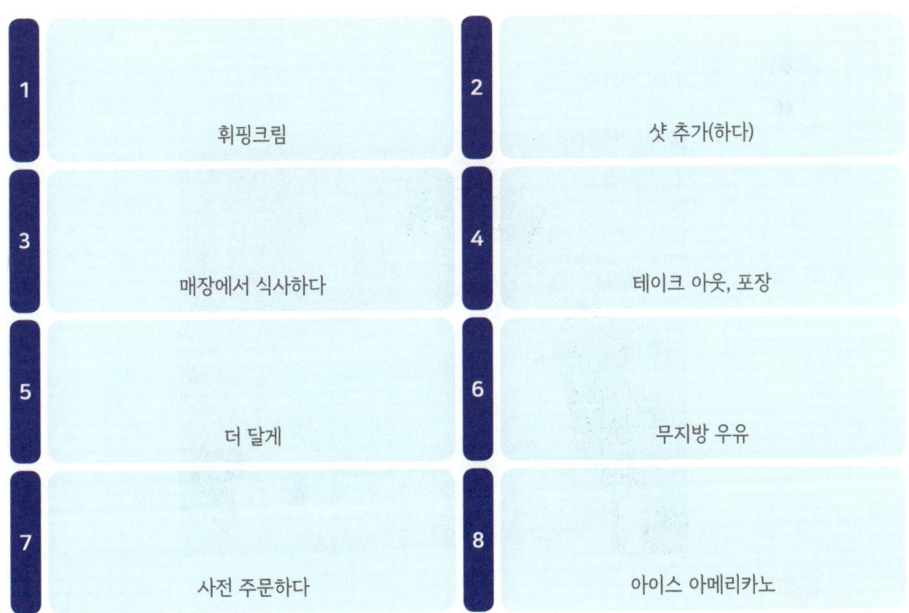

1	휘핑크림	2	샷 추가(하다)
3	매장에서 식사하다	4	테이크 아웃, 포장
5	더 달게	6	무지방 우유
7	사전 주문하다	8	아이스 아메리카노

📋 빈칸에 알맞은 단어를 영어로 써 보자!

1. Can I add a _____?
   샷 추가할 수 있을까요?

2. Can I get it _____, please?
   포장해서 가져가도 될까요?

3. How can I _____?
   사전 주문은 어떻게 하나요?

4. Can I get an _____?
   아이스 아메리카노 한 잔 주시겠어요?

정답은 요리즐기기 정답 87p에서 확인!

DAY 3

| 에피타이저 | 메인요리 ❶ | 메인요리 ❷ | **메인요리 ❸** | 디저트 |

메인요리 ❸

8분

💬 현지 햄버거 가게 메뉴를 살펴볼까요?

Hururuk_eddie   인앤아웃 or 쉐이크쉑? #나는빵없이패티만

🍲 후루룩 단어 체크하기

Burger 버거	Combo 세트
Fries 감자튀김	Grilled onions 구운 양파
Soda 탄산음료	Lettuce wrap 양상추 랩
Cheese 치즈	Extra sauce 소스 추가

Tips! 인앤아웃 버거에서 저는 항상 'Protein Style(프로틴 스타일)'을 주문하는데요. 빵으로 구성된 번 대신 양상추 랩으로 패티를 감싸서 칼로리도 적고 탄수화물도 줄일 수 있습니다!

| 에피타이저 | 메인요리 ❶ | 메인요리 ❷ | **메인요리 ❸** | 디저트 |

메인요리 즐기기

우리말 뜻을 보고 알맞은 단어를 영어로 써 보자!

1	버거	2	감자튀김
3	탄산음료	4	치즈
5	세트	6	구운 양파
7	양상추 랩	8	소스 추가

빈칸에 알맞은 단어를 영어로 써 보자!

1. Can I add another _____?
   버거 하나 추가할 수 있나요?

2. I'll take out the _____.
   치즈는 빼 주세요.

3. Can I do a side of _____?
   사이드로 감자튀김 주실 수 있나요?

4. Can I get _____, please?
   소스 추가 해주실 수 있나요?

정답은 요리즐기기 정답 87p에서 확인!

에피타이저 | 메인요리 ❶ | 메인요리 ❷ | 메인요리 ❸ | **디저트**

학습을 마친 후, 얼마나 이해했는지 다시 한번 체크해 보세요!

	그렇다	보통이다	모르겠다
★ 인기 있는 디저트를 추천 받을 수 있다.	☐	☐	☐
★ 요리 코스 어휘를 순서대로 말할 수 있다.	☐	☐	☐
★ 음식을 포장해달라고 요청할 수 있다.	☐	☐	☐
★ 커피에 샷을 추가해달라고 부탁할 수 있다.	☐	☐	☐
★ 버거를 한 개 더 추가로 주문할 수 있다.	☐	☐	☐
★ 토마토를 빼달라고 요청할 수 있다.	☐	☐	☐

* 스코어 계산법 :
그렇다=3점, 보통이다=2점, 모르겠다=1점

나의 합계 스코어는 _____ 점

✅ 셀프진단

» **15점 이상 ★★★**
정말 훌륭합니다! '메인 요리1~3'을 입으로 뱉어 본 후 바로 학습을 종료해 주세요.

» **10~14점 ★★**
거의 다 왔습니다! 약한 부분만 시간에 맞춰 다시 학습한 후 학습을 종료해 주세요.

» **10점 미만 ★**
괜찮아요! 다시 한번 차근차근 '메인 요리1~3'을 학습해 봅시다!

DAY 4

"너 턱걸이 몇 개 할 수 있어?"

헬스장 어휘 살펴보기

원어민 음성듣기

오늘의 후루룩 코스

에피타이저

메인요리 1~3

디저트

후루룩 학습법

 +  =

▶ 25분 학습 ◀   ▶ 5분 휴식 ◀   "1일 1후루룩 했다!"

1분 워밍업
- **에피타이저**   학습 전 셀프 체크하기

24분 집중
- **메인 요리1**   헬스장1
- **요리 즐기기**   어휘 퀴즈
- **메인 요리2**   헬스장2
- **요리 즐기기**   어휘 퀴즈
- **메인 요리3**   헬스장3
- **요리 즐기기**   어휘 퀴즈

5분 휴식
- **디저트**   학습 후 다시 한번 셀프 진단하기

| 에피타이저 | 메인요리 ❶ | 메인요리 ❷ | 메인요리 ❸ | 디저트 |

학습을 시작하기 전, 내가 얼마나 알고 있는지 셀프 체크를 해 봅시다.

	YES	NO
★ '턱걸이', '복근 운동'을 영어로 말할 수 있다.	☐	☐
★ 상대에게 헬스장 회원권을 끊었다고 말할 수 있다.	☐	☐
★ 상대에게 윗몸일으키기를 같이 하자고 권할 수 있다.	☐	☐
★ '탈의실'을 영어로 3초 안에 떠올릴 수 있다.	☐	☐
★ 상대에게 '나 벌크업 할 거야'라고 말할 수 있다.	☐	☐
★ 상대에게 운동 루틴을 물어볼 수 있다.	☐	☐

☑ 셀프진단

» Yes가 5개 이상일 경우
'메인요리1~3'을 빠르게 확인 후 '메인요리 즐기기'에 도전해 보세요!

» Yes가 5개 이하일 경우
'메인요리1~3'을 집중해서 확인 후 '메인요리 즐기기'에 도전해 보세요!

| 에피타이저 | 메인요리 ❶ | 메인요리 ❷ | 메인요리 ❸ | 디저트 |

🍗 메인요리 ❶

8분

💬 **에디쌤과 함께 헬스장에 놀러가 볼까요?**

Hururuk_eddie

Hururuk_eddie 1년에 한 번만 하는 전신운동 #오운완

후루룩 단어 체크하기

| Dumbbell | Lifting straps |
| 덤벨 | 리프팅 스트랩 |

| Treadmill | Gym membership |
| 러닝머신 | 헬스장 회원권 |

| Pull-up | Ab workout |
| 턱걸이 | 복근 운동 |

| Leg day | Barbell |
| 하체 운동 하는 날 | 바벨 |

Tips! 우리나라는 바벨의 무게가 20kg인데, 미국은 대략 45lb(파운드)예요. 미국에서는 덤벨도 파운드로 적혀 있는데, 파운드에서 대략 2.2를 나누면 kg가 됩니다!

48 후루룩 영어 왕초보

메인요리 즐기기

 우리말 뜻을 보고 알맞은 단어를 영어로 써 보자!

1	덤벨	2	러닝 머신
3	턱걸이	4	하체 운동 하는 날
5	리프팅 스트랩	6	헬스장 회원권
7	복근 운동	8	바벨

빈칸에 알맞은 단어를 영어로 써 보자!

1. I mainly do _____ workouts.
   나는 주로 덤벨 운동을 많이 해.

2. How many _____ can you do?
   너 턱걸이 몇개 할 수 있어?

3. _____ are good for back workouts.
   리프팅 스트랩은 등 운동할 때 좋아.

4. I got a new _____.
   나는 새로운 헬스장 회원권을 끊었어.

정답은 요리즐기기 정답 87p에서 확인!

DAY 4 49

 메인요리 ❷

 에디쌤과 함께 헬스장에 놀러가 볼까요?

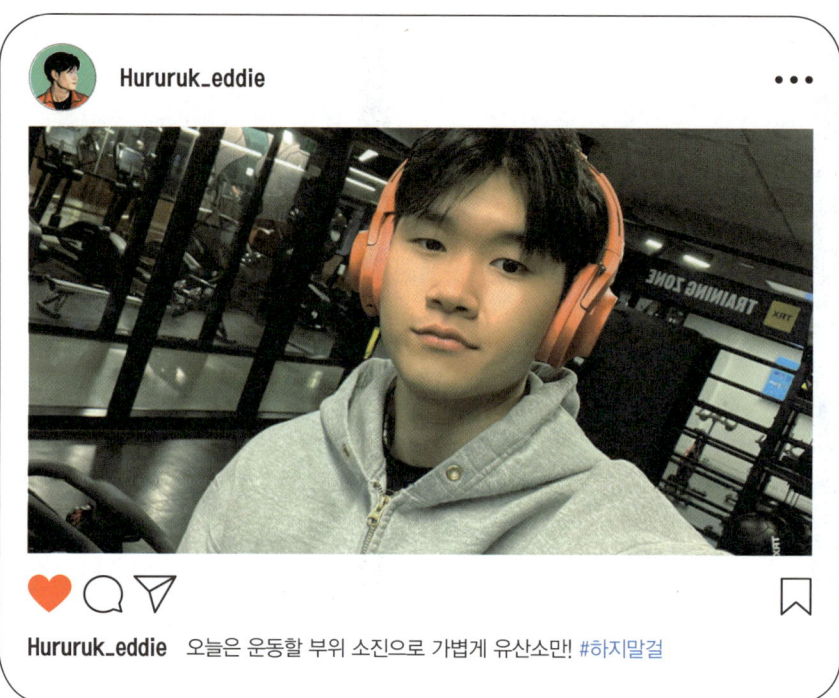

Hururuk_eddie   오늘은 운동할 부위 소진으로 가볍게 유산소만! #하지말걸

후루룩 단어 체크하기

Cardio	Locker room
유산소 운동	탈의실

Sit-up	Elliptical
윗몸일으키기	일립티컬 머신

Jump rope	Cycling Bike / Spin Bike
줄넘기	실내 사이클링 바이크

Personal trainer	Yoga mat
퍼스널 트레이너	요가 매트

Tips! 미국은 헬스장 외에도 스피닝 혹은 요가 수업들이 인기가 많아서, 우리나라에서 필라테스 스튜디오가 많은 것처럼 스피닝 혹은 요가 전문 스튜디오가 굉장히 많습니다!

| 에피타이저 | 메인요리 ❶ | **메인요리 ❷** | 메인요리 ❸ | 디저트 |

🍽 메인요리 즐기기

💬 **우리말 뜻을 보고 알맞은 단어를 영어로 써 보자!**

1 유산소 운동	2 윗몸일으키기
3 줄넘기	4 퍼스널 트레이너
5 탈의실	6 일립티컬 머신
7 실내 사이클링 바이크	8 요가 매트

💬 **빈칸에 알맞은 단어를 영어로 써 보자!**

1. I don't do _____.
   나는 유산소 운동 안 해.

2. Let's do 200 _____.
   윗몸일으키기 200개 하자.

3. You can use my _____.
   내 줄넘기 써도 돼.

4. Do you have an extra _____?
   너 남는 요가 매트 있어?

정답은 요리즐기기 정답 87p에서 확인!

DAY 4 51

메인요리 ❸

에디쌤과 함께 헬스장에 놀러가 볼까요?

Hururuk_eddie   제가 먹는 보충제를 소개할게요! #보충제추천

후루룩 단어 체크하기

Pre-workout 운동 전 부스터	**Cool down** 마무리 운동
Post-workout meal 운동 후 식사	**Max out** 최대치까지 하다
Protein shake 단백질 쉐이크	**Shaker bottle** 쉐이크 물병
Go on a cut/bulk 컷팅/벌크업을 하다	**Workout routine** 운동 루틴

Tips! 미국에서 보충제는 포괄적으로 'supplement'라고 불러요. 우리가 따로 챙겨 먹는 단백질도 'supplement'라고 할 수 있답니다.

메인요리 ③

 메인요리 즐기기

📩 우리말 뜻을 보고 알맞은 단어를 영어로 써 보자!

1 운동 전 부스터	**2** 운동 후 식사
3 단백질 쉐이크	**4** 컷팅/벌크업을 하다
5 마무리 운동	**6** 최대치까지 하다
7 쉐이크 물병	**8** 운동 루틴

📩 빈칸에 알맞은 단어를 영어로 써 보자!

1. I forgot to take my _____.
   운동 전 부스터 먹는 거 까먹었어.

2. I'm going on a _____.
   나는 컷팅 할 예정이야.

3. I had a _____ for dinner.
   나는 저녁으로 단백질 쉐이크를 먹었어.

4. What's your chest _____?
   네 가슴 운동 루틴이 어떻게 돼?

| 에피타이저 | 메인요리 ❶ | 메인요리 ❷ | 메인요리 ❸ | 디저트 |

학습을 마친 후, 얼마나 이해했는지 다시 한번 체크해 보세요!

	그렇다	보통이다	모르겠다
★ 상대에게 턱걸이 몇 개 할 수 있는지 물어볼 수 있다.	☐	☐	☐
★ 나는 주로 복근 운동을 한다고 말할 수 있다.	☐	☐	☐
★ 상대에게 윗몸일으키기 200개 하자고 말할 수 있다.	☐	☐	☐
★ 상대에게 남는 요가 매트가 있는지 물어볼 수 있다.	☐	☐	☐
★ '보충제'를 영어로 3초 안에 말할 수 있다.	☐	☐	☐
★ 점심으로 단백질 쉐이크를 먹었다고 말할 수 있다.	☐	☐	☐

* 스코어 계산법 :
그렇다=3점, 보통이다=2점, 모르겠다=1점

나의 합계 스코어는 ＿＿＿ 점

✅ 셀프진단

» **15점 이상 ★★★**
정말 훌륭합니다! '메인 요리1~3'을 입으로 뱉어 본 후 바로 학습을 종료해 주세요.

» **10~14점 ★★**
거의 다 왔습니다! 약한 부분만 시간에 맞춰 다시 학습한 후 학습을 종료해 주세요.

» **10점 미만 ★**
괜찮아요! 다시 한번 차근차근 '메인 요리1~3'을 학습해 봅시다!

DAY 5

"나는 계란 반숙을 좋아해"

요리 레시피 속 어휘 살펴보기

오늘의 후루룩 코스

에피타이저

메인요리 1~3

디저트

후루룩 학습법

 +  =

▶ 25분 학습 ◀　　　▶ 5분 휴식 ◀　　　"1일 1후루룩 했다!"

1분 워밍업
- **에피타이저**　　학습 전 셀프 체크하기

24분 집중
- **메인 요리1**　　에디쌤의 맛있는 요리 레시피1
- **요리 즐기기**　 어휘 퀴즈
- **메인 요리2**　　에디쌤의 맛있는 요리 레시피2
- **요리 즐기기**　 어휘 퀴즈
- **메인 요리3**　　에디쌤의 맛있는 요리 레시피3
- **요리 즐기기**　 어휘 퀴즈

5분 휴식
- **디저트**　　학습 후 다시 한번 셀프 진단하기

| 에피타이저 | 메인요리 ❶ | 메인요리 ❷ | 메인요리 ❸ | 디저트 |

학습을 시작하기 전, 내가 얼마나 알고 있는지 셀프 체크를 해 봅시다.

                                                                          YES   NO

★ '계란 반숙'을 영어로 말할 수 있다.   ☐   ☐

★ '물을 끓이다'를 영어로 말할 수 있다.   ☐   ☐

★ 상대에게 샐러드에 양상추 넣는 게 싫다고 말할 수 있다.   ☐   ☐

★ '설탕', '식초', '소금'을 영어로 5초 안에 떠올릴 수 있다.   ☐   ☐

★ 상대에게 그릇 좀 건네달라고 부탁할 수 있다.   ☐   ☐

★ '저탄수화물 식사'를 영어로 말할 수 있다.   ☐   ☐

☑ **셀프진단**

» **Yes가 5개 이상일 경우**
  '메인요리1~3'을 빠르게 확인 후 '메인요리 즐기기'에 도전해 보세요!

» **Yes가 5개 이하일 경우**
  '메인요리1~3'을 집중해서 확인 후 '메인요리 즐기기'에 도전해 보세요!

| 에피타이저 | **메인요리 ❶** | 메인요리 ❷ | 메인요리 ❸ | 디저트 |

메인요리 ❶

8분

💬 에디쌤의 맛있는 요리 레시피 살펴볼까요?

Hururuk_eddie

❤ 💬 ✈   🔖

Hururuk_eddie 파스타에 계란 4개 추가는 국룰이죠! #단백질이빠지면파스타가아니지

후루룩 단어 체크하기

Boil 끓이다	**Sunny-side up** 계란 반숙
Chop 썰다	**Ingredients** 재료
Stir-fry 볶다	**Pasta sauce** 파스타 소스
Bake 굽다	**Garlic** 마늘

Tips! 우리가 흔히 헷갈릴 수 있는 'Boil'과 'Broil'의 차이! 'Broil'은 '굽다'라는 뜻으로, 주로 오븐의 상단 열을 사용해 음식을 고온에서 빠르게 익히는 방법이에요. 반면, 'boil'은 '끓이다'라는 뜻으로, 물이나 액체를 이용해 음식을 익히는 조리법이에요. 두 단어는 발음이 비슷하지만 조리 방식이 완전히 다르니 주의하세요!

에피타이저 | 메인요리 ❶ | 메인요리 ❷ | 메인요리 ❸ | 디저트

 메인요리 즐기기

SCAN ME!

우리말 뜻을 보고 알맞은 단어를 영어로 써 보자!

1	끓이다	2	썰다
3	볶다	4	굽다
5	계란 반숙	6	재료
7	파스타 소스	8	마늘

빈칸에 알맞은 단어를 영어로 써 보자!

1. You have to _____ the water first.
   먼저 물을 끓여야 해.

2. Can you _____ the onions for me?
   양파를 썰어줄 수 있어?

3. You only need 5 _____ to make lasagna.
   라자냐를 만들기 위해선 5가지의 재료가 필요해.

4. I like my eggs _____.
   나는 계란 반숙을 좋아해.

정답은 요리즐기기 정답 88p에서 확인!

| 에피타이저 | 메인요리 ❶ | **메인요리 ❷** | 메인요리 ❸ | 디저트 |

메인요리 ❷

💬 에디쌤의 맛있는 요리 레시피 살펴볼까요?

Hururuk_eddie

Hururuk_eddie 어제 과식한 관계로 오늘은 샐러드로 #치폴레먹을걸

후루룩 단어 체크하기

Mix	Salt
섞다	소금

Lettuce	Sugar
양상추	설탕

Dressing	Vinegar
드레싱	식초

Slice	Overeat
얇게 썰다	과식하다

Tips! 샐러드 드레싱 중에 가장 흔한 발사믹 소스는 말 그대로 'balsamic'이며, 발음하실 때 'bal-saaaah-mic'이라고 하시면 됩니다. 'a'를 '아~'로 길게 빼 주세요!

| 에피타이저 | 메인요리 ❶ | **메인요리 ❷** | 메인요리 ❸ | 디저트 |

🍴 메인요리 즐기기

💬 **우리말 뜻을 보고 알맞은 단어를 영어로 써 보자!**

1	섞다	2	양상추
3	드레싱	4	얇게 썰다
5	소금	6	설탕
7	식초	8	과식하다

💬 **빈칸에 알맞은 단어를 영어로 써 보자!**

1. I don't like to put _____ in my salad.
   내 샐러드에 양상추 넣는 거 싫어해.

2. What kind of _____ would you like?
   어떤 드레싱으로 드릴까요?

3. Can you go easy on the _____?
   설탕은 아주 조금만 넣어주실 수 있나요?

4. I try not to _____.
   나는 과식을 하지 않으려 해.

정답은 요리즐기기 정답 88p에서 확인!

| 에피타이저 | 메인요리 ❶ | 메인요리 ❷ | **메인요리 ❸** | 디저트 |

 메인요리 ❸

 8분

💬 에디쌤의 맛있는 요리 레시피 살펴볼까요?

Hururuk_eddie

Hururuk_eddie 제 발명품 '요과초씨볼(요거트 과일 초콜릿 씨리얼 볼)'이에요! #최강레시피

후루룩 단어 체크하기

Bowl	High-fat
그릇	고지방의
Chocolate chip	Fruit
초콜릿 칩	과일
Honey	Cereal
꿀	시리얼
Low-carb	Greek yogurt
저탄수화물의	그릭 요거트

Tips! 운동하시는 분들은 '고단백' 혹은 '고지방 식단'이라고 많이 들어보셨을 거예요. 미국에서도 이 개념이 존재하며, 'high protein meal'(고단백 식사) 혹은 'high-fat meal'(고지방 식사) 라고 부릅니다! 지방이라고 해서 절대 안 좋은 것이 아닌 거 아시죠?

에피타이저 | 메인요리 ❶ | 메인요리 ❷ | **메인요리 ❸** | 디저트

메인요리 즐기기

SCAN ME!

▤ 우리말 뜻을 보고 알맞은 단어를 영어로 써 보자!

1	그릇	2	초콜릿 칩
3	꿀	4	저탄수화물의
5	고지방의	6	과일
7	시리얼	8	그릭 요거트

▤ 빈칸에 알맞은 단어를 영어로 써 보자!

1. Can you pass me the _____?
   그릇 좀 내게 건네줄 수 있어?

2. This is the best _____ cookie recipe.
   이건 가장 이상적인 초콜릿 칩 레시피예요.

3. This is a _____ meal.
   이것은 저탄수화물 식사야.

4. I'm not a big fan of _____.
   나는 과일을 그렇게 좋아하지 않아.

정답은 요리즐기기 정답 88p에서 확인!

DAY 5

디저트

학습을 마친 후, 얼마나 이해했는지 다시 한번 체크해 보세요!

	그렇다	보통이다	모르겠다
★ 상대에게 양파를 썰어달라고 부탁할 수 있다.	☐	☐	☐
★ Boil과 Broil의 차이를 설명할 수 있다.	☐	☐	☐
★ 상대에게 과식하지 않겠다고 말할 수 있다.	☐	☐	☐
★ 설탕을 아주 조금만 넣어 달라고 부탁할 수 있다.	☐	☐	☐
★ 상대에게 과일을 좋아하지 않는다고 말할 수 있다.	☐	☐	☐
★ '고단백 식사'를 영어로 말할 수 있다.	☐	☐	☐

* 스코어 계산법 :
 그렇다=3점, 보통이다=2점, 모르겠다=1점

나의 합계 스코어는 _____ 점

☑ 셀프진단

» **15점 이상 ★★★**
정말 훌륭합니다! '메인 요리1~3'을 입으로 뱉어 본 후 바로 학습을 종료해 주세요.

» **10~14점 ★★**
거의 다 왔습니다! 약한 부분만 시간에 맞춰 다시 학습한 후 학습을 종료해 주세요.

» **10점 미만 ★**
괜찮아요! 다시 한번 차근차근 '메인 요리1~3'을 학습해 봅시다!

DAY 6

"청청 패션은 소화하기 어려워!"

현지 옷 쇼핑 어휘 살펴보기

원어민 음성듣기

오늘의 후루룩 코스

에피타이저

메인요리1~3

디저트

후루룩 학습법

▸ 25분 학습 ◂   ▸ 5분 휴식 ◂   "1일 1후루룩 했다!"

1분 워밍업
- 에피타이저   학습 전 셀프 체크하기

24분 집중
- 메인 요리1   옷 쇼핑1
- 요리 즐기기   어휘 퀴즈
- 메인 요리2   옷 쇼핑2
- 요리 즐기기   어휘 퀴즈
- 메인 요리3   옷 쇼핑3
- 요리 즐기기   어휘 퀴즈

5분 휴식
- 디저트   학습 후 다시 한번 셀프 진단하기

| 에피타이저 | 메인요리 ❶ | 메인요리 ❷ | 메인요리 ❸ | 디저트 |

학습을 시작하기 전, 내가 얼마나 알고 있는지 셀프 체크를 해 봅시다.

	YES	NO
★ '양복 셔츠'를 영어로 말할 수 있다.	☐	☐
★ 상대에게 블레이저가 작다고 말할 수 있다.	☐	☐
★ '찢어진 청바지'를 영어로 말할 수 있다.	☐	☐
★ 새 카디건이 필요하다고 말할 수 있다.	☐	☐
★ 모자 종류를 2개 이상 영어로 말할 수 있다.	☐	☐
★ 상대에게 모자 가격을 물어볼 수 있다.	☐	☐

☑ **셀프진단**

» **Yes가 5개 이상일 경우**
'메인요리1~3'을 빠르게 확인 후 '메인요리 즐기기'에 도전해 보세요!

» **Yes가 5개 이하일 경우**
'메인요리1~3'을 집중해서 확인 후 '메인요리 즐기기'에 도전해 보세요!

| 에피타이저 | **메인요리 ❶** | 메인요리 ❷ | 메인요리 ❸ | 디저트 |

 메인요리 ❶

 8분

📋 에디쌤과 함께 옷 쇼핑하러 가 볼까요?

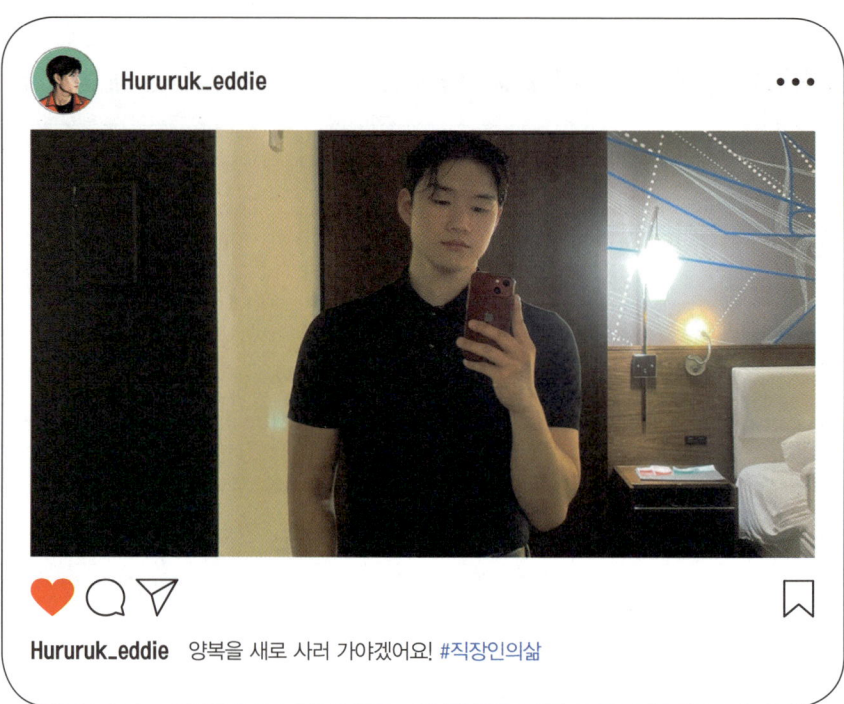

Hururuk_eddie   양복을 새로 사러 가야겠어요! #직장인의삶

후루룩 단어 체크하기

Suit 양복	Dress pants 양복 바지
Blazer 블레이저	Business casual 편안한 비즈니스 복장, 비즈니스 캐주얼
Tie 넥타이	Business professional 양복 차림, 포멀한 차림
Dress shirt 양복 셔츠	Dress shoes 구두

Tips! 'Business professional'은 정장 스타일로, 양복, 넥타이, 드레스 셔츠 등을 포함하며 주로 중요한 회의나 이벤트 혹은 회사나 면접 등에서 착용해요. 반면 'business casual'은 보다 편안한 비즈니스 복장으로, 컬러 셔츠, 치노 팬츠, 또는 단정한 니트 등을 포함해 좀 더 캐주얼한 업무 환경에 적합하답니다.

메인요리 즐기기

■ 우리말 뜻을 보고 알맞은 단어를 영어로 써 보자!

1 양복	2 블레이저
3 넥타이	4 양복 셔츠
5 양복 바지	6 편안한 비즈니스 복장, 비즈니스 캐주얼
7 양복 차림, 포멀한 차림	8 구두

■ 빈칸에 알맞은 단어를 영어로 써 보자!

1 This _____ is too tight on me.
   이 블레이저가 나한테 너무 작아.

2 I got my _____ tailored.
   양복 셔츠를 맞춤 수선했어.

3 The dress code for the event is _____.
   이 이벤트의 드레스 코드는 비즈니스 캐주얼이야.

4 I need to get new _____ for work.
   나는 회사에 신고갈 새 구두를 사야해.

정답은 요리즐기기 정답 88p에서 확인!

DAY 6

| 에피타이저 | 메인요리 ❶ | **메인요리 ❷** | 메인요리 ❸ | 디저트 |

메인요리 ❷

에디쌤과 함께 옷 쇼핑하러 가 볼까요?

Hururuk_eddie 올 겨울은 스트릿 패션으로 #후드티사랑

후루룩 단어 체크하기

Graphic tee 그래픽 티셔츠	**Ripped jeans** 찢어진 청바지
Pull off (옷이나 스타일을) 잘 소화하다	**Cardigan** 카디건
Oversized tee 오버사이즈 티셔츠	**Hoodie** 후디
Denim on denim 청청 패션	**Tuck in** (셔츠 등을 바지에) 넣다

Tips! 우리가 흔히 '카디건'을 발음할 때 'g'로 시작한다고 생각을 하죠? 하지만 영어로 카디건은 'c'로 시작하며, 발음할 때는 '카~rdigan'으로 발음해 주세요!

메인요리 즐기기

📋 우리말 뜻을 보고 알맞은 단어를 영어로 써 보자!

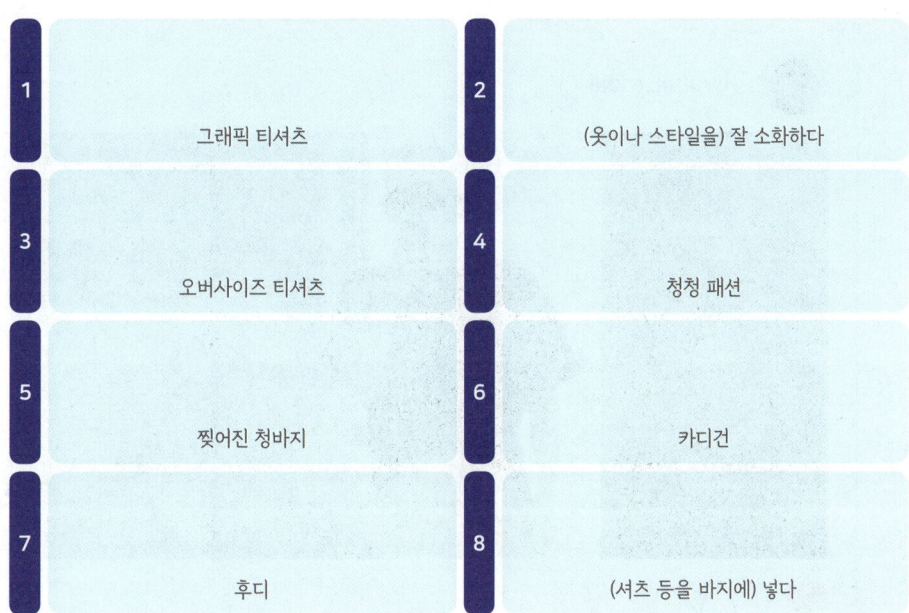

1	그래픽 티셔츠	2	(옷이나 스타일을) 잘 소화하다
3	오버사이즈 티셔츠	4	청청 패션
5	찢어진 청바지	6	카디건
7	후디	8	(셔츠 등을 바지에) 넣다

📋 빈칸에 알맞은 단어를 영어로 써 보자!

1. Do you have this _____ in a medium?
   이 후디 미디움 사이즈로 있나요?

2. It's hard to pull off a _____.
   청청은 소화하기 어려워.

3. I need some new _____.
   나는 새 카디건이 필요해.

4. I usually _____ my shirt.
   나는 주로 셔츠를 넣어 입어.

정답은 요리즐기기 정답 88p에서 확인!

| 에피타이저 | 메인요리 ❶ | 메인요리 ❷ | **메인요리 ❸** | 디저트 |

메인요리 ❸

8분

🟥 에디쌤과 함께 옷 쇼핑하러 가 볼까요?

Hururuk_eddie 머리에 맞는 모자 찾기가 어렵네요ㅠㅠ #가릴수록잘생겨지는마법

후루룩 단어 체크하기

Snapback	Cowboy hat
스냅백	카우보이 모자
Beanie	**Balaclava**
비니	(귀까지 덮는) 방한모, 바라클라바
Bucket hat	**Fedora**
벙거지 모자	중절모자
Baseball cap	**Beret**
볼캡	베레모

Tips! 미국에서는 'Bucket hat(벙거지 모자)'이 최근 몇 년 동안 유행을 타면서 다양한 스타일로 등장했어요. 'Fedora(중절모자)'는 좀 더 클래식하고 세련된 룩을 연출할 때 자주 씁니다!

| 에피타이저 | 메인요리 ❶ | 메인요리 ❷ | **메인요리 ❸** | 디저트 |

 메인요리 즐기기

SCAN ME!

▶ 우리말 뜻을 보고 알맞은 단어를 영어로 써 보자!

1	스냅백	2	비니
3	벙거지모자	4	볼캡
5	카우보이 모자	6	(귀까지 덮는) 방한모, 바라클라바
7	중절모자	8	베레모

▶ 빈칸에 알맞은 단어를 영어로 써 보자!

1 How much is this _____?
  이 비니는 얼마인가요?

2 Is this _____ adjustable?
  이 스냅백은 조절 가능한가요?

3 I prefer a simple _____ over a snapback.
  나는 스냅백보다 심플한 볼캡을 선호해.

4 He's wearing a _____.
  그는 중절모자를 쓰고 있어.

DAY 6 73

디저트

학습을 마친 후, 얼마나 이해했는지 다시 한번 체크해 보세요!

	그렇다	보통이다	모르겠다
★ 양복 차림과 관련된 어휘를 자신 있게 말할 수 있다.	☐	☐	☐
★ 회사에 신고 갈 새 구두가 필요하다고 말할 수 있다.	☐	☐	☐
★ '청청 패션'을 영어로 말할 수 있다.	☐	☐	☐
★ 미디움 사이즈의 후드티가 있는지 물어 볼 수 있다.	☐	☐	☐
★ 비니보다 볼캡을 선호한다고 말할 수 있다.	☐	☐	☐
★ 그녀는 카우보이 모자를 쓰고 있다고 말할 수 있다.	☐	☐	☐

* 스코어 계산법 :
그렇다=3점, 보통이다=2점, 모르겠다=1점

나의 합계 스코어는 _____ 점

✓ 셀프진단

» **15점 이상 ★★★**
정말 훌륭합니다! '메인 요리1~3'을 입으로 뱉어 본 후 바로 학습을 종료해 주세요.

» **10~14점 ★★**
거의 다 왔습니다! 약한 부분만 시간에 맞춰 다시 학습한 후 학습을 종료해 주세요.

» **10점 미만 ★**
괜찮아요! 다시 한번 차근차근 '메인 요리1~3'을 학습해 봅시다!

DAY 7

"오늘 내로 이거 끝내줄 수 있어?"

비즈니스 메일 어휘 살펴보기

원어민 음성듣기

오늘의 후루룩 코스

에피타이저

메인요리 1~3

디저트

후루룩 학습법

 +  =

▶ 25분 학습 ◀   ▶ 5분 휴식 ◀   "1일 1후루룩 했다!"

1분 워밍업
- **에피타이저**   학습 전 셀프 체크하기

24분 집중
- **메인 요리1**   에디쌤의 비즈니스 메일1
- **요리 즐기기**   어휘 퀴즈
- **메인 요리2**   에디쌤의 비즈니스 메일2
- **요리 즐기기**   어휘 퀴즈
- **메인 요리3**   에디쌤의 비즈니스 메일3
- **요리 즐기기**   어휘 퀴즈

5분 휴식
- **디저트**   학습 후 다시 한번 셀프 진단하기

| 에피타이저 | 메인요리 ❶ | 메인요리 ❷ | 메인요리 ❸ | 디저트 |

학습을 시작하기 전, 내가 얼마나 알고 있는지 셀프 체크를 해 봅시다.

	YES	NO
★ 이메일을 '보내다', '받다'를 영어로 말할 수 있다.	☐	☐
★ 상대에게 이메일을 받았는지 물어볼 수 있다.	☐	☐
★ '받은 편지함'을 영어로 말할 수 있다.	☐	☐
★ 'follow-up(팔로업)'의 의미를 설명할 수 있다.	☐	☐
★ 'ASAP'이 무엇의 약자인지 알고 있다.	☐	☐
★ 상대에게 이거 오늘 내로 끝내줄 수 있냐고 부탁할 수 있다.	☐	☐

☑ 셀프진단

» **Yes가 5개 이상일 경우**
'메인요리1~3'을 빠르게 확인 후 '메인요리 즐기기'에 도전해 보세요!

» **Yes가 5개 이하일 경우**
'메인요리1~3'을 집중해서 확인 후 '메인요리 즐기기'에 도전해 보세요!

| 에피타이저 | **메인요리 ①** | 메인요리 ② | 메인요리 ③ | 디저트 |

에디쌤의 비즈니스 메일 꿀팁 알아볼까요?

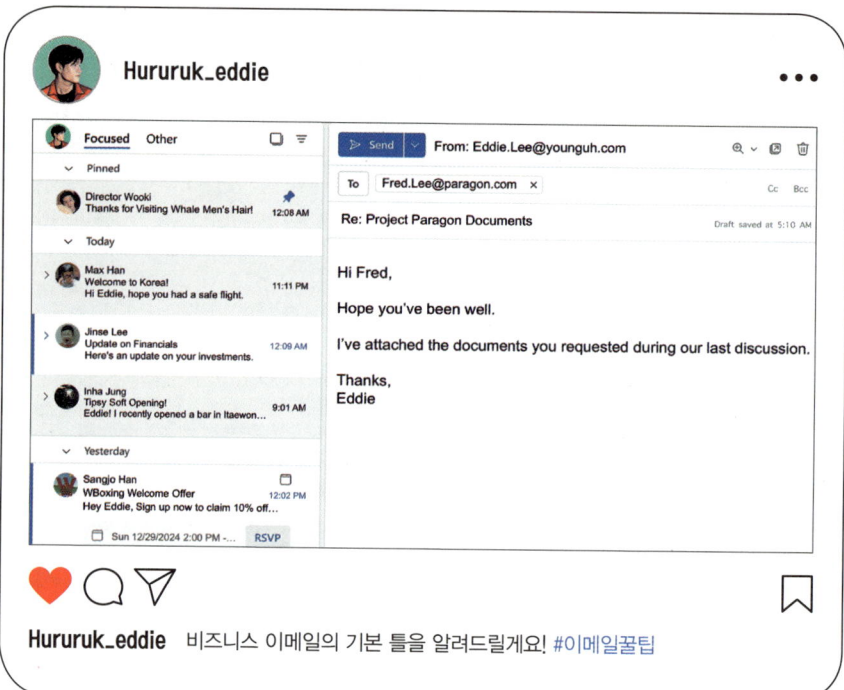

후루룩 단어 체크하기

Subject 제목	**Send** 보내다
Attach 첨부하다	**Receive** 수신하다
Draft 초안	**Forward** 전달하다
Signature 서명	**Reply** 답하다

Tips! 비즈니스 메일에서는 'Subject(제목)'이 메일의 내용을 짧고 명확하게 전달해야 해요. 긴급한 메일에는 제목에 'Urgent(긴급)'를 포함시키는 것이 좋습니다.

메인요리 즐기기

🗨 우리말 뜻을 보고 알맞은 단어를 영어로 써 보자!

1. 제목	2. 첨부하다
3. 초안	4. 서명
5. 보내다	6. 수신하다
7. 전달하다	8. 답하다

🗨 빈칸에 알맞은 단어를 영어로 써 보자!

1. I have _____ the requested documents to the email.
   요청하신 문서 이메일에 첨부했습니다.

2. Can you send me a _____ of the email?
   내게 이메일 초안을 보내줄 수 있어?

3. Did you _____ my email?
   내 이메일 받았어?

4. Make sure to _____ to the email by tomorrow.
   내일까지 이메일 꼭 답장하도록 하세요.

정답은 요리즐기기 정답 89p에서 확인!

 메인요리 ❷

 에디쌤의 비즈니스 메일 꿀팁 알아볼까요?

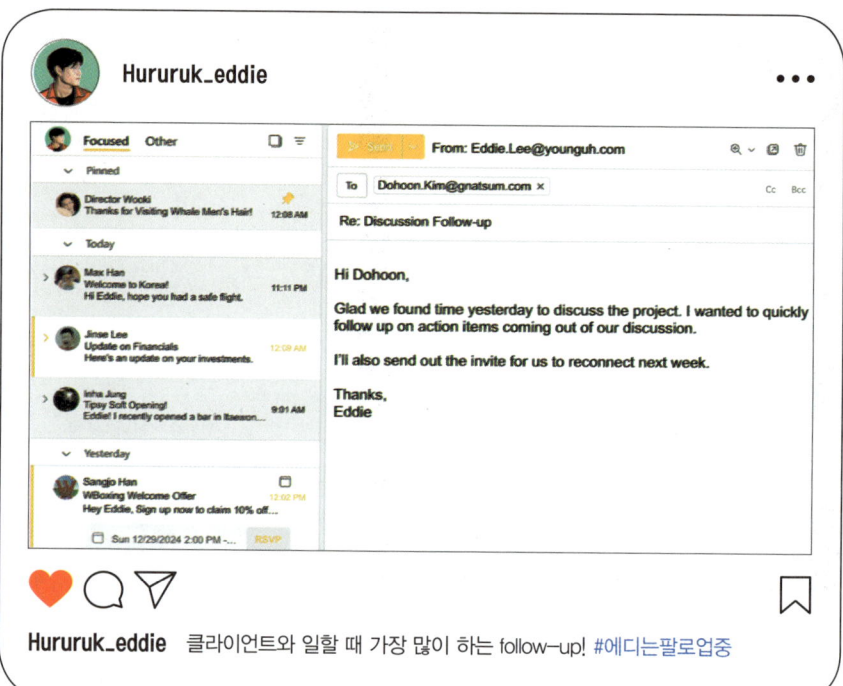

Hururuk_eddie 클라이언트와 일할 때 가장 많이 하는 follow-up! #에디는팔로업중

후루룩 단어 체크하기

Follow-up	Confirm
팔로업	확인(하다)

Action items	Reminder
실행해야 할 업무	리마인더

Inbox	Schedule
받은 편지함	스케줄

Meeting invite	Discuss
미팅 초청	논의하다

Tips! 미팅 후에 'follow-up email(팔로업 이메일)'을 보내는 것은 매우 중요해요. 특히 클라이언트와의 관계에서, 미팅에서 논의된 'action items(실행해야 할 업무)'를 다시 확인하고, 그 진행 상황을 알리기 위해 필요해요. 이는 신뢰를 쌓고, 일을 확실하게 진행할 수 있는 방법이랍니다.

메인요리 즐기기

우리말 뜻을 보고 알맞은 단어를 영어로 써 보자!

1	팔로업	2	실행해야 할 업무
3	받은 편지함	4	미팅 초청
5	확인(하다)	6	리마인더
7	스케줄	8	논의하다

빈칸에 알맞은 단어를 영어로 써 보자!

1. Can you send a _____ to the client?
   클라이언트에게 팔로업 보내줄 수 있어?

2. It should be in your _____.
   네 받은 편지함에 있을거야.

3. I'll send over a _____ for next week.
   다음주에 진행할 미팅 초청을 보낼게.

4. We should _____ this further.
   우리는 이 사안을 추가로 논의해야 해.

에피타이저 | 메인요리 ❶ | 메인요리 ❷ | **메인요리 ❸** | 디저트

 에디쌤의 비즈니스 메일 꿀팁 알아볼까요?

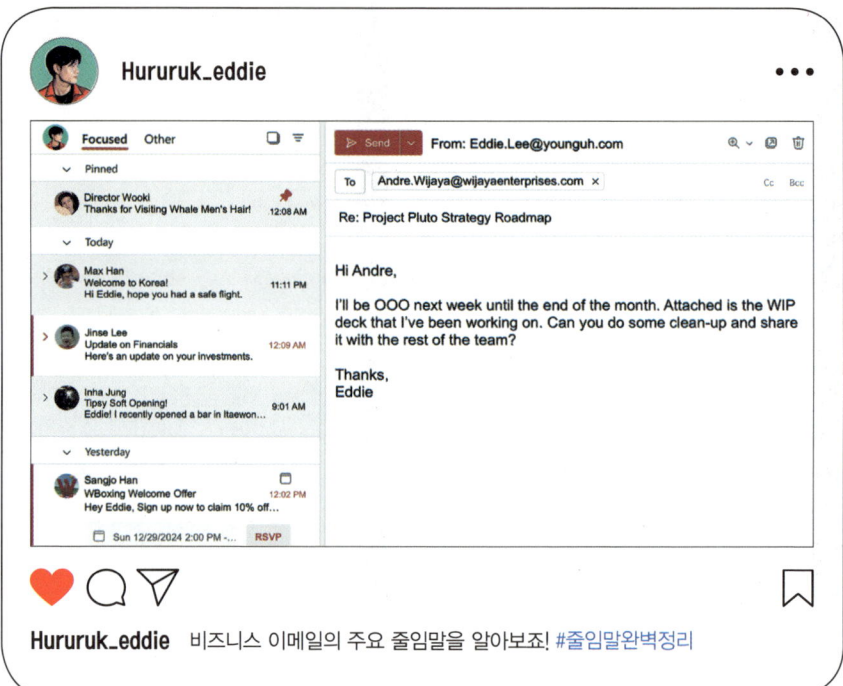

Hururuk_eddie 비즈니스 이메일의 주요 줄임말을 알아보죠! #줄임말완벽정리

후루룩 단어 체크하기

FYI
참고로 (For Your Information)

ETA
예상 도착 시간 (Estimated Time of Arrival)

ASAP
가능한 빨리 (As Soon As Possible)

OOO
회사에 부재 중 (Out Of Office)

EOD
오늘 내 (End Of Day)

CC / BCC
참조 / 숨은 참조 (Carbon Copy / Blind Carbon Copy)

WIP
진행 중인 작업 (Work In Progress)

TL; DR
내용이 길어서 안 읽음 (Too Long; Didn't Read)

Tips! 비즈니스 메일에서 'CC'와 'BCC'는 각각 참조와 숨은 참조를 의미해요. 'BCC'는 수신자가 서로의 이메일 주소를 보지 못하게 할 때 사용한답니다.

메인요리 즐기기

우리말 뜻을 보고 알맞은 단어를 영어로 써 보자!

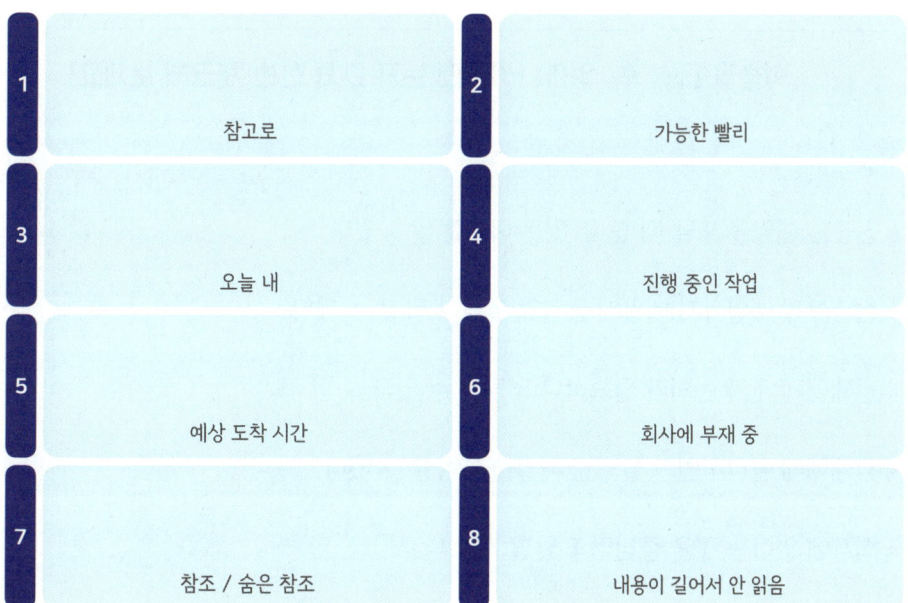

1	참고로	2	가능한 빨리
3	오늘 내	4	진행 중인 작업
5	예상 도착 시간	6	회사에 부재 중
7	참조 / 숨은 참조	8	내용이 길어서 안 읽음

빈칸에 알맞은 단어를 영어로 써 보자!

1. _____, I sent the follow-up to the client.
   참고로, 내가 클라이언트에게 팔로업 보냈어.

2. Can you please finish this by _____?
   오늘 내로 이거 끝내줄 수 있어?

3. Please be aware that this document is a _____.
   이 문서는 완성본이 아니라는 점을 유의하시기 바랍니다.

4. Joey is _____ this week.
   조이는 이번 주 휴가 갔어.

DAY 7

에피타이저 | 메인요리 ❶ | 메인요리 ❷ | 메인요리 ❸ | **디저트**

디저트

5분 휴식

학습을 마친 후, 얼마나 이해했는지 다시 한번 체크해 보세요!

	그렇다	보통이다	모르겠다
★ 긴급한 메일을 보낼 때 쓸 수 있는 어휘를 알고 있다.	☐	☐	☐
★ 상대에게 내일까지 메일에 답장해 달라고 말할 수 있다.	☐	☐	☐
★ 상대에게 추가 논의가 필요하다고 말할 수 있다.	☐	☐	☐
★ 상대에게 클라이언트 팔로업 메일을 부탁할 수 있다.	☐	☐	☐
★ 회사에 없다는 것을 줄임말로 말할 수 있다.	☐	☐	☐
★ 'ETA'가 무엇의 약자인지 설명할 수 있다.	☐	☐	☐

* 스코어 계산법 :
　그렇다=3점, 보통이다=2점, 모르겠다=1점

나의 합계 스코어는 ☐ **점**

☑ **셀프진단**

» **15점 이상 ★★★**
정말 훌륭합니다! '메인 요리1~3'을 입으로 뱉어 본 후 바로 학습을 종료해 주세요.

» **10~14점 ★★**
거의 다 왔습니다! 약한 부분만 시간에 맞춰 다시 학습한 후 학습을 종료해 주세요.

» **10점 미만 ★**
괜찮아요! 다시 한번 차근차근 '메인 요리1~3'을 학습해 봅시다!

SNS 일상어휘

- ✓ 메인요리 즐기기 정답
- ✓ 후루룩 단어 모음집

메인요리 즐기기 정답

DAY 1

메인요리 ❶ - 메인요리 즐기기 p.19

1	Open	2	BOGO
3	Special offer	4	Grand opening
5	Soft opening	6	Taco Tuesdays
7	Limited time	8	Only

1 When is your grand opening?
2 Are you guys open?
3 How long does the special offer last?
4 Let's get tacos for Taco Tuesdays!

메인요리 ❷ - 메인요리 즐기기 p.21

1	Classes	2	Mon - Fri
3	30% Off	4	Join
5	Contact Us	6	New members
7	1 month	8	Instructor

1 I'm starting yoga classes next week.
2 Do you want to join together?
3 It's 30% off for new members.
4 They have the best instructor.

메인요리 ❸ - 메인요리 즐기기 p.23

1	Fresh	2	Smoothies
3	Organic	4	Vegan
5	Detox	6	Gluten-free
7	All-day	8	Baked goods

1 I love their smoothies.
2 Do you prefer vegan options?
3 This juice is great for detox.
4 I only eat gluten-free snacks.

DAY 2

메인요리 ❶ - 메인요리 말하기 p.29

1	Fabric	2	Leather
3	Zipper	4	Strap
5	Pocket	6	Tote bag
7	All black	8	Clutch

1 I need a new leather bag.
2 The zippers on this bag are broken.
3 That's a cute tote bag.
4 I always wear an all black outfit.

메인요리 ❷ - 메인요리 말하기 p.31

1	Backpack	2	Sunscreen
3	Moisturizer	4	Lip balm
5	Headphones	6	Water bottle
7	Sunglasses	8	Alcohol pads

1 I left my sunglasses at home.
2 Can I use your sunscreen?
3 I have a lip balm if you need it.
4 I can't go anywhere without my headphones.

메인요리 ❸ - 메인요리 말하기 p.33

1	Luggage	2	Suitcase
3	Travel size	4	Briefcase
5	Pack	6	carry-on
7	Duffel bag	8	Laptop

1 Have you finished packing for your trip?
2 How many luggage did you bring?
3 I bought a new laptop case.
4 This is a travel size toothpaste.

DAY 3

메인요리 ❶ - 메인요리 즐기기   p.39

1	Appetizer	2	Entrée
3	Beef	4	Pork
5	Side dish	6	Beverage
7	Starter	8	Dessert

1 Could you recommend a popular dessert?
2 I'll have the beef, please.
3 I'll do the salad for the appetizer.
4 I prefer pork over beef.

메인요리 ❷ - 메인요리 즐기기   p.41

1	Whipped cream	2	Add a shot
3	For here	4	To go
5	Extra sweet	6	Fat-free milk
7	Pre-order	8	Iced Americano

1 Can I add a shot?
2 Can I get it to go, please?
3 How can I pre-order?
4 Can I get an Iced Americano?

메인요리 ❸ - 메인요리 즐기기   p.43

1	Burger	2	Fries
3	Soda	4	Cheese
5	Combo	6	Grilled onions
7	Lettuce wrap	8	Extra sauce

1 Can I add another burger?
2 I'll take out the cheese.
3 Can I do a side of fries?
4 Can I get extra sauce, please?

DAY 4

메인요리 ❶ - 메인요리 즐기기   p.49

1	Dumbbell	2	Treadmill
3	pull-up	4	Leg day
5	Lifting strap	6	Gym membership
7	Ab workout	8	Barbell

1 I mainly do dumbbell workouts.
2 How many pull-ups can you do?
3 Lifting straps are good for back workouts.
4 I got a new gym membership.

메인요리 ❷ - 메인요리 즐기기   p.51

1	Cardio	2	sit-up
3	Jump rope	4	Personal trainer
5	Locker room	6	Elliptical
7	Cycling bike / Spin Bike	8	Yoga mat

1 I don't do cardio.
2 Let's do 200 sit-ups.
3 You can use my jump rope.
4 Do you have an extra yoga mat?

메인요리 ❸ - 메인요리 즐기기   p.53

1	Pre-workout	2	Post-workout meal
3	Protein shake	4	Go on a cut/ bulk
5	Cool down	6	Max out
7	Shaker bottle	8	Workout routine

1 I forgot to take my pre-workout.
2 I'm going on a cut.
3 I had a protein shake for dinner.
4 What's your chest workout routine?

DAY 5

메인요리 ❶ - 메인요리 즐기기 p.59

1	Boil	2	Chop
3	stir-fry	4	Bake
5	Sunny-side up	6	Ingredients
7	Pasta sauce	8	Garlic

1. You have to boil the water first.
2. Can you chop the onions for me?
3. You only need 5 ingredients to make lasagna.
4. I like my eggs sunny-side up.

메인요리 ❷ - 메인요리 즐기기 p.61

1	Mix	2	Lettuce
3	Dressing	4	Slice
5	Salt	6	Sugar
7	Vinegar	8	Overeat

1. I don't like to put lettuce in my salad.
2. What kind of dressing would you like?
3. Can you go easy on the sugar?
4. I try not to overeat.

메인요리 ❸ - 메인요리 즐기기 p.63

1	Bowl	2	Chocolate chip
3	Honey	4	Low-carb
5	High-fat	6	Fruit
7	Cereal	8	Greek yogurt

1. Can you pass me the bowl?
2. This is the best chocolate chip cookie recipe.
3. This is a low-carb meal.
4. I'm not a big fan of fruit.

DAY 6

메인요리 ❶ - 메인요리 즐기기 p.59

1	Suit	2	Blazer
3	Tie	4	Dress shirt
5	Dress pants	6	Business casual
7	Business professional	8	Dress shoes

1. This blazer is too tight on me.
2. I got my dress shirt tailored.
3. The dress code for the event is business casual.
4. I need to get new dress shoes for work.

메인요리 ❷ - 메인요리 즐기기 p.71

1	Graphic tee	2	Pull off
3	Oversized tee	4	Denim on denim
5	Ripped pants	6	Cardigan
7	Hoodie	8	Tuck in

1. Do you have this hoodie in a medium?
2. It's hard to pull off a denim on denim.
3. I need some new cardigan.
4. I usually tuck in my shirt.

메인요리 ❸ - 메인요리 즐기기 p.73

1	Snapback	2	Beanie
3	Bucket hat	4	Baseball cap
5	Cowboy hat	6	Balaclava
7	Fedora	8	Beret

1. How much is this beanie?
2. Is this snapback adjustable?
3. I prefer a simple baseball cap over a snapback.
4. He's wearing a fedora.

DAY 7

메인요리 ❶ - 메인요리 즐기기   p.79

1	Subject	2	Attach
3	Draft	4	Signature
5	Send	6	Receive
7	Forward	8	Reply

1 I have **attached** the requested documents to the email.
2 Can you send me a **draft** of the email?
3 Did you **receive** my email?
4 Make sure to **reply** to the email by tomorrow.

메인요리 ❷ - 메인요리 즐기기   p.81

1	follow-up	2	Action items
3	Inbox	4	Meeting invite
5	Confirm	6	Reminder
7	Schedule	8	Discuss

1 Can you send a **follow-up** to the client?
2 It should be in your **inbox**.
3 I'll send over a **meeting invite** for next week.
4 We should **discuss** this further.

메인요리 ❸ - 메인요리 즐기기   p.83

1	FYI	2	ASAP
3	EOD	4	WIP
5	ETA	6	OOO
7	CC/ BCC	8	TL; DR

1 **FYI**, I sent the follow-up to the client.
2 Can you please finish this by **EOD**?
3 Please be aware that this document is a **WIP**.
4 Joey is **OOO** this week.

후루룩 단어 모음집

단어를 다시 한 번 확인해 봅시다.

DAY 1

● Taco Tuesdays	화요일날 타코를 먹는 문화
● special offer	특별 혜택
● BOGO (Buy One, Get One)	1+1
● limited time	제한 시간 동안
● soft opening	가오픈
● grand opening	개업/ 개업일
● open	영업하다
● Contact Us	연락주세요
● new members	새 멤버(들)
● instructor	강사

메인요리1 ● 　메인요리2 ●　 메인요리3 ●

● join	가입하다
● classes	수업들
● 30% off	30% 할인
● fresh	신선한
● smoothies	스무디
● organic	유기농
● vegan	비건
● gluten-free	글루텐 프리
● all-day	하루 종일 가능한
● detox	디톡스

DAY 2

● fabric	천
● leather	가죽
● zipper	지퍼
● strap	끈
● tote bag	토트백
● (all black) drip	멋진 (올블랙) 스타일
● sunscreen	선크림
● moisturizer	로션, 보습제
● headphones	헤드폰
● water bottle	물병

후루룩 단어 모음집

메인요리1 ● 메인요리2 ● 메인요리3 ●

한번 ☑ 두번 ☐ 세번 ☐

● sunglasses	선글라스
● alcohol pads	솜 소독제
● luggage	짐가방
● suitcase	여행용 가방
● travel size	여행용 사이즈
● briefcase	서류 가방
● pack	짐을 싸다
● carry-on	기내 휴대 수하물
● duffel bag	더플백
● laptop	노트북 컴퓨터

DAY 3

● starter	전채 요리
● appetizer	에피타이저, 전채 요리
● main dish	메인 요리
● entree	메인 요리
● side dish	사이드 메뉴
● beverage	음료
● whipped cream	휘핑크림
● For here	매장에서 식사하다
● extra sweet	더 달게
● pre-order	사전 주문(하다)

후루룩 단어 모음집

메인요리1 ● 메인요리2 ● 메인요리3 ●

한번 ☑ 두번 ☐ 세번 ☐

● add a shot	샷 추가(하다)
● To go	테이크 아웃, 포장
● fat-free milk	무지방 우유
● Iced Americano	아이스 아메리카노
● fries	감자튀김
● soda	탄산음료
● combo	세트
● grilled onions	구운 양파
● lettuce wrap	양상추 랩
● extra sauce	소스 추가

DAY 4

● treadmill	러닝머신
● pull-up	턱걸이
● leg day	하체 운동 하는 날
● lifting straps	리프팅 스트랩
● gym membership	헬스장 회원권
● ab workout	복근 운동
● barbell	바벨
● cardio	유산소 운동
● sit-up	윗몸일으키기
● locker room	탈의실

후루룩 단어 모음집

메인요리1 ● 메인요리2 ● 메인요리3 ●

| | 한번 ✓ | 두번 ☐ | 세번 ☐ |

● elliptical	일립티컬 머신
● cycling bike/ spin bike	실내 사이클링 바이크
● personal trainer	퍼스널 트레이너
● pre-workout	운동 전 부스터
● workout routine	운동 루틴
● max out	최대치까지 하다
● cool down	마무리 운동
● post-workout meal	운동 후 식사
● supplement	보충제
● go on a cut/ bulk	컷팅 / 벌크업을 하다

DAY 5

● boil	끓이다
● chop	썰다
● stir-fry	볶다
● bake	굽다
● sunny-side up	계란 반숙
● ingredients	재료
● garlic	마늘
● lettuce	양상추
● dressing	드레싱
● slice	얇게 썰다

후루룩 단어 모음집

메인요리1 ● 메인요리2 ● 메인요리3 ●

한번 ☑ 두번 ☐ 세번 ☐

● salt	소금
● vinegar	식초
● overeat	과식하다
● bowl	그릇
● chocolate chip	초콜릿 칩
● low-carb	저탄수화물
● high-fat	고지방
● high protein meal	고단백 식사
● cereal	시리얼
● greek yogurt	그릭 요거트

DAY 6

● suit	양복
● blazer	블레이저
● business casual	편안한 비즈니스 복장, 비즈니스 캐주얼
● business professional	양복차림, 포멀한 차림
● dress shirt	양복 셔츠
● dress pants	양복 바지
● dress shoes	구두
● graphic tee	그래픽 티셔츠
● pull off	(옷이나 스타일을) 잘 소화하다
● oversized tee	오버사이즈 티셔츠

메인요리1 ● 메인요리2 ● 메인요리3 ●

● denim on denim	청청 패션
● ripped jeans	찢어진 청바지
● cardigan	카디건
● tuck in	(셔츠 등을 바지에) 넣다
● cowboy hat	카우보이 모자
● bucket hat	벙거지 모자
● baseball cap	볼캡
● balaclava	복면
● fedora	중절모자
● beret	베레모

DAY 7

● subject	제목
● attach	첨부하다
● draft	초안
● send	보내다
● receive	수신하다
● urgent	긴급한
● follow-up	팔로업
● action items	실행해야 할 업무
● inbox	받은 편지함
● meeting invite	미팅 초청

후루룩 단어 모음집

메인요리1 ● 메인요리2 ● 메인요리3 ●

한번 ☑ 두번 ☐ 세번 ☐

● confirm	확인(하다)
● discuss	논의하다
● FYI	참고로 (For Your Information)
● ASAP	가능한 빨리 (As Soon As Possible)
● EOD	오늘 내 (End Of Day)
● WIP	진행 중인 작업 (Work In Progress)
● ETA	예상 도착 시간 (Estimated Time of Arrival)
● OOO	회사에 부재 중 (Out Of Office)
● CC/BCC	참조/ 숨은 참조 (Carbon Copy/ Blind Carbon Copy)
● TL; DR	내용이 길어서 안 읽음 (Too Long; Didn't Read)

후루룩 영어 왕초보 SNS 일상어휘

초 판 발 행	2025년 2월 15일 (인쇄 2024년 12월 11일)
발 행 인	박영일
책 임 편 집	이해욱
저　　　자	에디리
기 획 편 집	이동준 · 신명숙
표지디자인	김지수
편집디자인	임아람 · 김휘주
일 러 스 트	기도연
발 행 처	시대에듀
공 급 처	(주)시대고시기획
출 판 등 록	제 10-1521호
주　　　소	서울시 마포구 큰우물로 75 [도화동 538 성지 B/D] 9F
전　　　화	1600-3600
팩　　　스	02-701-8823
홈 페 이 지	www.sdedu.co.kr
I S B N	919-11-383-8273-1
정　　　가	25,000원

※ 이 책은 저작권법에 의해 보호를 받는 저작물이므로, 동영상 제작 및 무단전재와 복제, 상업적 이용을 금합니다.
※ 이 책의 전부 또는 일부 내용을 이용하려면 반드시 저작권자와 (주)시대고시기획 · 시대에듀의 동의를 받아야 합니다.
※ 잘못된 책은 구입하신 서점에서 바꾸어 드립니다.
※ '후루룩외국어'는 종합교육그룹 ㈜시대고시기획 · 시대교육의 외국어 브랜드입니다.

REFRESH 1week
여행영어

이렇게 쉽고 맛있는 영어는 없었다!

**REFRESH 1week
여행영어**

후루룩 외국어

왕초보 학습자분들을 위해
가장 맛있고 간편한 영어 요리를 준비했어요!

"어디서부터 시작할까?"

아직도 기억합니다. 영어를 처음 접했던 유치원 시절, 화장실 가고 싶다는 말을 못 해 끙끙 대며 한참을 참았던 제 모습을. 그때의 따뜻했던 기억은 19년이 지난 지금도 잊혀지지가 않습니다. 그때 적어도 하고 싶은 말은 할 줄 알아야 된다는 깨달음 때문에 영어를 잘해야겠다고 결심하게 되었던 것 같습니다.

이 책은 그런 막막함에서 시작된 여정을 담았습니다. 영어는 처음엔 두려움이었고, 피하고 싶은 대상이었습니다. 하지만 하나씩 배우고 익히다 보니, 영어는 단순한 언어를 넘어 새로운 문화를 만나고 다른 세상과 이어지는 열쇠가 되었습니다. 그 열쇠가 여러분의 손에 쥐어지기를 바라는 마음으로 책을 썼습니다.

이 책은 총 4개 파트로 구성되어 있습니다.

- **문법 & 작문** : 고르고 고른 키포인트 문법으로 작문이 술술 나온다!
- **패턴 & 말하기** : 입이 뻥 뚫리는 마법 패턴으로 영어 스피킹이 즐겁다!
- **SNS 일상어휘** : SNS 속 다양한 이미지로 배우는 찐 네이티브들의 일상 어휘!
- **여행 영어** : 여행이 쉬워지는 미라클 표현으로 현지 회화 시뮬레이션!

PREFACE   STRUCTURES   CONTENTS

이 책은 단순한 영어 교재가 아닙니다. 처음 시작하는 분들에게는 영어와 친해질 수 있게 재미를, 이미 시작한 분들에게는 영어를 잘 활용할 수 있는 실용적인 가이드입니다.

"Dream big, start small, but most of all, start."
꿈은 크게, 시작은 작게, 하지만 무엇보다도 시작하세요.

요리는 작은 재료로 시작해 한 접시의 멋진 요리가 완성되는 과정입니다. 단어라는 재료, 문법이라는 양념에 패턴이라는 조리법이 더해져 비로소 완성된 문장이 탄생합니다. 처음엔 서툴고 복잡하게 느껴질 수 있지만, 파인 다이닝 셰프처럼 작고 단순한 것에서 특별함을 창조할 수 있는 여정이 바로 여기에서 시작됩니다.

이 책은 여러분의 첫 요리책입니다. 레시피를 따라 차례차례 만들어가다 보면 어느새 영어라는 요리가 자연스럽게 손에 익을 겁니다. 후루룩 한 그릇의 성취감을 맛 볼 그날까지, 제가 여러분의 메인 셰프가 되어 함께 하겠습니다.

'후루룩 영어 왕초보' 메인 셰프

Eddie Lee

◀ 에디쌤의 유튜브 채널
'에디 리 영어'에 놀러 오세요!

책의 구성&활용법 여행영어

'후루룩 영어 왕초보'는 메인 셰프 에디가 영어 학습으로 어려움을 겪는 왕초보 학습자 여러분들을 위해 다양한 학습 노하우를 맛있고 간편하게 요리한 영어 첫걸음서입니다. 본 책은 〈문법&작문〉, 〈패턴&말하기〉, 〈SNS일상어휘〉, 〈여행영어〉 4개의 파트가 각각 낱권으로 수록되어 있습니다. 총 6주 커리큘럼에 맞춰 영어 왕초보 탈출에 필요한 요리들을 쉽고 즐겁게 맛보세요.

후루룩 외국어는 자신에게 맞는 속도의 외국어를 추구합니다.
나에게 필요한 파트부터 후루룩 뽑아 학습을 시작해 보세요.

워밍업

❶ 오늘의 요리 테마 맛보기
오늘 학습할 내용을 미리 확인하고 추측해 보세요.

❷ 원어민 음성 듣기 QR
본문에 수록된 모든 문장을 원어민의 발음으로 들어볼 수 있어요. 학습에 활용해 보세요.
➕ MP3파일은 홈페이지에서도 다운로드 받으실 수 있어요!

❸ 오늘의 후루룩 코스
에디 셰프의 영어 요리를 어떤 순서로 맛보게 되는지 코스 구성을 미리 확인할 수 있어요.

MP3 다운로드 방법

1 www.sdedu.co.kr로 접속
2 홈페이지 상단 〈학습자료실〉에서 'MP3' 항목 클릭
3 검색창에 '후루룩 영어 왕초보' 검색하여 MP3 다운로드

PREFACE **STRUCTURES** CONTENTS

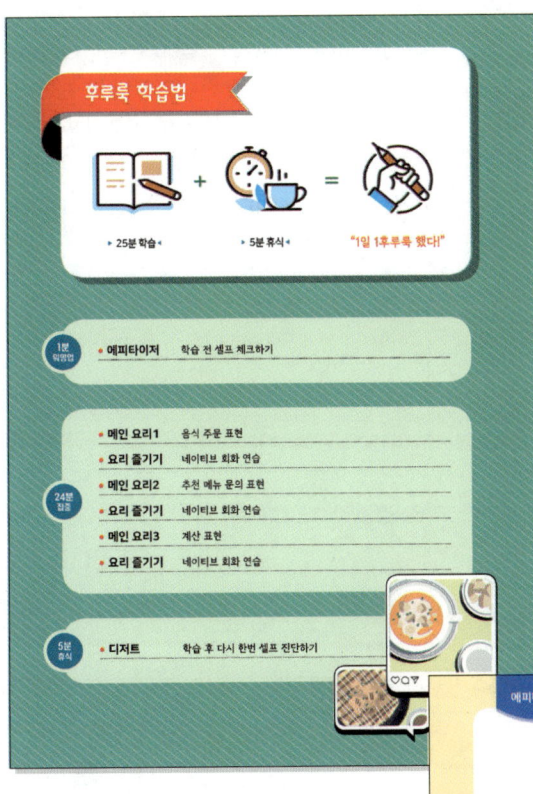

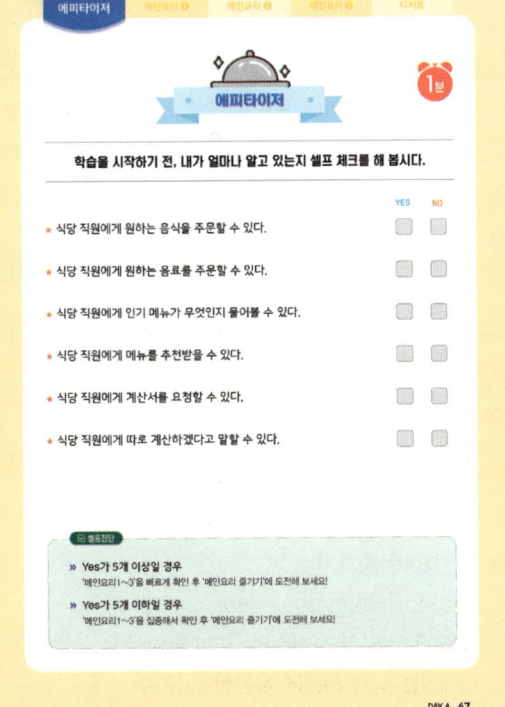

코스1. 에피타이저

후루룩 코스 첫 번째는 〈에피타이저〉예요. 학습 시작 전에 오늘의 학습 내용에 대해 얼마나 알고 있는지 셀프 체크해 보세요.

❶ 학습 전 셀프 체크
오늘의 학습 내용과 관련된 간단한 6개의 질문에 YES 혹은 NO로 답하며 현재 나의 상태를 체크해 보세요.

❷ 셀프 진단
체크리스트를 마친 후 셀프 진단에 따라 학습 방향 및 계획을 설정해 보세요.

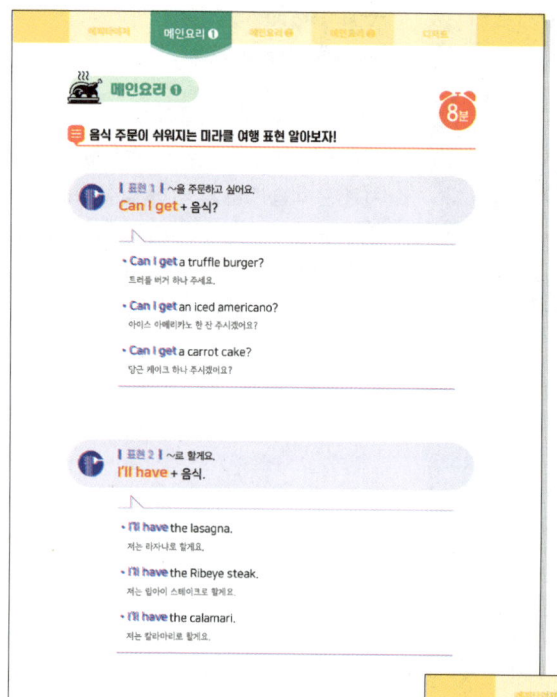

코스2. 메인요리

후루룩 코스 두 번째는 〈메인요리〉예요. 본격적으로 학습을 시작하는 코너로 각 Day 마다 3개씩 학습 테마를 배치했어요.

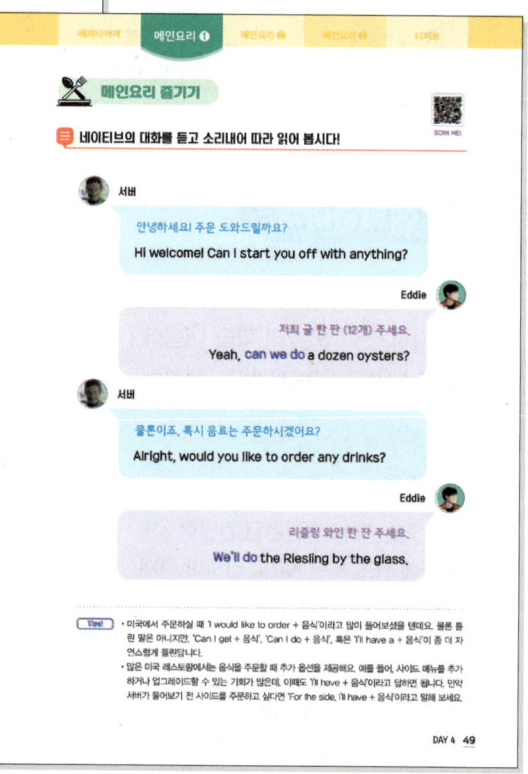

❶ 여행 표현 살펴보기

입국심사부터 응급상황까지 여행지에서 바로 꺼내 쓸 수 있는 필수 여행 표현을 확인해 보세요.

❷ 여행 예문 확인하기

위에서 다룬 여행 표현이 쓰인 실전 여행 예문 3개를 학습해 보세요.

❸ 메인요리 즐기기

에디쌤과 원어민과의 리얼한 여행 회화를 음성과 함께 학습하는 코너예요. 아래에는 실제 여행에 유용한 팁을 수록했어요.

PREFACE **STRUCTURES** CONTENTS

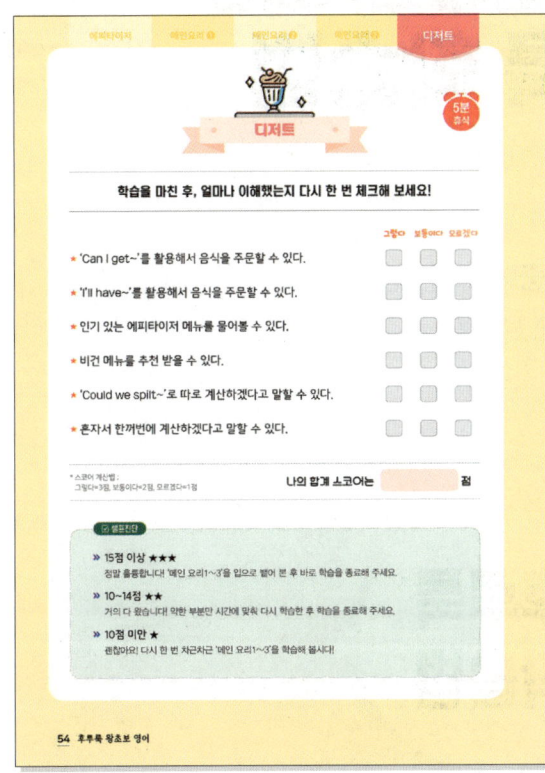

코스3. 디저트

후루룩 코스의 마지막은 〈디저트〉예요. 학습을 모두 마친 후 오늘의 학습 내용에 대해 얼마나 이해했는지 다시 한번 체크해 볼 수 있어요.

❶ 학습 후 실력 점검

앞에서 학습한 내용에 대한 디테일한 질문 6개에 '그렇다/보통이다/모르겠다' 3단계로 답하고 합계 스코어를 계산하여 나의 실력을 최종 점검해 보세요.

❷ 마무리 진단

정밀 진단에 따라 약한 부분을 복습할지 혹은 학습을 종료할지 스스로 컨트롤할 수 있어요.

부록

- **후루룩 단어 모음집**

본문에 수록된 중요 단어를 정리, 복습할 수 있도록 각 Day별 단어 리스트를 부록에 수록했어요.

집중력을 잃어 가는 현대인들을 위한 솔루션

외국어 학습에 최적화된
후루룩 학습법

뽀모도로 집중력 트레이닝
25분 집중 학습 5분 휴식
몰입과 집중력 향상!

후루룩 학습법

메타인지 트레이닝
학습 전후 셀프테스트로
나의 학습 수준 체크!

총 25분으로 구성된 커리큘럼에 맞춰 학습한 후
앞서 25분간 달린 것에 대한 보상으로 5분 동안 휴식을 취해 주세요!
이 루틴을 반복했다면 〈1 후루룩〉 달성 완료!

※ 1 후루룩 달성 횟수가 많아질수록 집중력 향상에 도움이 됩니다.

후루룩 외국어 연구소

차례

PREFACE · STRUCTURES · **CONTENTS**

DAY 1 "일주일 동안 있을 거예요"
입국심사 필수 표현 알아보기

에피타이저 학습 전 셀프 체크	17
메인요리 ❶ 입국 심사 표현	18
메인요리 ❷ 세관 신고 표현	20
메인요리 ❸ 와이파이 문의 표현	22
디저트 학습 후 실력 점검	24

DAY 2 "시내까지 얼마나 걸리나요?"
교통수단 필수 표현 알아보기

에피타이저 학습 전 셀프 체크	27
메인요리 ❶ 택시 표현	28
메인요리 ❷ 버스 표현	30
메인요리 ❸ 지하철 표현	32
디저트 학습 후 실력 점검	34

DAY 3 "혹시 고층 객실로 변경할 수 있나요?"
숙소 필수 표현 알아보기

에피타이저 학습 전 셀프 체크	37
메인요리 ❶ 체크인 & 체크아웃 표현	38
메인요리 ❷ 룸 뷰 & 고층 요청 표현	40
메인요리 ❸ 컴플레인 표현	42
디저트 학습 후 실력 점검	44

DAY 4 "저는 립아이 스테이크로 할게요"
식당 필수 표현 알아보기

에피타이저 학습 전 셀프 체크	47
메인요리 ❶ 음식 주문 표현	48
메인요리 ❷ 추천 메뉴 문의 표현	50
메인요리 ❸ 계산 표현	52
디저트 학습 후 실력 점검	54

DAY 5	**"할리우드 명예의 거리는 어떻게 가나요?"**
	관광 필수 표현 알아보기

에피타이저	학습 전 셀프 체크	57
메인요리 ❶	길 묻기 표현	58
메인요리 ❷	사진 촬영 부탁 표현	60
메인요리 ❸	영업 시간 묻기 표현	62
디저트	학습 후 실력 점검	64

DAY 6	**"기념품은 면세가 되나요?"**
	쇼핑 필수 표현 알아보기

에피타이저	학습 전 셀프 체크	67
메인요리 ❶	사이즈 문의 표현	68
메인요리 ❷	기념품 문의 표현	70
메인요리 ❸	면세 문의 표현	72
디저트	학습 후 실력 점검	74

DAY 7	**"아랫배가 아파요"**
	긴급상황 필수 표현 알아보기

에피타이저	학습 전 셀프 체크	77
메인요리 ❶	도움 요청 표현	78
메인요리 ❷	컨디션 설명 표현	80
메인요리 ❸	911 호출 요청 표현	82
디저트	학습 후 실력 점검	84

특별부록	후루룩 단어 모음집	86

Tips! '1일 1후루룩'을 달성했다면 박스에 체크 표시 ✔를 해 보세요!

1주 동안 다양한 영어 요리를 맛보며 왕초보 탈출에 도전해 보세요!

DAY 1

"일주일 동안 있을 거예요!"

입국심사 필수 표현 알아보기

원어민 음성듣기

오늘의 후루룩 코스

에피타이저

메인요리 1~3

디저트

후루룩 학습법

 +  =

▸ 25분 학습 ◂　　　▸ 5분 휴식 ◂　　　"1일 1후루룩 했다!"

1분 워밍업
- 에피타이저　　학습 전 셀프 체크하기

24분 집중
- 메인 요리1　　입국 심사 표현
- 요리 즐기기　　네이티브 회화 연습
- 메인 요리2　　세관 신고 표현
- 요리 즐기기　　네이티브 회화 연습
- 메인 요리3　　와이파이 문의 표현
- 요리 즐기기　　네이티브 회화 연습

5분 휴식
- 디저트　　학습 후 다시 한번 셀프 진단하기

| 에피타이저 | 메인요리 ❶ | 메인요리 ❷ | 메인요리 ❸ | 디저트 |

학습을 시작하기 전, 내가 얼마나 알고 있는지 셀프 체크를 해 봅시다.

	YES	NO
★ 입국 목적을 묻는 질문에 대답할 수 있다.	☐	☐
★ 체류 기간을 묻는 질문에 대답할 수 있다.	☐	☐
★ 세관 직원에게 신고할 물품이 없다고 말할 수 있다.	☐	☐
★ 세관 직원에게 가지고 온 물품에 대해 설명할 수 있다.	☐	☐
★ 공항 직원에게 와이파이 연결 방법을 문의할 수 있다.	☐	☐
★ 공항 직원에게 와이파이 비밀번호를 문의할 수 있다.	☐	☐

☑ **셀프진단**

» **Yes가 5개 이상일 경우**
'메인요리1~3'을 빠르게 확인 후 '메인요리 즐기기'에 도전해 보세요!

» **Yes가 5개 이하일 경우**
'메인요리1~3'을 집중해서 확인 후 '메인요리 즐기기'에 도전해 보세요!

| 에피타이저 | **메인요리 ❶** | 메인요리 ❷ | 메인요리 ❸ | 디저트 |

📋 입국 심사가 쉬워지는 미라클 여행 표현 알아보자!

 | 표현 1 | ~목적으로 왔어요.
I'm here for/to + 목적

- **I'm here for** tourism.
  저는 관광 목적으로 왔어요.

- **I'm here for** business.
  저는 사업 목적으로 왔어요.

- **I'm here to** visit family
  가족 방문 차 왔어요.

 | 표현 2 | ~동안 있을 거예요.
I'll be staying for + 기간

- **I'll be staying for** 10 days.
  10일 동안 있을 거예요.

- **I'll be staying for** a week.
  일주일 동안 있을 거예요.

- **I'll be staying for** a month.
  한 달 동안 있을 거예요.

메인요리 즐기기

💬 네이티브의 대화를 듣고 소리내어 따라 읽어 봅시다!

 입국심사관

방문 목적이 무엇인가요?
What's the purpose of your visit?

Eddie

관광하러 왔습니다.
I'm here for tourism

 입국심사관

얼마나 머무르실 예정인가요?
How long will you be staying?

Eddie

2주 동안 있을 거예요.
I'll be staying for 2 weeks.

Tips!
- 미국 입국 목적을 묻는 질문에는 '관광', '사업', 또는 '가족 방문'이라고 대답해 보세요.
- 입국 심사관이 확인할 수도 있으니, 여행 날짜와 돌아가는 비행기표는 준비해 두는 것이 좋아요.

DAY 1   19

메인요리 ❷

세관 신고가 쉬워지는 미라클 여행 표현 알아보자!

| 표현 1 | 신고할 ~이 있어요/없어요.
I have + 물품 + **to declare**

- **I have** nothing **to declare.**
  신고할 물품이 없어요.

- **I have** something **to declare.**
  신고할 물품이 있어요.

- **I have** no items **to declare.**
  신고할 물건이 없어요.

| 표현 2 | ~을 가져왔어요.
I am bringing + 물건

- **I am bringing** gifts for my family.
  가족을 위한 선물을 가져왔어요.

- **I am bringing** some souvenirs.
  기념품 몇 가지를 가져왔어요.

- **I'm bringing** personal items only.
  개인 물품만 가져왔어요.

 메인요리 ❷

 메인요리 즐기기

📧 네이티브의 대화를 듣고 소리내어 따라 읽어 봅시다!

 세관 직원

신고할 물품이 있나요?
Do you have anything to declare?

Eddie

아니요, 신고할 물품이 없어요.
No, I have nothing to declare.

 세관 직원

음식류를 가지고 오셨나요?
Are you bringing any food items?

Eddie

아니요, 개인 물품만 가져왔어요.
Nope, just personal items.

Tips! • 여행하는 나라에 따라 현금과 술 그리고 특정 음식까지 세관 신고를 요구 받는 경우가 있어요. 만약 확실하지 않으면 신고하는 것이 벌금을 피하는 안전한 방법이에요.

| 에피타이저 | 메인요리 ❶ | 메인요리 ❷ | **메인요리 ❸** | 디저트 |

 **메인요리 ❸**

📋 **와이파이 연결이 쉬워지는 미라클 여행 표현 알아보자!**

 | 표현 1 | Wi-Fi에 연결하려면 어떻게 해야 하나요?
How can/do I + 연결하다/찾다 + **the Wi-Fi?**

- **How can I** connect to **the Wi-Fi?**
  와이파이에 연결하려면 어떻게 해야 하나요?

- **How do I** access the airport **Wi-Fi?**
  공항 와이파이에 접속하려면 어떻게 하나요?

- **Can you** help me connect to **the Wi-Fi?**
  와이파이에 연결하는 것을 도와주시겠어요?

 | 표현 2 | 와이파이 비밀번호는 무엇인가요?
Can/Do you + 동사 + **the Wi-Fi password?**

- **Can you** tell me **the Wi-Fi password?**
  혹시 와이파이 비밀번호 알려주실 수 있나요?

- **Do you** have **the Wi-Fi password?**
  와이파이 비밀번호 갖고 계신가요?

- **Do you** know **the Wi-Fi password?**
  혹시 와이파이 비밀번호 알고 있나요?

메인요리 즐기기

SCAN ME!

🗨 네이티브의 대화를 듣고 소리내어 따라 읽어 봅시다!

 Eddie

혹시, 공항 와이파이에 연결하려면 어떻게 해야 하나요?
Excuse me, how can I connect to the airport Wi-Fi?

공항 직원

'Airport Free Wi-Fi' 네트워크를 선택하시면 됩니다.
You can connect by selecting the 'Airport Free Wi-Fi' network.

 Eddie

감사합니다. 혹시 비밀번호도 알고 계신가요?
Thank you! Do you have the password as well?

공항 직원

필요 없으실 거예요!
You won't need one!

Tips!
- 대부분의 공항에서는 무료 와이파이를 제공해요. 'Free Wi-Fi'라는 이름으로 연결할 수 있어요.
- 공항에 따라 웹사이트로 이동해서 비밀번호를 받아야 할 수도 있어요.

| 에피타이저 | 메인요리 ❶ | 메인요리 ❷ | 메인요리 ❸ | **디저트** |

5분 휴식

학습을 마친 후, 얼마나 이해했는지 다시 한번 체크해 보세요!

	그렇다	보통이다	모르겠다
★ 입국 심사관에게 관광 목적으로 방문했다고 말할 수 있다.	☐	☐	☐
★ 입국 심사관에게 1주일 머문다고 말할 수 있다.	☐	☐	☐
★ Have의 부정형으로 신고할 것이 없다고 말할 수 있다.	☐	☐	☐
★ 세관 직원에게 개인 물품만 가져왔다고 말할 수 있다.	☐	☐	☐
★ 공항 직원에게 와이파이 연결을 부탁할 수 있다.	☐	☐	☐
★ 'Do you ~'로 와이파이 비밀번호를 물어볼 수 있다.	☐	☐	☐

* 스코어 계산법 :
  그렇다=3점, 보통이다=2점, 모르겠다=1점

나의 합계 스코어는 _____ 점

☑ 셀프진단

» **15점 이상 ★★★**
   정말 훌륭합니다! '메인 요리1~3'을 입으로 뱉어 본 후 바로 학습을 종료해 주세요.

» **10~14점 ★★**
   거의 다 왔습니다! 약한 부분만 시간에 맞춰 다시 학습한 후 학습을 종료해 주세요.

» **10점 미만 ★**
   괜찮아요! 다시 한번 차근차근 '메인 요리1~3'을 학습해 봅시다!

DAY 2

"시내까지 얼마나 걸리나요?"

교통수단 필수 표현 알아보기

원어민 음성듣기

● 오늘의 후루룩 코스

에피타이저

메인요리1~3

디저트

후루룩 학습법

 ▸ 25분 학습 ◂  ▸ 5분 휴식 ◂  "1일 1후루룩 했다!"

1분 워밍업
- **에피타이저**   학습 전 셀프 체크하기

24분 집중
- **메인 요리1**   택시 표현
- **요리 즐기기** 네이티브 회화 연습
- **메인 요리2**   버스 표현
- **요리 즐기기** 네이티브 회화 연습
- **메인 요리3**   지하철 표현
- **요리 즐기기** 네이티브 회화 연습

5분 휴식
- **디저트**   학습 후 다시 한번 셀프 진단하기

| 에피타이저 | 메인요리 ❶ | 메인요리 ❷ | 메인요리 ❸ | 디저트 |

1분

학습을 시작하기 전, 내가 얼마나 알고 있는지 셀프 체크를 해 봅시다.

                                                                       YES   NO

★ 택시 타는 곳이 어디인지 물어볼 수 있다. ☐ ☐

★ 택시 기사에게 목적지까지 얼마나 걸리는지 물어볼 수 있다. ☐ ☐

★ 버스를 어디서 타는지 물어볼 수 있다. ☐ ☐

★ 버스 정류장 직원에게 버스 배차 간격을 물어볼 수 있다. ☐ ☐

★ 목적지까지 어떤 지하철을 타야하는지 물어볼 수 있다. ☐ ☐

★ 역무원에게 지하철 요금을 물어볼 수 있다. ☐ ☐

✓ 셀프진단

» **Yes가 5개 이상일 경우**
'메인요리1~3'을 빠르게 확인 후 '메인요리 즐기기'에 도전해 보세요!

» **Yes가 5개 이하일 경우**
'메인요리1~3'을 집중해서 확인 후 '메인요리 즐기기'에 도전해 보세요!

DAY 2

메인요리 ❶

📋 택시 타기가 쉬워지는 미라클 여행 표현 알아보자!

 | 표현 1 | ~에 어떻게 가나요?
How do I get to + 장소?

- **How do I get to** the ride-sharing pickup area?
  택시 픽업 구역은 어떻게 가나요?

- **How do I get to** the Uber/Lyft pickup area?
  우버나 리프트 픽업 구역은 어떻게 가나요?

- **How do I get to** Uber/Lyft pickups?
  우버 또는 리프트 픽업 장소에 어떻게 가나요?

 | 표현 2 | ~까지 얼마나 걸리나요?
How long does it take to get to + 장소?

- **How long does it take to get to** the city?
  시내까지 얼마나 걸리나요?

- **How long does it take to get to** the museum?
  박물관까지 얼마나 걸리나요?

- **How long does it take to get to** the shopping mall?
  쇼핑몰까지 얼마나 걸리나요?

메인요리 즐기기

💬 네이티브의 대화를 듣고 소리내어 따라 읽어 봅시다!

 Eddie

공항까지 얼마나 걸리나요?
How long does it take to get to the airport?

택시 기사

약 35분 정도 걸릴 거예요.
It'll take around 35 minutes.

 Eddie

알겠습니다, 차가 안 막혔으면 좋겠네요.
Got it, I hope traffic won't be bad.

택시 기사

지금 그렇게 나쁘지는 않을 거예요.
It shouldn't be too bad right now.

Tips!
- 미국 공항에는 우버나 리프트(한국의 '카카오 택시'와 같은)를 픽업하는 장소가 간판에 적혀 있지만, 가끔 가는 길이 복잡해서 저는 항상 스텝에게 문의하는 편이에요.
- 택시 기사에게 팁을 주는 것이 일반적이에요. 보통 요금의 15%~20% 정도를 줍니다.

메인요리 ❷

💬 **버스 타기가 쉬워지는 미라클 여행 표현 알아보자!**

 | 표현 1 | ~으로 가는 버스는 어디서 타나요?
Where can I catch a bus to + 장소?

- **Where can I catch a bus to** the airport?
  공항으로 가는 버스는 어디서 타나요?

- **Where can I catch a bus to** the train station?
  기차역으로 가는 버스는 어디서 타나요?

- **Where can I catch a bus to** the theater?
  극장으로 가는 버스는 어디서 타나요?

 | 표현 2 | ~는 얼마나 자주 오나요?
How often does + 차량 + **come?**

- **How often does** the bus **come?**
  버스는 얼마나 자주 오나요?

- **How often does** the airport bus **come?**
  공항 가는 버스는 얼마나 자주 오나요?

- **How often does** the shuttle **come?**
  셔틀은 얼마나 자주 오나요?

메인요리 즐기기

💬 네이티브의 대화를 듣고 소리내어 따라 읽어 봅시다!

 Eddie

시내로 가는 버스는 어디서 타나요?
Where can I catch a bus to downtown?

버스 정류장 직원

길 건너편 정류장에서 탈 수 있어요.
You can catch it at the stop across the street.

 Eddie

버스는 얼마나 자주 오나요?
How often does the bus come?

버스 정류장 직원

15분 마다 와요.
It comes every 15 minutes.

Tips!
- 미국 대부분의 대도시의 경우 'Google Map(구글맵)'이나 'Citymapper(시티맵퍼)'와 같은 앱을 통해 실시간 버스 위치와 도착 시간을 확인할 수 있어요. 이런 앱을 이용하면 경로 계획이 훨씬 쉬워져요.
- 버스를 탈 때 현금을 내야 한다면, 잔돈을 준비하세요. 많은 버스는 정확한 금액을 요구하며, 거스름돈을 주지 않아요. 교통카드를 사용하면 할인 혜택을 받을 수 있는 경우도 있습니다.

| 에피타이저 | 메인요리 ❶ | 메인요리 ❷ | **메인요리 ❸** | 디저트 |

 메인요리 ❸

 8분

💬 지하철 타기가 쉬워지는 미라클 여행 표현 알아보자!

 | **표현 1** | ~로 가는 지하철 노선은 무엇인가요?
Which subway line goes to + 장소?

- **Which subway line goes to** the airport?
  공항으로 가는 지하철 노선은 무엇인가요?

- **Which subway line goes to** Navy Pier?
  네이비 피어로 가는 지하철 노선은 무엇인가요?

- **Which subway line goes to** Central Park?
  센트럴 파크로 가는 지하철 노선은 무엇인가요?

 | **표현 2** | ~ 요금은 얼마예요?
How much is the + 요금?

- **How much is the** subway fare?
  지하철 요금은 얼마인가요?

- **How much is the** Uber ride?
  우버 비용은 얼마나 나와?

- **How much is** a one-way ticket fare?
  편도 요금은 얼마인가요?

메인요리 즐기기

 네이티브의 대화를 듣고 소리내어 따라 읽어 봅시다!

SCAN ME!

Eddie

로스앤젤레스 카운티 미술관으로 가는 노선은 무엇인가요?
Which subway line goes to the LACMA?

지하철 직원

보라색 라인을 타고, 그 다음 빨간색 라인으로 환승하세요.
Take the Purple Line,
and transfer to the Red Line.

Eddie

감사합니다! 요금은 얼마인가요?
Thank you! Also, how much is the fare?

지하철 직원

편도 요금은 $1.75 입니다.
It's $1.75 for a one-way ticket.

Tips!
- 'Navy Pier(네이비 피어)'는 시카고에 있는 유명한 관광지로, 놀이공원, 레스토랑, 그리고 다양한 공연이 열리는 곳이에요. 특히 여름에는 불꽃놀이와 페스티벌이 많이 열려요.
- 'LACMA (Los Angeles County Museum of Art)'는 미국 서부에서 가장 큰 미술관 중 하나로, 다양한 현대 미술품을 전시하고 있어요. 특히 'Urban Light' 설치 예술품이 유명합니다.

| 에피타이저 | 메인요리 ❶ | 메인요리 ❷ | 메인요리 ❸ | 디저트 |

5분 휴식

학습을 마친 후, 얼마나 이해했는지 다시 한번 체크해 보세요!

	그렇다	보통이다	모르겠다
★ 우버 혹은 리프트의 픽업 구역 위치를 물어볼 수 있다.	☐	☐	☐
★ 숙소까지 택시로 얼마나 걸리는지 물어볼 수 있다.	☐	☐	☐
★ 시내로 가는 버스 탑승 위치를 물어볼 수 있다.	☐	☐	☐
★ 'How often does~'로 버스 배차 간격을 확인할 수 있다.	☐	☐	☐
★ 센트럴 파크까지 가는 지하철이 무엇인지 물어볼 수 있다.	☐	☐	☐
★ 역무원에게 목적지까지의 편도 요금을 물어볼 수 있다.	☐	☐	☐

* 스코어 계산법 :
  그렇다=3점, 보통이다=2점, 모르겠다=1점

나의 합계 스코어는 _____ 점

✅ 셀프진단

» **15점 이상 ★★★**
  정말 훌륭합니다! '메인 요리1~3'을 입으로 뱉어 본 후 바로 학습을 종료해 주세요.

» **10~14점 ★★**
  거의 다 왔습니다! 약한 부분만 시간에 맞춰 다시 학습한 후 학습을 종료해 주세요.

» **10점 미만 ★**
  괜찮아요! 다시 한번 차근차근 '메인 요리1~3'을 학습해 봅시다!

DAY 3

"혹시 고층 객실로 변경할 수 있나요?"

숙소 필수 표현 알아보기

원어민 음성듣기

오늘의 후루룩 코스

 에피타이저  메인요리1~3  디저트

후루룩 학습법

▸ 25분 학습 ◂   ▸ 5분 휴식 ◂   "1일 1후루룩 했다!"

1분 워밍업
- 에피타이저   학습 전 셀프 체크하기

24분 집중
- 메인 요리1   체크인 & 체크아웃 표현
- 요리 즐기기   네이티브 회화 연습
- 메인 요리2   룸 뷰 & 고층 요청 표현
- 요리 즐기기   네이티브 회화 연습
- 메인 요리3   컴플레인 표현
- 요리 즐기기   네이티브 회화 연습

5분 휴식
- 디저트   학습 후 다시 한번 셀프 진단하기

| 에피타이저 | 메인요리 ❶ | 메인요리 ❷ | 메인요리 ❸ | 디저트 |

학습을 시작하기 전, 내가 얼마나 알고 있는지 셀프 체크를 해 봅시다.

	YES	NO
★ 호텔 직원에게 체크인을 요청할 수 있다.	☐	☐
★ 호텔 직원에게 체크아웃 시간을 물어볼 수 있다.	☐	☐
★ 호텔 직원에게 뷰가 좋은 객실로 변경 가능한지 문의할 수 있다.	☐	☐
★ 호텔 직원에게 객실 변경에 추가 요금이 드는지 확인할 수 있다.	☐	☐
★ 호텔 직원에게 객실 내 시설에 문제가 있다고 말할 수 있다.	☐	☐
★ 호텔 직원에게 문제 해결을 요청할 수 있다.	☐	☐

☑ 셀프진단

» **Yes가 5개 이상일 경우**
'메인요리1~3'을 빠르게 확인 후 '메인요리 즐기기'에 도전해 보세요!

» **Yes가 5개 이하일 경우**
'메인요리1~3'을 집중해서 확인 후 '메인요리 즐기기'에 도전해 보세요!

 메인요리 ❶

📬 **체크인&체크아웃이 쉬워지는 미라클 여행 표현 알아보자!**

| 표현 1 | 체크인하려면 어떻게 해야 하나요?
How can + 사람 + check in?

- **How can** I **check in?**
  체크인하려면 어떻게 해야 하나요?

- I would like **to check in.**
  체크인을 하고 싶어요.

- Can I **check in** now?
  지금 체크인할 수 있나요?

| 표현 2 | 체크아웃 시간이 언제인가요?
What time can/do + 사람 + (need to) check out?

- **What time do** I **need to check out?**
  몇 시에 제가 체크아웃해야 하나요?

- **What time can** we **check out?**
  언제 저희가 체크아웃할 수 있나요?

- **What time does** he **need to check out** by?
  그는 언제까지 체크아웃해야 하나요?

38 후루룩 영어 왕초보

메인요리 즐기기

💬 네이티브의 대화를 듣고 소리내어 따라 읽어 봅시다!

 Eddie

> 안녕하세요, 체크인하려고요.
> Hi, I'm here to check in.

 호텔 직원

> 어서오세요! 혹시 신분증 보여주실 수 있으실까요?
> Welcome! Can I get an ID please?

 Eddie

> 여기 있습니다. 혹시 몇 시까지 체크아웃해야 하나요?
> Here you go. What time do I need to check out by?

 호텔 직원

> 체크아웃은 오전 11시입니다.
> Check out is at 11 AM.

Tips!
- 대부분의 호텔은 오후 3시 이후에 체크인이 가능하고, 체크아웃 시간은 보통 오전 11시나 12시예요.
- 늦게 도착할 경우 미리 호텔에 연락하여 늦은 체크인을 요청할 수 있습니다. 요청하면 더 유연하게 대응해 주기도 하니 꼭 요청해 보세요!

DAY 3 39

메인요리 ❷

🗨 룸 뷰&고층 요청이 쉬워지는 미라클 여행 표현 알아보자!

| 표현 1 | ~뷰 객실로 변경할 수 있나요?
Can I 요청 + to a room with a + 장소 view?

- **Can I** change **to a room with a** balcony **view?**
  혹시 발코니가 있는 객실로 변경할 수 있을까요?

- **Can I** request **a room on a** higher floor?
  혹시 고층 객실로 변경할 수 있나요?

- **Can I** get **a room with a** better **view?**
  혹시 좀 더 나은 뷰가 있는 방으로 변경 가능할까요?

| 표현 2 | ~에 추가 요금이 들까요?
Is there an extra fee/charge for + 요청사항?

- **Is there an extra charge for** a room change?
  객실 변경에 추가 요금이 드나요?

- **Is there an extra fee for** a larger room?
  더 큰 방은 추가 요금이 드나요?

- **Is there an extra charge for** using the snack bar?
  혹시 스낵바를 이용하는 데 추가 요금이 드나요?

 메인요리 ❷

메인요리 즐기기

SCAN ME!

 네이티브의 대화를 듣고 소리내어 따라 읽어 봅시다!

 Eddie

혹시 고층에 있는 방으로 변경할 수 있을까요?
Can I change to a room on a higher floor?

호텔 직원

그럼요, 하지만 추가 요금 $50이 발생합니다.
Yes, but there is an extra charge of $50

 Eddie

알겠습니다. 혹시 도심 뷰 객실이 있나요?
Got it. Are there any rooms available with a city view?

호텔 직원

네 그럼요! 16층에 하나 있습니다.
Yes! we have one on the 16th floor.

> **Tips!**
> • 객실 업그레이드를 요청할 때는 예약 시점에 미리 요청하면 더 많은 선택권을 가질 수 있어요.
> • 호텔에 따라 뷰나 고층 객실 요청이 무료일 수도 있지만, 추가 요금이 부과될 수도 있어요. 미리 요금 정보를 확인해 보세요.

메인요리 ❸

📋 **컴플레인이 쉬워지는 미라클 여행 표현 알아보자!**

| 표현 1 | ~에 문제가 있어요.
There is a problem with + 문제/상황.

- **There is a problem with** the AC.
  에어컨에 문제가 있어요.

- **There is a problem with** the hot water.
  온수에 문제가 있어요.

- **There is a problem with** the TV.
  TV에 문제가 있어요.

| 표현 2 | ~을/를 고쳐 주시겠어요?
Could you fix the + 문제/상황.

- **Could you please fix the** sink?
  혹시 싱크대를 고쳐주실 수 있나요?

- **Could you fix the** heating please?
  혹시 난방을 고쳐 주시겠어요?

- **Could you fix the** shower for me?
  혹시 샤워기를 고쳐 주실 수 있으실까요?

| 에피타이저 | 메인요리 ❶ | 메인요리 ❷ | **메인요리 ❸** | 디저트 |

🗨 네이티브의 대화를 듣고 소리내어 따라 읽어 봅시다!

SCAN ME!

 Eddie

안녕하세요, 방금 온수에 문제가 있는 걸 발견했어요.
Hi, I just found out there's a problem with the hot water.

 호텔 직원

죄송합니다. 바로 수리 기사를 올려 보내드릴게요.
I'm so sorry to hear that.
I'll send someone up to fix it.

 Eddie

감사합니다. 혹시 에어컨도 같이 한번 봐 주실 수 있나요?
Thank you. Could you also take a look at the AC?

 호텔 직원

물론이죠, 바로 조치하겠습니다.
Of course, we'll take care of it right away.

Tips!
- 객실 문제를 해결할 때는 프런트에 직접 문의하는 것이 가장 빠른 방법이에요. 즉각적인 조치를 받을 가능성이 높습니다.
- 문제 해결이 늦어질 경우, 요청에 대한 메모나 확인 이메일을 받는 것이 좋아요. 큰 문제가 발생하면 객실 변경을 요청할 수도 있습니다.

DAY 3   43

| 에피타이저 | 메인요리 ❶ | 메인요리 ❷ | 메인요리 ❸ | **디저트** |

학습을 마친 후, 얼마나 이해했는지 다시 한번 체크해 보세요!

	그렇다	보통이다	모르겠다
★ 지금 체크인이 가능한지 물어볼 수 있다.	☐	☐	☐
★ 언제까지 체크아웃 해야 하는지 물어볼 수 있다.	☐	☐	☐
★ 바다 뷰 객실로 변경할 수 있는지 물어볼 수 있다.	☐	☐	☐
★ 객실 스낵바 이용에 추가 요금이 드는지 물어볼 수 있다.	☐	☐	☐
★ 프런트에 에어컨이 작동하지 않는다고 말할 수 있다.	☐	☐	☐
★ 프런트에 TV를 직접 봐 줄 수 있는지 부탁할 수 있다.	☐	☐	☐

* 스코어 계산법 :
  그렇다=3점, 보통이다=2점, 모르겠다=1점

나의 합계 스코어는 _____ 점

☑ 셀프진단

» **15점 이상 ★★★**
  정말 훌륭합니다! '메인 요리1~3'을 입으로 뱉어 본 후 바로 학습을 종료해 주세요.

» **10~14점 ★★**
  거의 다 왔습니다! 약한 부분만 시간에 맞춰 다시 학습한 후 학습을 종료해 주세요.

» **10점 미만 ★**
  괜찮아요! 다시 한번 차근차근 '메인 요리1~3'을 학습해 봅시다!

DAY 4

"저는 립아이 스테이크로 할게요"

식당 필수 표현 알아보기

원어민 음성듣기

오늘의 후루룩 코스

에피타이저   메인요리1~3   디저트

후루룩 학습법

 **+**  **=**

▶ 25분 학습 ◀　　　▶ 5분 휴식 ◀　　　"1일 1후루룩 했다!"

1분 워밍업
- **에피타이저**　학습 전 셀프 체크하기

24분 집중
- **메인 요리1**　음식 주문 표현
- **요리 즐기기**　네이티브 회화 연습
- **메인 요리2**　추천 메뉴 문의 표현
- **요리 즐기기**　네이티브 회화 연습
- **메인 요리3**　계산 표현
- **요리 즐기기**　네이티브 회화 연습

5분 휴식
- **디저트**　학습 후 다시 한번 셀프 진단하기

| 에피타이저 | 메인요리 ❶ | 메인요리 ❷ | 메인요리 ❸ | 디저트 |

학습을 시작하기 전, 내가 얼마나 알고 있는지 셀프 체크를 해 봅시다.

	YES	NO
★ 식당 직원에게 원하는 음식을 주문할 수 있다.	☐	☐
★ 식당 직원에게 원하는 음료를 주문할 수 있다.	☐	☐
★ 식당 직원에게 인기 메뉴가 무엇인지 물어볼 수 있다.	☐	☐
★ 식당 직원에게 메뉴를 추천받을 수 있다.	☐	☐
★ 식당 직원에게 계산서를 요청할 수 있다.	☐	☐
★ 식당 직원에게 따로 계산하겠다고 말할 수 있다.	☐	☐

☑ 셀프진단

» Yes가 5개 이상일 경우
'메인요리1~3'을 빠르게 확인 후 '메인요리 즐기기'에 도전해 보세요!

» Yes가 5개 이하일 경우
'메인요리1~3'을 집중해서 확인 후 '메인요리 즐기기'에 도전해 보세요!

 메인요리 ①

💬 음식 주문이 쉬워지는 미라클 여행 표현 알아보자!

| 표현 1 | ~을 주문하고 싶어요.
Can I get + 음식?

- **Can I get** a truffle burger?
  트러플 버거 하나 주세요.

- **Can I get** an Iced Americano?
  아이스 아메리카노 한 잔 주시겠어요?

- **Can I get** a carrot cake?
  당근 케이크 하나 주시겠어요?

| 표현 2 | ~로 할게요.
I'll have + 음식.

- **I'll have** the lasagna.
  저는 라자냐로 할게요.

- **I'll have** the Ribeye steak.
  저는 립아이 스테이크로 할게요.

- **I'll have** the calamari.
  저는 칼라마리로 할게요.

| 에피타이저 | **메인요리 ❶** | 메인요리 ❷ | 메인요리 ❸ | 디저트 |

 메인요리 즐기기

 네이티브의 대화를 듣고 소리내어 따라 읽어 봅시다!

서버

안녕하세요! 주문 도와드릴까요?
Hi welcome! Can I start you off with anything?

Eddie

저희 굴 한 판 (12개) 주세요.
Yeah, can we do a dozen oysters?

서버

물론이죠, 혹시 음료는 주문하시겠어요?
Alright, would you like to order any drinks?

Eddie

리즐링 와인 한 잔 주세요.
We'll do the Riesling by the glass.

Tips!
- 미국에서 주문하실 때 'I would like to order + 음식'이라고 많이 들어보셨을 텐데요. 물론 틀린 말은 아니지만, 'Can I get + 음식', 'Can I do + 음식', 혹은 'I'll have a + 음식'이 좀 더 자연스럽게 들린답니다.
- 많은 미국 레스토랑에서는 음식을 주문할 때 추가 옵션을 제공해요. 예를 들어, 사이드 메뉴를 추가하거나 업그레이드할 수 있는 기회가 많은데, 이때도 'I'll have + 음식'이라고 답하면 됩니다. 만약 서버가 물어보기 전 사이드를 주문하고 싶다면 'For the side, I'll have + 음식'이라고 말해 보세요.

DAY 4

메인요리 ❷

추천 메뉴 문의가 쉬워지는 미라클 여행 표현 알아보자!

| 표현 1 | ~중에 뭐가 인기 있어요?
What's popular among + 음식/음료?

- **What's popular among** the desserts?
  디저트 중에 뭐가 인기 있나요?

- **What's popular among** the drinks?
  음료 중에 뭐가 인기 있나요?

- **What's popular among** the appetizers?
  에피타이저 중에 뭐가 인기 있나요?

| 표현 2 | ~를(을) 추천해 주시겠어요?
Would/Could you recommend + 음식/음료?

- **Could you recommend** a dessert?
  디저트를 추천해 주시겠어요?

- **Would you recommend** anything vegan?
  비건 옵션 중에서 추천해 주시겠어요?

- **Could you** give us a **recommendation**?
  혹시 추천해 주실 수 있나요?

메인요리 즐기기

네이티브의 대화를 듣고 소리내어 따라 읽어 봅시다!

Eddie

에피타이저 중에 뭐가 인기 있어요?
What's popular among the appetizers?

서버

손님들이 돼지고기 타코를 좋아하세요.
People really like our carnitas tacos.

Eddie

좋습니다! 그거 하나 주세요.
Perfect! We'll do one of those.

서버

네, 바로 준비해 드릴게요.
Sounds good, I'll have those ready for you.

> **Tips!**
> - 바로 주문하기 보다는 먼저 서버에게 'Hi! How are you?' 혹은 'Hey, how's it going?'와 같이 간단하게 인사를 먼저 건네 보세요. 훨씬 더 좋은 인상을 줄 수 있답니다.
> - 현지의 인기 메뉴를 물어보면 그 지역이나 음식점의 특색을 더 잘 경험할 수 있으니 도전해 보세요!

계산이 쉬워지는 미라클 여행 표현 알아보자!

| 표현 1 | 계산서 주시겠어요?
Could I get the + 계산서 **please**?

- **Could I get the** check, **please**?
  계산서 주시겠어요?

- **Can I have the** bill, **please**?
  영수증 주세요.

- Check, **please**.
  계산서 부탁드려요.

| 표현 2 | ~을 나눠서 계산할 수 있나요?
Could we split + 금액/계산 방식?

- **Could we split** the check?
  나눠서 계산할 수 있나요?

- **Could we** pay separately?
  따로 계산 가능할까요?

- **Could you split** the bill between us?
  저희 각자 계산할 수 있을까요?

 메인요리 즐기기

🗨 네이티브의 대화를 듣고 소리내어 따라 읽어 봅시다!

 Eddie

계산서 주세요.
Could I get the check, please?

 서버

그럼요. 나눠서 계산하시겠어요?
Of course. Would you like to split the check?

 Eddie

네, 저희 따로 계산할 수 있을까요?
Yes, could you split it between us?

 서버

물론입니다. 바로 가져다 드릴게요.
No problem, I'll bring it right over.

Tips!
- 미국에서는 일반적으로 식사 후 자리에서 계산서를 요청해야 가져다줘요. 만약 직원이 너무 안 오다 싶으면 저는 가끔 화장실 가면서 지정 서버에게 계산서를 가져다 달라고 합니다.
- 많은 미국 식당에서는 각자 계산하는 것을 흔하게 받아들여요. 분할 계산을 요청할 때는 'Could we split the check?' 같은 표현이 유용합니다. 만약 혼자 한꺼번에 계산하고 싶다면 'Could we get a single check, please?' 혹은 'one check, please'라고 하시면 돼요.

| 에피타이저 | 메인요리 ❶ | 메인요리 ❷ | 메인요리 ❸ | **디저트** |

5분 휴식

학습을 마친 후, 얼마나 이해했는지 다시 한번 체크해 보세요!

	그렇다	보통이다	모르겠다
★ 'Can I get~'를 활용해서 음식을 주문할 수 있다.	☐	☐	☐
★ 'I'll have~'를 활용해서 음식을 주문할 수 있다.	☐	☐	☐
★ 인기 있는 에피타이저 메뉴를 물어볼 수 있다.	☐	☐	☐
★ 비건 메뉴를 추천 받을 수 있다.	☐	☐	☐
★ 'Could we spilt~'로 따로 계산하겠다고 말할 수 있다.	☐	☐	☐
★ 혼자서 한꺼번에 계산하겠다고 말할 수 있다.	☐	☐	☐

* 스코어 계산법 :
  그렇다=3점, 보통이다=2점, 모르겠다=1점

나의 합계 스코어는 _____ 점

✅ 셀프진단

» **15점 이상 ★★★**
   정말 훌륭합니다! '메인 요리1~3'을 입으로 뱉어 본 후 바로 학습을 종료해 주세요.

» **10~14점 ★★**
   거의 다 왔습니다! 약한 부분만 시간에 맞춰 다시 학습한 후 학습을 종료해 주세요.

» **10점 미만 ★**
   괜찮아요! 다시 한번 차근차근 '메인 요리1~3'을 학습해 봅시다!

DAY 5

"할리우드 명예의 거리는 어떻게 가나요?"

관광 필수 표현 알아보기

원어민 음성듣기

오늘의 후루룩 코스

에피타이저

메인요리 1~3

디저트

후루룩 학습법

 +  =

▶ 25분 학습 ◀   ▶ 5분 휴식 ◀   "1일 1후루룩 했다!"

1분 워밍업

- **에피타이저**   학습 전 셀프 체크하기

24분 집중

- **메인 요리1**   길 묻기 표현
- **요리 즐기기**   네이티브 회화 연습
- **메인 요리2**   사진 촬영 부탁 표현
- **요리 즐기기**   네이티브 회화 연습
- **메인 요리3**   영업 시간 묻기 표현
- **요리 즐기기**   네이티브 회화 연습

5분 휴식

- **디저트**   학습 후 다시 한번 셀프 진단하기

| 에피타이저 | 메인요리 ❶ | 메인요리 ❷ | 메인요리 ❸ | 디저트 |

학습을 시작하기 전, 내가 얼마나 알고 있는지 셀프 체크를 해 봅시다.

	YES	NO
★ 상대에게 관광지까지 가는 방법을 물어볼 수 있다.	☐	☐
★ 상대에게 관광지로 가는 방향을 물어볼 수 있다.	☐	☐
★ 상대에게 사진 촬영을 부탁할 수 있다.	☐	☐
★ 상대에게 특정 장소가 보이도록 사진 촬영을 부탁할 수 있다.	☐	☐
★ 박물관이 몇 시에 열리는지 물어볼 수 있다.	☐	☐
★ 영업 시간을 물어볼 수 있다.	☐	☐

☑ 셀프진단

» **Yes가 5개 이상일 경우**
'메인요리1~3'을 빠르게 확인 후 '메인요리 즐기기'에 도전해 보세요!

» **Yes가 5개 이하일 경우**
'메인요리1~3'을 집중해서 확인 후 '메인요리 즐기기'에 도전해 보세요!

| 에피타이저 | **메인요리 ❶** | 메인요리 ❷ | 메인요리 ❸ | 디저트 |

💬 길 묻기가 쉬워지는 미라클 여행 표현 알아보자!

 | 표현 1 | ~에 어떻게 가나요?
How can I get to + 장소/위치?

- **How can I get to** the Santa Monica Beach?
  산타모니카 해변에는 어떻게 가나요?

- **How can I get to** the Academy Museum?
  아카데미 뮤지엄에 어떻게 가나요?

- **How can I get to** the Hollywood Walk of Fame?
  할리우드 명예의 거리는 어떻게 가나요?

 | 표현 2 | ~은 어느 쪽인가요?
Which way is + 장소/위치?

- **Which way is** the Warner Bros Studio Tours?
  워너브라더스 스튜디오 투어는 어느 쪽인가요?

- **Which way is** the Gold's Gym?
  골드 짐은 어느 쪽인가요?

- **Which way is** InterContinental Hotel?
  인터콘티넨탈 호텔은 어느 쪽인가요?

 메인요리 ❶

메인요리 즐기기

 네이티브의 대화를 듣고 소리내어 따라 읽어 봅시다!

SCAN ME!

Eddie

저기 혹시 핑크스 핫도그는 어떻게 가나요?
Excuse me, how can I get to Pink's Hot Dogs?

안내원

한 블록 앞으로 걸어가면 오른쪽에 있을 거예요.
Walk straight for a block,
and it will be to your right.

Eddie

감사합니다!
Thank you so much!

안내원

뭘요, 거기 핫도그 정말 맛있어요!
No problem, their hot dogs are amazing!

Tips! • 'Pink's Hot Dogs(핑크스 핫도그)'는 LA의 멜로즈 에비뉴와 라브리아 에비뉴의 접점에 위치한 핫도그 가게로, 여러 유명 연예인과 많은 관광객들이 방문하는 유명 맛집이에요. 가격은 약 7~15달러 사이랍니다. 분홍색 천막이 보인다면 맞게 찾아오신 거예요!

메인요리 ❷

💬 **사진 촬영 부탁이 쉬워지는 미라클 여행 표현 알아보자!**

| 표현 1 | 사진 촬영 좀 부탁드려도 될까요?
Would you mind taking a picture for/with + 대상?

- **Would you mind taking a picture for** me?
  제 사진 좀 찍어 주시겠어요?

- **Would you mind taking a picture for** us?
  저희 사진 좀 찍어 주시겠어요?

- **Would you mind taking a picture with** me?
  저와 같이 사진 찍어 주시겠어요?

| 표현 2 | ~앞에서 사진 찍어 주시겠어요?
Could you take a picture of me in front of + 장소?

- **Could you take a picture of me in front of** the library?
  도서관 앞에서 사진 찍어 주시겠어요?

- **Could you take a picture of me in front of** the Hollywood Sign?
  할리우드 간판 앞에서 사진 찍어 주시겠어요?

- **Could you take a picture of me in front of** this graffiti?
  이 그라피티 앞에서 사진 찍어 주시겠어요?

메인요리 즐기기

SCAN ME!

네이티브의 대화를 듣고 소리내어 따라 읽어 봅시다!

 Eddie

저기 혹시 이 타투샵 앞에서 사진 좀 찍어 주시겠어요?

Hi, could you please take a picture for me in front of this tattoo shop?

근처 사람

저 사진 진짜 못 찍어요.

I'm terrible at taking photos.

 Eddie

아 괜찮아요. 그냥 간판이 좋아서요.

Oh, that's fine. I just like their sign.

근처 사람

그러게요. 'Nonfromseoul'은 타투샵 이름으로는 특이하네요.

Yeah, 'Nonfromseoul' is an interesting name for a tattoo shop.

Tips! • 'I'm terrible at + 동사ing'는 어떤 동작이 정말 서툴다는 뉘앙스를 전달할 때 활용할 수 있어요.

DAY 5 **61**

메인요리 ❸

📋 영업 시간 묻기가 쉬워지는 미라클 여행 표현 알아보자!

 | 표현 1 | ~은 몇 시에 여나요/닫나요?
What time does + 장소 + **open/close?**

- **What time does** the restaurant **open?**
  식당은 몇 시에 문을 여나요?

- **What time does** the museum **close** today?
  박물관은 오늘 몇 시에 문 닫나요?

- **What time does** it **open?**
  몇 시에 여나요?

 | 표현 2 | ~영업시간이 어떻게 되나요?
What are the + 장소 + **hours?**

- **What are the** store **hours?**
  가게 영업시간이 어떻게 되나요?

- **What are the** pool **hours?**
  수영장 운영 시간이 어떻게 되나요?

- **What are the hours** for the Griffith Observatory?
  그린피스 천문대 운영 시간은 어떻게 되나요?

메인요리 즐기기

SCAN ME!

💬 네이티브의 대화를 듣고 소리내어 따라 읽어 봅시다!

Restaurant Manager

그램스 바베큐에 오신 것을 환영합니다!
어떻게 도와 드릴까요?
Welcome to the Gram's BBQ! How can I help you?

Eddie

저녁 영업은 몇 시부터 시작하나요?
What time does the restaurant open for dinner?

Restaurant Manager

저희는 오전 11시부터 저녁 9시까지 영업합니다.
예약을 원하시나요?
We're open from 11AM – 9PM.
Would you like to make a reservation?

Eddie

네, 두 명 예약 할게요. 오후 5시로요.
Yes, I'd like to reserve a table for two at 5PM, please.

Tips! • 'I'm okay'는 부드럽게 거절할 때 활용할 수 있어요!

| 예피타이저 | 메인요리 ❶ | 메인요리 ❷ | 메인요리 ❸ | **디저트** |

5분 휴식

학습을 마친 후, 얼마나 이해했는지 다시 한번 체크해 보세요!

	그렇다	보통이다	모르겠다
★ 'How can I get to~'로 관광지 가는 법을 물을 수 있다.	☐	☐	☐
★ 'Which way is~'로 어느 방향인지 물을 수 있다.	☐	☐	☐
★ 상대에게 함께 사진 찍자고 부탁할 수 있다.	☐	☐	☐
★ 거리를 배경으로 사진 촬영을 요청할 수 있다.	☐	☐	☐
★ 현지 맛집이 언제 문 닫는지 물어볼 수 있다.	☐	☐	☐
★ 그리피스 천문대의 영업시간을 물어볼 수 있다.	☐	☐	☐

* 스코어 계산법 :
  그렇다=3점, 보통이다=2점, 모르겠다=1점

나의 합계 스코어는 _____ 점

☑ **셀프진단**

» **15점 이상 ★★★**
  정말 훌륭합니다! '메인 요리1~3'을 입으로 뱉어 본 후 바로 학습을 종료해 주세요.

» **10~14점 ★★**
  거의 다 왔습니다! 약한 부분만 시간에 맞춰 다시 학습한 후 학습을 종료해 주세요.

» **10점 미만 ★**
  괜찮아요! 다시 한번 차근차근 '메인 요리1~3'을 학습해 봅시다!

#

"기념품은 면세가 되나요?"

쇼핑 필수 표현 알아보기

원어민 음성듣기

오늘의 후루룩 코스

에피타이저

메인요리1~3

디저트

후루룩 학습법

 +  =

▶ 25분 학습 ◀   ▶ 5분 휴식 ◀   "1일 1후루룩 했다!"

1분 워밍업
- **에피타이저**   학습 전 셀프 체크하기

24분 집중
- **메인 요리1**   사이즈 문의 표현
- **요리 즐기기**   네이티브 회화 연습
- **메인 요리2**   기념품 문의 표현
- **요리 즐기기**   네이티브 회화 연습
- **메인 요리3**   면세 문의 표현
- **요리 즐기기**   네이티브 회화 연습

5분 휴식
- **디저트**   학습 후 다시 한번 셀프 진단하기

에피타이저

학습을 시작하기 전, 내가 얼마나 알고 있는지 셀프 체크를 해 봅시다.

	YES	NO
★ 점원에게 다른 사이즈 제품이 있는지 문의할 수 있다.	☐	☐
★ 점원에게 사이즈 교환이 가능한지 문의할 수 있다.	☐	☐
★ 점원에게 기념품을 추천 받을 수 있다.	☐	☐
★ 점원에게 현지 한정 기념품이 있는지 물어볼 수 있다.	☐	☐
★ 점원에게 면세가 되는지 물어볼 수 있다.	☐	☐
★ 점원에게 세금이 붙는지 물어볼 수 있다.	☐	☐

✅ 셀프진단

» **Yes가 5개 이상일 경우**
  '메인요리1~3'을 빠르게 확인 후 '메인요리 즐기기'에 도전해 보세요!

» **Yes가 5개 이하일 경우**
  '메인요리1~3'을 집중해서 확인 후 '메인요리 즐기기'에 도전해 보세요!

| 에피타이저 | **메인요리 ❶** | 메인요리 ❷ | 메인요리 ❸ | 디저트 |

💬 **사이즈 묻기가 쉬워지는 미라클 여행 표현 알아보자!**

 | 표현 1 | ~보다 큰/작은 사이즈가 있나요?
Do you have a larger/smaller size than + 현재 사이즈?

- **Do you have a larger size** for this?
  혹시 이거 더 큰 사이즈로 있을까요?

- **Do you have a size smaller than** medium?
  미디엄보다 작은 사이즈가 있나요?

- **Do you have a size larger than** small?
  스몰보다 더 큰 사이즈가 있나요?

 | 표현 2 | ~사이즈로 교환할 수 있나요?
Could I exchange this for + 사이즈?

- **Could I exchange this for** a medium?
  혹시 미디엄 사이즈로 교환할 수 있나요?

- **Could I exchange this for** something else?
  이거 다른 거로 교환할 수 있나요?

- **Could I exchange this for** a smaller size?
  이거 좀 더 작은 사이즈로 교환할 수 있나요?

메인요리 즐기기

 네이티브의 대화를 듣고 소리내어 따라 읽어 봅시다!

SCAN ME!

 Eddie

안녕하세요, 혹시 이 스웨터 더 큰 사이즈 있나요?
Hi, do you have a larger size for this sweater?

점원

네, 라지와 엑스트라 라지가 있습니다.
Yes, we have it in large and extra-large.

 Eddie

좋습니다! 라지로 교환할 수 있을까요?
Amazing! Could I exchange this for a large?

점원

그럼요. 바로 가져다 드릴게요.
Absolutely. Let me get that for you.

Tips! • 미국에서 사이즈 표시는 종종 S, M, L, XL과 같은 약어로 되어 있어요. 사이즈가 브랜드마다 다를 수 있으니 참고하세요. 저는 키 181cm에 73키로인데, 보통 미디움을 입습니다.

 기념품 추천받기가 쉬워지는 미라클 여행 표현 알아보자!

| 표현 1 | ~추천해 주시겠어요?
Could you recommend a + 기념품?

- **Could you recommend a** souvenir?
  혹시 기념품을 추천해 주시겠어요?

- **Could you recommend a** present for my girlfriend?
  혹시 제 여자친구를 위한 선물을 추천해 주시겠어요?

- **Could you recommend a** gift for kids?
  아이들 선물을 추천해 주시겠어요?

| 표현 2 | 이 곳에서만 살 수 있는 게 있나요?
Do you have anything + 기념품 종류?

- **Do you have anything** unique to this city?
  이 도시만의 독특한 기념품이 있나요?

- **Do you have anything** locally-made?
  현지에서 만든 기념품이 있나요?

- **Do you have anything** handmade?
  수제로 만든 제품이 있나요?

메인요리 즐기기

🗨 네이티브의 대화를 듣고 소리내어 따라 읽어 봅시다!

SCAN ME!

 Eddie

안녕하세요, 혹시 기념품 하나 추천해 주실 수 있나요?
Hi, could you recommend a souvenir for me?

점원

저는 키링을 추천드려요.
I would recommend these key rings.

 Eddie

좋네요! 다 수제품인가요?
Cool! Are these all handmade?

점원

그럼요, 저희 모든 제품은 장인들이 이 지역에서 만들었습니다.
That's right, all of these are locally-made by artisans.

| Tips! | • 미국 여행 기념품으로는 뭐가 좋을까요? 저는 새로운 주에 놀러가면 그 지역의 키링 혹은 자석을 사거나 캐리어에 여유가 있다면 그 지역 도시 이름이 적혀있는 스타벅스 머그 컵을 사곤 합니다.
• 만약 '그냥 둘러보러 왔어요'라고 말하고 싶다면 'I'm just looking around'이라고 하면 돼요.

DAY 6 71

메인요리 ❸

면세 문의가 쉬워지는 미라클 여행 표현 알아보자!

| 표현 1 | 이거 ~에게 면세가 되나요?
Is this tax-free for + 사람?

- **Is this tax-free for** tourists?
  관광객에게 이거 면세 되나요?

- Are the souvenirs **tax-free?**
  기념품은 면세가 되나요?

- **Is this tax-free for** international visitors?
  이거 외국인 방문객에게 면세가 되나요?

| 표현 2 | ~에 세금이 붙나요?
Is there tax on + 구매 상품?

- **Is there tax on** these items?
  이 제품들에 세금이 붙나요?

- Are these souvenirs **taxable?**
  이 기념품들에 세금이 붙나요?

- **Is there tax on** all purchases?
  모든 구매에 세금이 부과되나요?

메인요리 즐기기

💬 네이티브의 대화를 듣고 소리내어 따라 읽어 봅시다!

 Eddie

안녕하세요, 혹시 간단한 질문 하나 해도 될까요?
Hi, can I ask a quick question?

점원

그럼요! 어떻게 도와드릴까요?
Yes! How can I help you?

 Eddie

이것들이 모두 관광객에게 면세가 되나요?
Are all of these tax-free for tourists?

점원

네, 여권을 보여주시면 면세 혜택을 받으실 수 있습니다.
Yes, if you show me your passport,
you can get it tax-free.

Tips
- 일부 매장에서는 외국인에게 면세 혜택을 제공하지만, 구매 당시 여권 제시가 필요할 수 있습니다. 면세는 세금 환급 창구에서 받을 수 있는 경우도 있어요.
- 미국의 경우, 주마다 세금이 다를 수 있으며, 일부 주에서는 의류나 특정 품목에 대해 세금이 면제될 수 있습니다. 구매 전 확인해 보는 것이 좋아요.

디저트

학습을 마친 후, 얼마나 이해했는지 다시 한번 체크해 보세요!

	그렇다	보통이다	모르겠다
★ 점원에게 더 큰 사이즈가 있는지 문의할 수 있다.	☐	☐	☐
★ 'exchange'를 활용해서 사이즈 교환을 요청할 수 있다.	☐	☐	☐
★ 방문한 도시만의 특별한 기념품을 추천 받을 수 있다.	☐	☐	☐
★ 점원에게 그냥 둘러보러 왔다고 말할 수 있다.	☐	☐	☐
★ 기념품 구매 시 면세 받을 수 있는지 문의할 수 있다.	☐	☐	☐
★ 기념품 구매 시 세금이 붙는지 문의할 수 있다.	☐	☐	☐

* 스코어 계산법 :
  그렇다=3점, 보통이다=2점, 모르겠다=1점

나의 합계 스코어는 _____ 점

☑ 셀프진단

» **15점 이상 ★★★**
정말 훌륭합니다! '메인 요리1~3'을 입으로 뱉어 본 후 바로 학습을 종료해 주세요.

» **10~14점 ★★**
거의 다 왔습니다! 약한 부분만 시간에 맞춰 다시 학습한 후 학습을 종료해 주세요.

» **10점 미만 ★**
괜찮아요! 다시 한번 차근차근 '메인 요리1~3'을 학습해 봅시다!

"아랫배가 아파요"

긴급상황 필수 표현 알아보기

원어민 음성듣기

오늘의 후루룩 코스

에피타이저

메인요리1~3

디저트

후루룩 학습법

▶ 25분 학습 ◀

▶ 5분 휴식 ◀

"1일 1후루룩 했다!"

1분 워밍업
- **에피타이저** 학습 전 셀프 체크하기

24분 집중
- **메인 요리1** 도움 요청 표현
- **요리 즐기기** 네이티브 회화 연습
- **메인 요리2** 컨디션 설명 표현
- **요리 즐기기** 네이티브 회화 연습
- **메인 요리3** 911 호출 요청 표현
- **요리 즐기기** 네이티브 회화 연습

5분 휴식
- **디저트** 학습 후 다시 한번 셀프 진단하기

| 에피타이저 | 메인요리 ❶ | 메인요리 ❷ | 메인요리 ❸ | 디저트 |

 1분

학습을 시작하기 전, 내가 얼마나 알고 있는지 셀프 체크를 해 봅시다.

　　　　　　　　　　　　　　　　　　　　　　　　　　　YES　　NO

★ 주변 사람에게 짐 좀 들어달라고 부탁할 수 있다. 　　□　　□

★ 주변 사람에게 병원에 데려다 달라고 부탁할 수 있다. 　□　　□

★ 주변 사람에게 아픈 부위를 설명할 수 있다. 　　　　□　　□

★ 주변 사람에게 다친 곳을 설명할 수 있다. 　　　　　□　　□

★ 주변 사람에게 911을 불러 달라고 할 수 있다. 　　　□　　□

★ 주변 사람에게 긴급 상황인 것을 전달할 수 있다. 　　□　　□

☑ 셀프진단

» **Yes가 5개 이상일 경우**
'메인요리1~3'을 빠르게 확인 후 '메인요리 즐기기'에 도전해 보세요!

» **Yes가 5개 이하일 경우**
'메인요리1~3'을 집중해서 확인 후 '메인요리 즐기기'에 도전해 보세요!

 메인요리 ❶

도움 요청이 쉬워지는 미라클 여행 표현 알아보자!

| 표현 1 | ~를 도와주실 수 있나요?
Can/Could you help me + 요청?

- **Could you** call the ambulance for me?
  혹시 구급차 불러 주실 수 있나요?

- **Could you help me** with this form?
  이 양식 작성하는 것 좀 도와주실 수 있나요?

- **Can you help me** carry this?
  이것 좀 들어 주실 수 있나요?

| 표현 2 | 저는 ~가 필요해요.
I need + 도움/물품.

- **I need** medical assistance.
  의료 도움이 필요해요.

- **I need** to see a doctor.
  의사 선생님을 봐야 해요. (병원을 가 봐야 해요.)

- **I need** a ride.
  저를 태워다 주세요. (이동 수단이 필요합니다.)

메인요리 즐기기

SCAN ME!

🗨 **네이티브의 대화를 듣고 소리내어 따라 읽어 봅시다!**

 Eddie

저기요, 혹시 저 도와주실 수 있나요?
Excuse me, could you please help me?

주변 사람

괜찮으세요? 무슨 일이세요?
Are you okay? What happened?

 Eddie

병원에 가야할 것 같아요. 혹시 좀 태워다 주실 수 있나요?
I think I need to see a doctor. Can you please give me a ride?

주변 사람

제가 차가 없지만 우버 불러드릴게요.
I don't have a car, but I'll call Uber for you.

Tips!
- 응급 상황에서 긴급한 상황을 강조하시려면 'I really need~' 혹은 'I urgently need~'라는 표현을 사용하셔도 좋아요. 'Urgent'는 '긴급'이라는 뜻으로, 빠르게 도움을 요청하는 데 유용합니다.
- 미국에서 의사나 구급차가 필요한 경우, 911에 전화를 걸면 즉각적인 지원을 받을 수 있어요. 만약 핸드폰이 없으시다면 지나가던 행인에게 'excuse me'라는 말과 함께 도움을 요청하시면 됩니다.

DAY 7

| 에피타이저 | 메인요리 ❶ | **메인요리 ❷** | 메인요리 ❸ | 디저트 |

 **메인요리 ❷**

💬 내 컨디션 설명이 쉬워지는 미라클 여행 표현 알아보자!

 | 표현 1 | ~이 아파요.
I have pain in my + 신체 부위.

- **I have pain in my** shoulders.
  어깨에 통증이 있어요.

- **I have pain in my** lower back.
  아랫쪽 허리가 아파요.

- **I have pain in my** lower stomach.
  아랫배가 아파요.

 | 표현 2 | ~를 다쳤어요.
I hurt my + 신체 부위.

- **I hurt my** neck.
  제 목을 다쳤어요.

- **I hurt my** right knee.
  제 오른쪽 무릎을 다쳤어요.

- **I hurt my** ankle yesterday.
  어제 제 발목을 다쳤어요.

80 후루룩 영어 왕초보

메인요리 즐기기

💬 네이티브의 대화를 듣고 소리내어 따라 읽어 봅시다!

SCAN ME!

 Eddie

제 아랫쪽 허리가 약간 아파요.
I have a slight pain in my lower back.

의사

얼마나 이렇게 아프셨어요?
How long have you been feeling this way?

 Eddie

지난 2주 동안 아팠어요.
It's been hurting for the past two weeks.

의사

알겠습니다. 제가 한 번 볼게요.
Got it. Let me take a look.

Tips! • 몸이 아플 때 'I have pain + 신체 부위'라고 할 수 있지만, 좀 더 간단하게는 '신체 부위 + hurts' 와 같이 표현할 수도 있어요. 예를 들어 '제 허리가 아파요'는 'My back hurts'라고 하면 된답니다.

DAY 7 81

| 에피타이저 | 메인요리 ❶ | 메인요리 ❷ | **메인요리 ❸** | 디저트 |

메인요리 ❸

📋 **911 호출 요청이 쉬워지는 미라클 여행 표현 알아보자!**

| 표현 1 | ~에게 911을 불러 주세요.
Please call 911 for + 사람.

- **Please call 911 for** me.
  저를 위해 911을 불러 주세요.

- Could you **please call 911 for** us?
  저희를 위해 911을 불러 주실 수 있으세요?

- **Please call 911 for** her.
  그녀를 위해 911 불러 주세요.

| 표현 2 | ~하면 911을 부르세요.
Call 911 if + 상황.

- **Call 911 if** there's a fire.
  화재가 나면 911을 부르세요.

- **Call 911 if** there's an emergency.
  긴급 상황이면 911을 부르세요.

- **Call 911 if** it's urgent.
  만약 급하면 911을 부르세요.

메인요리 즐기기

💬 네이티브의 대화를 듣고 소리내어 따라 읽어 봅시다!

 Eddie

혹시 911 불러주실 수 있나요?
Could you please call 911 for me?

 주변 사람

그럼요. 무슨 일이에요?
Yeah absolutely. What happened?

 Eddie

제 친구가 넘어져서 걸을 수가 없어요.
My friend fell and can't walk.

 주변 사람

바로 전화할게요.
I'll call right away.

Tips!
- 911은 경찰, 소방서, 응급실에 즉시 연결돼요.
- 911을 요청할 때는 무조건 주소부터 준비하세요. 현 위치를 모르겠다면 'Google Maps(구글맵)' 을 켜서 적혀진 위치를 보고 말씀하시면 돼요.

학습을 마친 후, 얼마나 이해했는지 다시 한번 체크해 보세요!

	그렇다	보통이다	모르겠다
★ 'Could you~'로 도움을 요청할 수 있다.	☐	☐	☐
★ 'I need~'로 병원에 데려다 달라고 부탁할 수 있다.	☐	☐	☐
★ 'I have pain in my~'로 아픈 곳을 설명할 수 있다.	☐	☐	☐
★ 'I hurt~'로 다친 곳을 설명할 수 있다.	☐	☐	☐
★ 정중한 어투로 911 호출을 부탁할 수 있다.	☐	☐	☐
★ 응급 상황에서 911 호출을 부탁할 수 있다.	☐	☐	☐

* 스코어 계산법 :
  그렇다=3점, 보통이다=2점, 모르겠다=1점

나의 합계 스코어는 _____ 점

☑ 셀프진단

» **15점 이상 ★★★**
  정말 훌륭합니다! '메인 요리1~3'을 입으로 뱉어 본 후 바로 학습을 종료해 주세요.

» **10~14점 ★★**
  거의 다 왔습니다! 약한 부분만 시간에 맞춰 다시 학습한 후 학습을 종료해 주세요.

» **10점 미만 ★**
  괜찮아요! 다시 한번 차근차근 '메인 요리1~3'을 학습해 봅시다!

여행영어

☑ 후루룩 단어 모음집

후루룩 단어 모음집

✓ 단어를 다시 한 번 확인해 봅시다.

DAY 1

● tourism	관광
● business	사업
● visit family	가족 방문, 가족을 방문하다
● stay	머물다
● purpose	목적
● visit	방문
● How long	얼마나 오래~
● nothing	아무것도[단 하나도] (없다)
● declare	신고하다
● souvenir	기념품

메인요리1 ● 메인요리2 ● 메인요리3 ●

● personal items	개인 물품
● bring	가져오다
● only	오직, ~만
● food items	음식류
● connect	연결하다
● access	접속하다
● Wi-Fi password	와이파이 비밀번호
● airport Wi-Fi	공항 와이파이
● select	선택하다
● help	도와주다

DAY 2

● ride-sharing	(차량/승차)공유
● pickup area	픽업 구역
● city	시내
● shopping mall	쇼핑몰
● around	약
● traffic	교통체증
● catch	(잡아)타다
● train station	기차역
● How often	얼마나 자주~
● shuttle	셔틀

후루룩 단어 모음집

메인요리1 ● 메인요리2 ● 메인요리3 ●

한번 ☑ 두번 ☐ 세번 ☐

● airport bus	공항버스
● downtown	시내
● stop	정류장
● across the street	길 건너편의, 맞은편에
● every	~마다, 매
● subway line	지하철 노선
● fare	요금
● one-way ticket fare	편도 요금
● take	타다
● transfer to	환승하다

DAY 3

● check in	체크인하다
● ID	신분증
● check out	체크아웃하다
● balcony	발코니
● request	요청하다, 부탁하다
● higher floor	고층 객실
● better	더 나은
● extra charge	추가 요금
● room change	객실 변경
● extra fee	추가 요금

후루룩 단어 모음집

메인요리1 ● 메인요리2 ● 메인요리3 ●

한번 ✓ 두번 □ 세번 □

● snack bar	스낵바
● available	사용 가능한
● city view	도심 뷰
● AC	에어컨
● hot water	온수
● fix	고치다
● heating	난방
● shower	샤워기
● find out	발견하다, 알아내다
● take a look at ~	~을 주의 깊게(세심히) 보다

DAY 4

● Iced Americano	아이스 아메리카노
● Ribeye steak	립아이 스테이크, 꽃등심
● calamari	칼라마리
● start off with	~로 시작하다
● dozen	한 판 (12개 한 묶음)
● oyster	굴
● Alright	물론이죠
● order	주문하다
● drink	음료
● by the glass	한 잔 단위로

후루룩 단어 모음집

메인요리1 ● 메인요리2 ● 메인요리3 ●

한번 ☑ 두번 ☐ 세번 ☐

● popular	인기 있는
● among	~중(사이)에
● recommend	추천하다
● vegan	비건의
● Carnitas taco	돼지고기 타코
● single	단 하나의, 단일의
● check	계산서
● bill	영수증
● split	나누다, 분할하다
● separately	따로따로, 각기

DAY 5

● way	방향
● Walk of Fame	명예의 거리
● tour	투어
● gym	체육관
● walk straight	똑바로 걸어가다
● a block	한 블록
● to one's right	~ (누군가의) 오른쪽에
● take a picture/ photo	사진을 찍다
● (Hollywood) Sign	(할리우드) 간판
● graffiti	그래피티

후루룩 단어 모음집

메인요리1 ● 메인요리2 ● 메인요리3 ●

한번 ☑ 두번 ☐ 세번 ☐

● tattoo shop	타투샵
● be terrible at ~	~에 서투른
● just	그냥
● interesting	특이한
● store hours	가게 운영 시간
● pool hours	수영장 운영 시간
● observatory	천문대
● make a reservation	예약하다
● reserve table for ~	~명 자리를 예약하다
● I'm okay	(거절 의사) 괜찮습니다

DAY 6

● larger	더 큰
● than	~보다
● exchange	교환하다
● something else	다른 거
● Absolutely	그럼요. 물론이죠
● Let me get ~ for you	내가 ~를 가져다 줄게
● recommend	추천하다
● unique	독특한
● locally-made	현지에서 만든
● handmade	수제로 만든

후루룩 단어 모음집

메인요리1 ● 　메인요리2 ● 　메인요리3 ●

● key ring	키링
● Cool!	좋네요!
● artisan	장인
● look around	둘러보다
● tax-free	면세가 되는
● tourist	관광객
● international visitor	외국인 방문객
● taxable	세금이 붙는, 과세되는
● purchase	구매
● quick question	간단한 질문

DAY 7

● call an ambulance	구급차를 부르다
● call Uber	우버를 부르다
● form	서류 양식
● carry	나르다, 들고있다
● medical assistance	의료지원
● see a doctor	병원에 가다
● ride	이동 수단
● need	필요하다
● really/ urgently need	긴급하게 필요하다
● slight pain	미세한 통증

후루룩 단어 모음집

메인요리1 ● 메인요리2 ● 메인요리3 ●

한번 ✓ 　두번 ☐ 　세번 ☐

● shoulders	어깨
● lower back	아래쪽 허리
● lower stomach	아랫배
● hurt	다치다
● neck	목
● knee	무릎
● ankle	발목
● for the past two weeks	지난 이주 간
● fire	화재
● emergency	긴급 상황

후루룩 영어 왕초보 여행영어

초 판 발 행	2025년 2월 15일 (인쇄 2024년 12월 11일)
발 행 인	박영일
책 임 편 집	이해욱
저 자	에디리
기 획 편 집	이동준·신명숙
표지디자인	김지수
편집디자인	임아람·김휘주
일 러 스 트	기도연
발 행 처	시대에듀
공 급 처	(주)시대고시기획
출 판 등 록	제 10-1521호
주 소	서울시 마포구 큰우물로 75 [도화동 538 성지 B/D] 9F
전 화	1600-3600
팩 스	02-701-8823
홈 페 이 지	www.sdedu.co.kr

I S B N	919-11-383-8273-1
정 가	25,000원

※ 이 책은 저작권법에 의해 보호를 받는 저작물이므로, 동영상 제작 및 무단전재와 복제, 상업적 이용을 금합니다.
※ 이 책의 전부 또는 일부 내용을 이용하려면 반드시 저작권자와 (주)시대고시기획·시대에듀의 동의를 받아야 합니다.
※ 잘못된 책은 구입하신 서점에서 바꾸어 드립니다.
※ '후루룩외국어'는 종합교육그룹 '㈜시대고시기획·시대교육'의 외국어 브랜드입니다.